INTEGRATIVE ARTS THERAPY

내 안의 나를 깨우는

통합예술치료

홍유진 저

학지사

아리스토텔레스 『시학』에 잠들어 있는 비극적 카타르시스의 매너리즘에서 깨어나, 웃음의 끝자락에 나오는 울음과 그 울음 뒤에 숨겨진 웃음의 의미에 대하여 말하고 싶다. 환희와 기쁨을 초대하는 '웃음카타르시스'를 찾아서…… 이 책은 고민한다.

holyactor 홍유진

통합예술치료 IT매뉴얼을 공유하며

예술가는 동시대의 사회문제를 진단할 수 있는 소수의 미래론자이다. 그들의 도전이 인류의식을 진화시킨다는 평범한 진리에도 불구하고, 예술치료가 정신문명의 뉴패러다임으로 받아들여지기까지 관념의 충돌이 예견된다. '예술에서 치료까지, 단일매체에서 통합매체로 발전하는 예술의 진화는 행복 추구를 향한 집단무의식의 발현'이다.

필자는 미국과 영국의 공연예술사범대학원에서 연극심리학을 공부하고, 1991년 연극치료를 우리나라에 처음 소개하였으며, '홍유진 심리드라마연구소'를 개소하면서 통합예술치료의 첫 씨앗을 뿌렸다. 그동안 약 500여 명의 개인 및 집단을 대상으로 통합예술치료*Integrative Arts Therapy: IT*를 개발하여 적용해 오면서, 그 효과성에 대한 확신을 갖게 되었다. 특히 고려대학교 안암병원 통합의학센터에서는 심리치료 효과성이 인정되어, 2011년 국내 최초로 연극중심 통합예술치료가 대학병원에서 의료수가를 지급받는 사례가 되었다.

이러한 선험적 연구에 힘입어 2013년 동덕여자대학교 대학원에 통합예술치료전공 석사 · 박사 학위과정 및 통합예술연구소를 개설하면서 통합예술치료학의 학문적 체계를 구축할 수 있었다. 국내에 통합예술치료의 씨앗이 뿌리내리며 성장하는 과정은 개인적으로 즐거운 고통의 시간이었지만 이 책을 공개할 수 있어서 기쁘다.

이 책에서 소개하는 통합예술치료 핵심이론 '웃음카타르시스'는 필자의 박사학위 논문을 기반으로 약 25년 동안의 오랜 임상연구를 통하여 구축하였다. 통합예술치료 IT매뉴얼*IT Manual*은 임상적으로 다음과 같은 차별화된 특성이 있다. 내담자 증상에 따른 소 목표 설계 CERAT, 회기 과정을 가이드하는 OMCA, 치료의 지속성을 위한 다면적 치료공간(제1치료공간, 제2치료공간, 제3치료공간), 안정된 치료 장소 제공을 위한 제1치료공간의 심리적 설계, 내담자 증상 및 성향에 따른 7개의 핵심 치료 모델, 1인 치료체계를 보완하는 상호보완적 치료팀 운영, 내담자 분석을 위한 IT진단 및 평가를 포함한 총 일곱 개의 범주로 개념화하였다.

예술은 향유하는 자의 고유한 권리이다. 필자는 우리 모두의 집단무의식에 자리 잡은 통합예술치료의 씨앗으로 IT매뉴얼을 디자인하였다. '예술이 사람을 만들고 예술치료가 사람을 행복하게 만든다!'는 신념으로, 예술을 향유할 권리가 있는 모든 이와 함께 이 통합예술치료의 미적 공간이 공유되기를 희망한다.

2018년 6월

차 례

PART 3 통합예술치료 IT매뉴얼

PART 4 IT매뉴얼 임상 적용 예시

PART 1

통합예술치료 디자인

Designing Integrative Arts Therapy

예술에서 치료까지 From Arts to Therapy

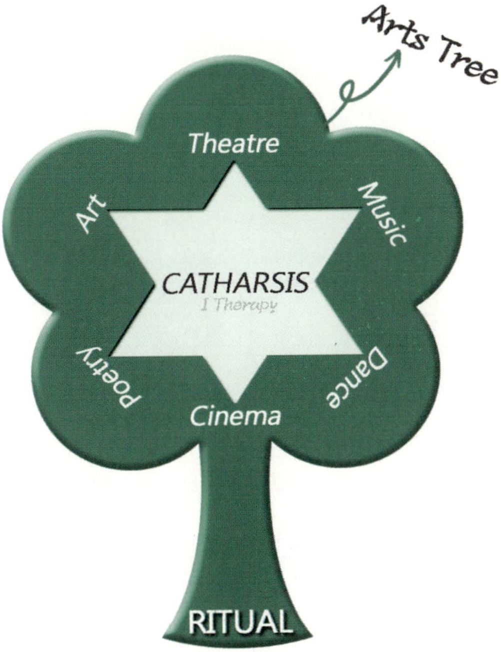

예술의 위대함은 '예술체험이 사람을 변화시키는 강력한 수단'이 될 수 있음에 있다. 고대로부터 인간은 근원적 욕구 충족과 안전을 위하여 예술이라는 형식을 빌려 신에게 기원하였다(Barranger, 1999, p. 39; Nietzsche, 2002, pp. 15-23). 이러한 기원 의식에서 예술행위의 동기를 찾는다면 예술은 태생적으로 나약한 인간의 내적 욕구를 위한 표현에서 출발하였다고 볼 수 있다. 예술의 기원이 자발적인 생존 수단이었다는 점에서 볼 때 예술과 심리치료의 함수관계를 읽을 수 있다.

1950년대 이후에 싹을 틔운 예술심리치료 분야는 단일 예술매체의 적용을 시작으로 현재는 통합예술치료로 발전하게 되었다. 통합예술치료는 다양한 예술의 이해를 바탕으로 한 미래지향적 예술심리치료의 한 양식이라 할 수 있다. 이 새로운 양식은 의식의 진화를 위하여 '내담자의 사고 구조와 감정디자인을 변형'시키는 결코 단순하지 않은 작업을 수행하게 되었다. 따라서 통합예술치료사는 내담자의 성향에 따라 다양한 예술매개체를 치료도구로써 활용할 수 있는, 역량이 잘 훈련된 전문가가 되어야 한다.

인간을 행위자로 간주할 때, 개인과 집단의식이 반영된 모든 행위는 예술적으로 볼 수 있다. 그러나 설사 인간이 사회라는 무대에서 행위자로 살아간다 하더라도 삶 자체가 예술일 수는 없다. 따라서 예술이냐 치료냐는 그 행위의 의도에 의해서 엄격히 구분되어야 한다. 예술은 특정의도를 가지고 '표현 하는 자'와 그것을 '보는 자'가 함께할 때에 비로소 충족된다. 특히 현대예술분야는 다양한 표현과 도구의 사용으로 탈장르화되고 있으나, 표현하는 자와 보는 자의 원초적 본질은 그대로이다.

반면 '보는 자는 없어도 참여자가 있는 예술행위', 이것이 곧 예술치료의 기본 구성단위이다. 세상에 대한 이해가 개인의 문제를 집단의 문제로 바라볼 때 가능한 것처럼 통합예술치료는 마치 제의식처럼 존재에 대한 근원적 질문이 집단적 생존에 가치를 부여했던 것과 맥락을 같이한다.

통합의학적 관점*Integrative Medicine*

현대과학의 발전으로 의술과 과학이 동일시되는 가운데 현대인들은 100세 시대를 바라보지만 오히려 질병에 대한 불안감은 증폭되고 있다. 서양의학의 발전이 그러한 문제를 해결하기에 충분하지 못하다는 고민은 통합의학이라는 새로운 관점의 의료체계를 발전시켰다. 그 계기는 버나드 라운*Bernard Lown*의 한 조사에서 시작되었다. 연구의 결과는 응답자 중 약 25%의 환자만이 서양의학에 의존하여 문제를 해결하고 나머지 75%는 실패한 것으로 나타났다. 따라서 과학적 의술에 대한 대중의 환상도 사라지게 되었다. 그 결과 의술의 혜택을 받지 못한 이들이 의회에 압력을 가했으며 국립보건원 내에 정신치유, 동양의학, 자연치유 등을 연구하는 대체의학연구소(2003, p. 165)가 만들어지는 계기가 되었다.

초기 통합의학은 현대의학의 한계를 극복하기 위해서 제시된 개념으로 현대의학과 보완대체의학을 병행하는 의학의 뉴 패러다임으로 사용되었다. 국내 통합의학의 선구자 전세일(2004)은 통합의학을 "동양의학, 서양의학, 대체의학을 모두 합쳐서 융합한 의학을 총칭하여 통합의학, 종합의학 또는 전일의학(全一醫學, Integrative Medicine)이라 일컫는다."라고 정의하였다(p. 103). 반면, 고려대학교 안암병원 통합의학센터장 이성재(2007)는 통합의학에 대하여 "현대의학적 치료를 주류로 실행하면서, 한계가 있는 영역(주로 정신적 · 심적 · 영적 · 사회적 건강)에서는 안전성과 효과성이 검증된 보완의학을 선택하여 현대의학과 병행, 통합(integrated)하여 치료하는 것"(p. 32)으로 정의하고 있다. 미국 국립보건원 산하에 국립보완대체의학센터*National Center for Complementary and Alternative Medicine: NCCAM*는 "보완대체의학이란 현대의학에 속하지 않는 모든 의료"로 정의하며, "대체의학체계*Alternative medical systems*, 심신의학*Mind body interactions(psychosomatic medicine)*, 영양 · 생양 · 생물학적 치료법*Biologically based therapies*, 수기물리치료의학*Manipulative and body based methods*, 에너지의학*Energy therapies*"의 다섯 가지 범위로 세분화하고 있다.

통합의학적 관점에서 예술치료는 보완의학의 대표적 모델 중 하나인 심신의학 분

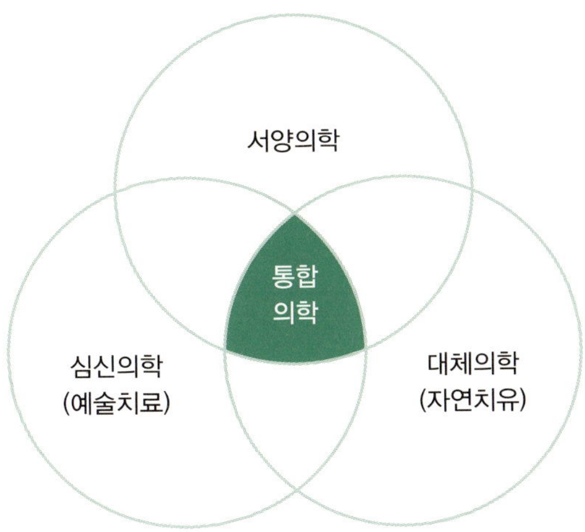

야에 속한다. 심신 상호작용에 근거한 심신의학은 마음의 상태가 신체의 질병이나 생리에 직접적이고 절대적인 영향을 미친다는 관점으로 본다. 즉, 건강 개선을 위하여 마음을 어떻게 사용하는가를 연구하고 임상에 적용시키고자 노력하는 의학체계라고 볼 수 있다. 통합의학적 관점에서 예술치료의 대상은 유아부터 노인에 이르기까지 심신의 어려움을 겪는 전 연령층에게 예술 활동을 통한 진단 및 치료가 가능하다(이성재, 2007). 최근 들어 '인간의 정신적 요소가 신경계, 내분비계 그리고 면역계를 포함한 신체 전체에 영향'을 미친다는 것이 알려지면서 과학에 근거한 학문연구가 활발하게 이루어지고 있다(Rothschild, 2013). 특히 현대의학적 치료와 병행하였을 때 증상을 호전시키거나 완화하는 긍정적인 효과를 내고 있으며, 치료의 안정성과 효율적인 면에서 높은 평가를 받고 있다. 국내에서도 10여 년을 전후하여 고려대학교 안암병원 통합의학센터 등 심신의학센터가 개설된 병원에서 예술치료가 시행되고 있다. 통합의학적 관점의 통합예술치료는 현대의학이 다루기 어려운 영역을 보완하고 한계를 극복하는 새로운 의료체계라고 할 수 있다. 다만, 통합예술치료가 내담자를 위하여 증상의 해결에 머무르지 않고 '사람임이 행복하고, 사람됨에 가치를 발견하도록 돕는 매체'로 발전하기를 기대한다.

우주적 존재로서 인간의 몸*Human Body as a Cosmic Being*

스스로를 우주적 존재로 자각하는 것은 비단 깨달음을 얻고자 하는 자들만의 전유물이 아니다. 인간이 '신체의 몸*Physical Body*', '마음의 몸*Mind Body*' 그리고 '정신의 몸*Spiritual Body*'의 균형을 회복함으로써 한 인격체로 완성되듯이 '나는 누구인가?'라는 근원적인 질문에 스스로 답할 수 있을 때에 의식의 확장이 이루어진다.

인간이 생존한다는 것은 육체와 감정을 기능적으로 사용함을 전제로 한다(최현석, 2011; Medina, 2009, p. 28). 기능적 측면에서 인간은 우주와 자연환경에 민감하게 반응하기 때문에 육체와 감정은 상호 영향을 받는다. 이와 같은 우주적 진실은 '그것을 자각하는 순간 그는 이미 우주의 한 부분이 된다는 사실'이다. 이는 '당신의 육체는 더 이

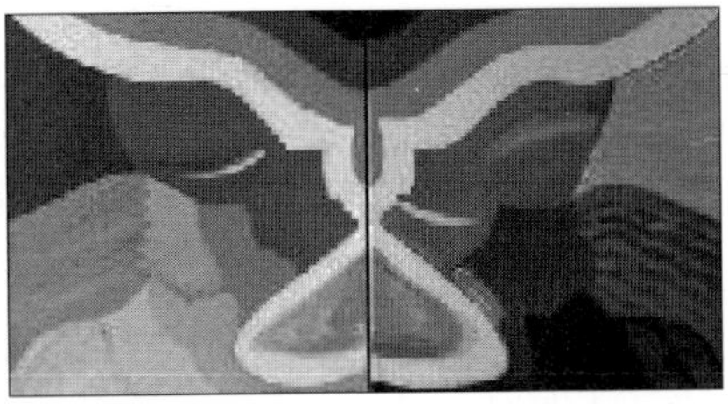

상 당신의 것이 아니라 우주의 것이요, 당신의 정신은 단지 종교에 머무르지 않고 과학이 된다.'는 의미이다. 인간 역사의 집약체인 예술이 단지 예술이 아니라, 우주적 원형을 찾아가는 심리치료의 매체가 되는 이유도 여기에 있다.

만약 인간이 세 가지 몸 중의 하나가 변한다면 어떻게 될까? 이미 그는 다른 존재로 변형되어 동일인이라고 보기는 어려울 것이다. 예를 들어, 한 여자가 변심한 애인을 만났다고 가정해 보자. 신체의 몸은 동일하다 하더라도 마음과 정신의 몸이 변화하여 여자는 변심한 남자를 '동일 존재'로 느낄 수 없게 될 것이다. 이때 여자가 느낄 분노를 살펴보면, 남자의 변심에 대한 분노라기보다 사랑하는 존재의 상실에 대한 고통으로 이해될 수 있다. 여자는 사랑하던 사람이 사라졌다는 그 현실을 받아들일 수 없을 것이다. 즉, 신체의 몸이 동일하기 때문에 마음과 정신의 몸이 변화하여 남자가 다른 존재로 변질되었음을 여자의 입장에서는 이해할 수 없는 것이다. 변질이란 다른 존재로 바뀜을 의미하므로 더 이상 존재하지 않는 무無 존재에 대한 집착이 고통을 만드는 셈이다. 이는 인간의 고통 중 가장 힘든 것이 상실의 고통임을 말해 주는 대목이기도 하다.

신체의 몸은 외형 및 신경생물학적 메커니즘을, 마음의 몸은 신체의 몸과 대응하는 개념으로써 감정과 정서를 포함한다. 정신의 몸은 인지와 종교적 영역을 포함한 광의적 개념으로 세 가지 몸은 상호 유기적으로 밀착관계에 있다. 통합예술치료 IT매뉴얼은 이러한 신체의 몸, 마음의 몸 그리고 정신의 몸이 상호 유기적으로 연결되어 있음을 전제로, 세 가지 몸에 내재된 부정적인 체험을 정화하고 고통에서 해방되도록 설계되었다.

뇌와 감정디자인*Thought Process of Brain & Emotional Design*

뇌의 사고 구조와 감정디자인은 불가분의 관계이다. 필자는 임상에서 사고 구조와 감정디자인이 심리치료에 미치는 영향을 연구하면서 통합예술치료의 목적과 치유 방향을 설정하는 주요 개념 중 하나로 보게 되었다. 통합예술치료의 목적 달성은 '내담자의 인격 변형이 양식화된 사고체계의 패턴을 새롭게 디자인할 때에 가능하다는 것을 전제'로 하고 있다. 인간의 사고는 경험을 통하여 저마다 양식화된 틀을 갖게 되는데 이 감정의 틀은 디자인되는 것이다(Gilbert, 2009). 마치 사람마다 지문이 다르듯이 감정디자인이 행동으로 작동한다. 다음의 예시를 통해서 이 개념에 쉽게 접근해 보자.

어느 날 A, B, C가 장미를 들고 가는 한 아이를 보았다. 졸업식 날 가족으로부터 장미를 받은 경험이 있는 A에게 장미의 상징은 행복과 기쁨일 것이다. 꽃을 좋아하시는 할머니가 떠올랐던 B에게 장미의 상징은 어릴 적 자신을 돌봐 주시던 할머니가 요양원에 계시기 때문에 두려움과 슬픔일 것이다. 반면, 장미와 관련된 어떤 기억도 없는 C에게 장미를 들고 있는 아이의 목격은 특정 감정으로 연결되지 않을 것이다.

사고방식은 DNA의 영향과 부모를 통해 학습된 수동적 사고 구조, 성장 후 독립 개체로서 수립된 능동적 사고 구조가 복합적으로 작용하여 형성된다(Wolpert, 2001). 사고 구조의 패턴화에 따라 상황에 대처하는 능력과 표현행동양식이 각기 다르게 나타난다는 것은 저마다 고유한 디자인이 존재함을 전제로 한다. 따라서 내담자의 문제를 온전히 해결하는 방법은 증상을 야기하는 생각디자인을 변형시키는 것에서 출발하여야 한다.

하지만 이 변형의 과정은 혼돈으로 인한 갈등과 고통을 동반한다. 변화하려는 긍정에너지가 기존의 시스템들을 붕괴시키기 위해서는 안전한 도구가 필요하기 때문이다. '변형을 위한 안전한 도구' 이것이 곧 필자가 말하는 통합예술치료이다. 통합예술치료는 내담자가 안전한 예술체험을 통해서 왜곡된 디자인을 '스스로 변형'할 수 있도록 돕는 것이 수행과제이다. 따라서 통합예술치료사는 내담자의 주 호소를 해결하기 위하여 인간 본질에 대한 혜안을 가지고 접근해야 한다.

의식의 진화와 DNA *Evolution of Consciousness & DNA*

우리 모두는 '시간여행자'이다. 이런 관점에서 인간이 존재한다는 것은 시간과 연결하여 이해할 수 있다. 즉, 우리의 삶에서 시간이 지나갔다는 것은 단지 시간을 보낸 것뿐 아니라 '특정 감정 안에 머물렀음을 의미'한다. 이것은 인간을 이해함에 있어 매우 중요한 개념이다. 시간의 흐름 속에서 신체는 어느 단계까지 성장을 이룬 후 퇴화하지만, 의식은 지속적으로 진화하면서 정보를 수용하고 변화하기 때문이다. 우리는 이것을 '의식의 진화'라고 한다. 생물학적 한계를 가진 인간이 의식의 진화 과정을 통하여 진보를 이뤄 가는 과정이야말로 생존본능의 총아이다.

의식의 진화를 이해하기 위해서는 세대 간 상관관계를 설명하는 DNA 구조를 살펴볼 필요가 있다(Wolpert, 2001, pp. 107–126). 미국을 중심으로 시작된 인간 게놈 프로젝트는 DNA 유전 정보를 밝혀 유전적 원인을 규명하려고 하였으나, DNA 중 실제 영향력은 3%라는 사실만을 밝혀냈다. 그러나 인간이 태어나 부모와 같은 음식을 먹고, 말을 익히는 등 행동 양식을 닮아가기 때문에 3%에 불과했던 DNA의 영향력이 환경과의 상호작용을 통해 확장된다고 볼 수 있다.

한편 인간은 성장하면서 자신의 환경을 바꿔 간다. 가장 먼저 부모로부터의 분리를 통하여 독립적 패턴을 구축하게 되는데, 삶의 체험을 통해서 형성된 신체적 자료가 의식적 · 무의식적으로 구조화되어 DNA에 저장된다. 이것은 또다시 유전을 통해 인간의 사고 구조를 양식화하면서 세습적으로 영향을 미친다(Brodie, 2010). 즉, 인간의 신체적 · 정서적 · 인지적 정보를 보관하는 DNA는 사고 구조의 기본 단위로써 우리의 삶에 지속적으로 관여한다고 볼 수 있다. 그래서 대부분의 내담자는 가족과 분리되어 독립적인 DNA를 구성하는 과정에서 어려움을 겪기도 한다.

자연과학자들 역시 DNA 구조가 심리문제를 해결하는 중요

개념으로 인식하여, 사고와 느낌 등을 관장하는 뇌 호르몬이 인간의 심리문제를 푸는 열쇠라고 보았다. 생체 구조를 정신질환의 주요 원인으로 바라볼 때 유전변이에 대한 이해를 위하여 현생인류의 이동설을 살펴보는 것이 도움이 된다. 현생인류는 약 10만 년부터 20만 년 전까지는 사하라 이남과 아프리카에서 살아 왔으며, 이후에는 중동을 시작으로 인도, 서유럽, 중국 그리고 아메리카 대륙으로 이동하여 살고 있다(Kagan, 2011, p. 171).

발달심리학자 제롬 케이건*Jerome Kagan*(2011)은 인간의 선천적 기질을 포함한 심정적 특성이 정신질환을 이해하는 열쇠라고 보았다. 그는 신체의 생물학적 체계(자율신경계, 내분비계, 면역체계)가 두뇌와 상호적으로 피드백을 제공하면서 감정 활동이 일어난다고 지적한다. 그리고 정신병적 기질과 관련된 약 150개 이상의 DNA 분자들이 시냅스 공간에서 정보 전달을 관장한다고 보았다. 이 분자들은 뉴런의 단백질 수용체를 활성화하거나 흥분을 가라앉히는 등 다양한 기능을 한다. 인간의 정신작동 제1의 기관이 두뇌라고 지적한 윌리엄 제임스*William James*(2014)도 모든 행동 변화를 두뇌가 결정한다는 확신을 20세기 후반에 정신 과정의 변화 측정 도구가 개발된 이후 가지게 되었다. 주목할 점은 뇌의 편도체를 자극하면 자율신경계의 변화로 공포감이 조성된다는 것이다. 이는 감정 회로에서 편도체가 하는 역할과 기능을 통해서 인간의 뇌는 인류의 기원에서부터 현재까지 축적한 경험의 메모리로부터 반응한다는 추론이 가능해진다.

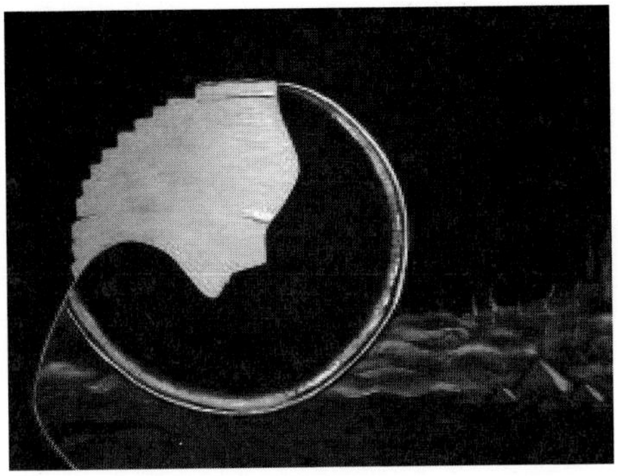

인간의 심리 문제를 유전적 행동변이가 미치는 영향을 바탕으로 살펴볼 때, 어릴 적 경험했던 감정적 자극은 후천적으로 기록되어 사고의 구조로 양식화됨을 알 수 있다. 브라이언 콜브*Bryan Kolb*(2012)는 웃음과 같은 쾌감적인 행동신호가 세로토닌의 분비를 촉진하여 행복하다고 느끼는 것처럼 인간은 무엇을 체험하고 행동하느냐에 따라서 뇌 세포가 변화한다고 지적하였다(p. 258). 이러한 관점은 예술을 통한 창작활동이 고정관념을 깨는 치료도구로써의 활용가능성을 제공한다. 뇌 이론들은 다양한 예술체험을 즐기는 통합예술치료가 '웃음카타르시스'라는 콘셉트를 갖게 된 이유인 동시에 뇌 과학으로서 통합예술치료의 방향성이기도 하다.

지금까지 살펴본 뇌 과학과 정신질환에 관한 연구들은 통합예술치료의 궁극적인 목표인 인격 변형의 비전을 쉽게 이해하는 데 도움을 주었다. 추후 내담자의 사고 패턴과 증상의 상관관계를 과학적으로 규명하는 연구가 필요하다. 따라서 자발적이고 즐거운 예술체험을 통한 '사고 패턴의 파괴와 긍정 디자인'은 통합예술치료에서 풀어야 할 핵심 과제이기도 하다.

통합예술치료는 이러한 인간의 사고와 행동의 패턴화를 고려하여 내담자와 관련된 '공간을 통합적으로 관리'하도록 제안하였다. IT매뉴얼에서는 예술체험이 이루어지는 치료실을 제1치료공간, 내담자의 가정을 제2치료공간, 직장 등 사회활동이 이루어지는 곳을 제3치료공간으로 구분하여 내담자가 속한 모든 공간을 치료공간으로 확대하여 인식하고 있다. 이와 같은 공간의 확장은 치료사의 관점에서 내담자에 대한 더 많은 정보를 확보하여 치료에 적용할 수 있는 장점이 있다. 이는 치료실 위주의 치료행위가 이루어지는 기존의 예술치료와는 확연히 구별되는 '다면적 치료공간'을 활용하는 통합예술치료의 특성이라고 할 수 있다.

PART 2

통합예술치료와 카타르시스

Integrative Arts Therapy and Catharsis

디오니소스적 황홀경*Ecstasy of Dionysian Cult*

아리스토텔레스*Aristotle*는 디오니소스적 황홀경에 대하여 고대 그리스의 디오니소스 찬양축제와 풍자극에서 사티로스들이 남근숭배에 관한 노래를 부르면서 황홀경을 느꼈을 것으로 보고 있다. 『시학*Poetics*』 4장에서 밝힌 이러한 주장을 근거로 후세 학자들은 연극이 풍자적인 디오니소스 찬양축제 또는 원시적 제의식*ritual*에서 생겨났다는 사실을 추론해 내었다.

그의 주장대로 비극이 종교적인 숭배에서 유래된 것이라면, 카타르시스*catharsis*의 의미는 디오니소스 찬양축제라는 맥락에서 찾는 것이 마땅하다. 정리하면 다음과 같다. 디오니소스를 숭배하는 제의에서 음주가무가 만들어 내는 '디오니소스적 판타지는 신과 합일되는 종교적 체험으로 인간의 공포와 두려움을 극복하는 과정에서 발생하는 승화적인 카타르시스로 해석'(홍유진, 1994, pp. 22-28; Nietzsche, 2002)되어야 한다. 가설과 관련한 자료는 초기 고대 그리스 양식을 나타내는 다수의 꽃병에서 포도 덩굴과 남근 모양의 막대 그림이 사티로스*satyros*와 연결되어 잘 나타나 있다(Bieber, 1961). 고고학자 커비*Kirby*(1975)는 샤머니즘 관점에서 남근 모양을 한 막대가 환상의 전도체 구실을 하는 수직축과 같은 역할을 하고, 반인반수*半人半獸*인 사티로스는 '몽롱한 상태로의 도피'를 의미하는 신들림 현상으로 보았다.

고대 디오니소스 축연에서 사티로스들

사티로스에 대하여 살펴보자. 디오니소스신의 추종자 '사티로스는 세 가지 종류의 독특한 신분을 가지고 있다. 1) 황홀경 상태에서 무속의식을 수행하여 카타르시스를 유도하는 말을 하는 자, 2) 코믹한 상황이나 춤 또는 드라마에서 어떤 역할을 맡고 있는 연기자, 3) 역사적 신화에 등장하는 인물, 즉 디오니소스 축제라는 제의식을 통해서 기원하는 내용을 상징적으로 표현하는 인물 등이다(pp. 99-127).

앞에서 말한 커비의 삼단논법은 다음과 같이 설명할 수 있다. 아리스토텔레스가 언급한 대로 비극과 희극의 기원이 사티로스극으로 제의에 기반을 두었다면 그 행위가 목적하는 바도 카타르시스라고 할 수 있을 것이다. 따라서 디오니소스적 판타지는 제의 과정에서 발생하는 현상이며 효과 또한 카타르시스로 해석되어야 할 것이다.

카타르시스의 기원*Origin of Catharsis*

고대 그리스 제의식

카타르시스라는 용어는 고대 그리스어 "Katharsis"에서 유래되었으며 BC 5세기 아리스토텔레스가 『시학』에서 비극의 목적을 정의하면서 사용한 개념이다. 그러나 그는 카타르시스 효과에 대하여 비극을 관람하는 관객에게 일어나는 심리현상으로 언급하였을 뿐 정화 과정에 대해서는 설명하지 않았다. 현대의 일부 비평가들은 관객뿐만 아니라 배우의 카타르시스 현상에 대해서도 의미가 있음을 지적하여 왔다. 필자도 관객이 배우의 감정에 동질화 현상을 일으켜, 비극공연이 끝난 후에 심리적 · 육체적 변화가 일어나는 치유 과정에 대해서 주목해 왔다. 그렇다면 비극이 관객에게 '연민과 공포'를 통해서 카타르시스를 제공한다고 볼 때, '즐거움이나 기쁨'을 느끼는 희극의 경우는 어떠한가? 그리고 연극처럼 극적 갈등 구조를 즉흥역할극으로 사용하는 통합예술치료의 경우는 어떠한가? 비록 아리스토텔레스는 극적 구성을 통하여 발현되는 카타르시스만을 언급하였다 하더라도 갈등 구조를 지닌 유사 방법들에서 카타르시스 효과가 유발됨을 우리는 추정할 수 있다.

그동안 인지론적 입장의 예술치료 이론가들은 카타르시스 효과에 대하여 일시적인 현상이거나 치유 과정에서 유발되는 무의미한 증상 같은 것으로 치부하는 경향도 있었다. 한때 카타르시스 요법을 사용하다가 폐기한 지그문트 프로이트*Sigmund Freud* 역시, 격렬한 반응을 보이는 환자에게 일어나는 카타르시스 현상을 매우 불안하고 위험하게 보았던 것 같다(Landy, 2002, pp. 69–72).

그러나 필자는 카타르시스 요법이 '불완전하고 격렬한 반응 때문에 환자에게 적용하기에 무모한 시도'라고 여겼던 프로이트의 작업에 주목하였다. '만약 예술을 통하여 체험되는 카타르시스 현상이 안전하고 편안하게 받아들여질 수만 있다면 유쾌한 카타르시스 체험이 심리치료기제로서 가능하지 않을까? 다만, 안전한 매뉴얼이 개발된다는 전제'하에서 말이다.

살펴본 바와 같이 미적 체험을 통한 카타르시스 효과는 예술매체가 지닌 고유한 특성으로(Hong, 1992, pp. 16–20) 연극뿐만 아니라 미술, 음악, 무용/동작, 영화/사진, 문학 등 다양한 예술 분야가 심리치료 매개체로써 가능한 이유이기도 하다.

필자가 실험한 임상에서는 내담자에게 심리적 · 육체적으로 인식의 변화가 일어날 때 동반되는 '조절할 수 없는 웃음과 울음'이 개인의 성격이나 성향과 관계없이 일어나는 것을 관찰할 수 있었다. 특히 외면적으로는 통제되어 차분한 듯 보이는 내담자도 그의 내면에서는 강렬한 카타르시스 현상이 일어나고 있었다. 이러한 임상경험은 내담자의 예술치료 체험과 그 과정에서 동반되는 카타르시스 효과를 통합예술치료의 주요 개념 중 하나로 보게 되는 계기가 되었다.

심리치료적 카타르시스 *Therapeutic Catharsis*

종교적 관점에서 카타르시스는 정화 또는 정죄의 의미로서 정신의 죄를 씻어 내어 영혼을 다시 태어나게 한다는 뜻이다(Hong, 1992, p. 1). 일반적으로 제의나 연극 또는 심리분석에서 사용하고 있는 카타르시스의 개념은 내면에 억눌려 있어서 잠재의식 속에 자리 잡고 있는 감정을 표출시킴으로써 긴장과 불안을 해소시키는 과정(Nichols & Zax, 1977, p. 1)을 말한다. 이 용어의 어원은 아리스토텔레스 이전의 구약성서 시대까지 거슬러 올라가지만, 오늘날에도 정화 또는 정죄라는 어휘가 지닌 종교적인 근본 의미는 변하지 않았다. 그러나 정화의 과정을 통해 얻게 되는 효과가 강조된다는 점과 그 과정에 관객의 의도적 참여를 필요로 한다는 점은 달라진 부분이라고 할 수 있다.

토마스 쉐프*Thomas T. J. Scheff*(1979)가 『치유, 제의와 드라마에서의 카타르시스*Catharsis in Healing, Ritual and Drama*』에서 지적한 바와 같이, 제의를 통해 생겨나는 카타르시스는 중요한 사회적 기능을 수행한다. 출생과 죽음 그리고 비법 전수 및 가족 질병의 치료 등과 같이 중요한 사회 문제를 다루는 제의는 감정을 마음 놓고 안전하게 표출시킬 수 있는 매개체가 되기 때문이다(p. 217). 대부분의 제의에서는 무용, 음악, 독백, 가면, 의상, 소도구 등과 같은 종합예술적인 요소들이 사용되는데, 그로 인하여 주술적 제의와 예술을 구분 짓고 있던 경계가 더욱 애매모호해졌다. 리차드 쉐크너*Richard Schechner*(1976)는 "어떤 특정 행위에 대하여 주술적 제의인지 연극인지를 구분 지으려면 공연의 목적과 그러한 행위 자체가 효험이나 오락성을 각각 어느 정도로 지향하느냐"(p. 207)에 의거한다고 지적하였다.

카타르시스가 사람들에게 미치는 영향을 더욱 구체적으로 이해하려면, 아리스토텔레스의 연극적 개념, 지그문트 프로이트와 제이콥 모레노의 심리치료적 개념 그리고 무속 의식적 개념의 유사점과 차이점을 식별할 수 있는 연구가 필요하다(Hong, 1992, pp. 30–40). 아리스토텔레스의 연극적 개념에서 카타르시스는 줄거리 자체가 갖고 있는 극적 구조가 바로 카타르시스를 낳는 매개체이다. 즉, 줄거리의 극적 구조로 인해서 관객은 '두려움과 슬픔'을 경험하고, 극 중 주인공에게 자신의 감정을 이입함으로써 사회적 교화 기능을 갖게 된다. 심리치료적 개념에서는 두 가지 역할을 강조하는데 감정을 표현하는 연기자와 이들 연기자를 바라보는 관찰자 역할이다. 조세프 브루어*Joseph Breuer*와 프로이트가 창안한 초기 '대화치료*Talking Cure*'부터 모레노와 연극치료사들이 활용하는 사이코드라마*Psychodrama*에서 내담자가 주인공 역할을 할 때 관객은 그것을 바라보며 카타르시스적 경험을 하게 된다. 이러한 관점에서 카타르시스란 "심미적 거리의 균형 잡힌 상태"(Scheff, 1979, pp. 61–62)를 회복하기 위해 "억눌린 감정을 발산하는 것"(Freud, 1955, p. 110)이라고 정의할 수 있다. 그 속에서 내담자는 다양한 역할을 맡아 연기함으로써 스스로를 자각할 수 있게 된다. 이와 같이 치료 모델에서 내담자는 행하는 자로서, 보는자와 함께 참여자이자 관찰자인 동시에 극작가*드라마의 소재가 대부분 그들 자신의 경험에서 나온 것이기 때문이다*가 된다.

정신의학 분야 중에서 극을 주 매체로 사용하는 심리치료 분야는 심리극과 연극치료라고 볼 수 있다. 이 두 분야의 이론적 배경은 연극예술의 원초적 기능과 관련된 카타르시스 이론과 등장인물의 성격을 분석하며 아이디어를 얻는 정신분석학 그리고 사회적응척도와 관련된 역할이론 등을 들 수 있다. 근대 심리학에 극이 접목된 것은 모레노에 의해서이다. 정신과 의사인 그는 놀이터에서 소꿉놀이를 하는 아이들을 보며 역할극을 통한 창작성과 자발성의 특별한 효과를 발견하여 사이코드라마를 개발하고 정신치료와 교육 영역에 활용하였다. 특히 사회 소외계층을 대상으로 사회극 *Sociodrama* 형식의 심리극을 시도하여 심리치료의 효과를 알리는 데 크게 공헌하였다. 이와 유사하게 역할극을 사용하는 분야는 연극치료로서, 대표적인 이론가들은 미국의 데이비드 리드 존슨*David Read Johnson*과 로버트 랜디*Robert J. Landy* 그리고 영국의 수 제닝스*Sue Jennings* 등이 있다. 그들의 주요 개념으로는 인지 발달 과정을 치료에 적용한 존슨의 발달변형*Developmental Transformations*이론과 감정의 거리를 응용한 랜디의 투사 기법*Projective Techniques* 그리고 인간 극적 발달 과정을 심리치료에 접목한 제닝스의 EPR*Embodiment-Projection-Role*이 있다.

심리극과 연극치료의 진행 방법이 모두 역할극을 사용한다는 공통점은 있지만, 연극치료의 경우 제3의 물체에 투사하여 감정을 표출하는 투사 기법도 함께 사용한다는 점은 다르다. 사회학자 쉐프의 거리조절이론에서 영향을 받은 연극치료의 투사 이론은 내담자의 감정 변화를 가늠하는 척도가 된다. 쉐프는 치료 과정을 이해하는 수단으로 몰입*Flow*과 관조*Contemplation* 그리고 미적 거리*Aesthetic Distance*로 감정을 설명하고 있다. 몰입 상태*Under Distanced-state*란 환자가 자신의 역할에 감정적으로 밀착하여 그 역할 자체가 되는 상태라고 할 수 있다. 이와는 반대의 개념인 관조 상태*Over Distanced-state*는 지나치게 거리를 두는 심리상태를 말한다. 흔히 완고하고 이성적이며 감정을 억제하는 사람의 유형들에게서 나타난다. 마지막으로 미적 거리는 앞의 두 극단적인 심리상태가 한 사람 안에서 조화를 이룬 것으로 볼 수 있다. 이 미적 거리는 통합예술치료에서 매우 주요한 개념이다. 내담자가 예술치료에서 참여자인 동시에 관찰자가 되어 여러 가지 역할을 자발적으로 연출할 수 있을 때 치료 효과가 상승되기 때문이다 (Hong, 1992, pp. 38-39).

심리치료적 관점에서 볼 때 카타르시의 활용은 연극의 발달과도 밀접한 관계가 있다. 치료연극에 영향을 준 연극인들은 크게 두 부류로 나눌 수 있는데, 그들은 교육연극 신봉자들과 연극공연을 통한 심리치료를 주장하는 예술인들이다. 연극치료의 창시자 도나시앵 알퐁스 프랑수아 드 사드Donatien Alphonse François de Sade가 18세기 교도소에서 교화를 위한 연극을 하였으나, 1939년 연극치료Drama Therapy라는 단어를 최초로 사용한 이는 교육연극학자 피터 슬레드Peter Slade이다. 연극치료 최초의 논문은 1946년 미국의 플로어셰임Florsheim이 발표했다. 이렇게 연극치료의 발달은 영국과 미국에서 활동하던 교육연극인들에 의해서 1970년대 초반에 전문 연극치료협회가 조직되면서 성장을 하게 된다(Jones, 2005, p. 83). 그 외에 연극치료에 영향을 준 연극이론으로 사실주의 연기론을 완성한 콘스탄틴 스타니슬랍스키Konstantin Stanislavsky의 정서적 기억을 통한 배우 훈련술과 연기를 통하여 복잡한 감정을 표출시킴으로써 현실 직시가 가능하다고 본 외젠 이오네스코Eugène Ionesco의 이론, 제3자적 관점에서 연기함으로써 감정의 거리 조절을 가능케 하는 베르톨트 브레히트Bertolt Brecht의 소외 효과, 그리고 빈 공간 개념을 도입하여 상상력을 극대화한 피터 브룩Peter Brook 등이 있다. 이들 연극인들의 실험 작업은 연극치료뿐만 아니라 통합예술치료의 개념 도입에 모티브를 제공하였다.

브루어와 프로이트의 심리치료Breuer & Freud on psychotherapy

조세프 브루어와 지그문트 프로이트는 프랑스의 장 샤르코Jean Charcot와 히폴리트 베른하임Hippolyte Bernhiem이 최면술을 효과적으로 사용하는 데서 영향을 받아 "인간의 의식 안쪽에 감추어져 있을 가능성이 있는 정신적 과정"(Freud, 1955, p. 30)에 대하여 고찰하였다. 이들은 최면술을 사용하여 '신경성 장애'에 해당되는 히스테리 증세를 보이는 몇몇 환자들을 치료하는 과정에서 히스테리의 근원이 되는 것이 바로 '억눌려 있는 생각'이란 것을 알게 되었다. 환자는 최면을 통하여 의사 앞에서 정신적인 상처의 근원이 되었던 마음속의 기억을 회상해 낸다. 미처 겉으로 표출되지 못하고 억눌려 있던 감정을 해방시키는 일프로이트의 정의에 따르면 지체된 해제작용은 이러한 감정들이 어린 시절 처음으로 경험했을 때와 같이 동일한 강도의 말로서 묘사될 때 생겨나게 된다. 브루어와 프로이트(1895, pp.40-41)는 이 해제반응의 과정에 대하여 환자가 히스테리 증상을 야기한 사건을 분명하게 떠올려 상세히 묘사할 뿐만 아니라, 그 사건이 자신에게 미친 영향을 말로 표현할 수 있게 될 때 놀랍게도 증상이 사라지게 된다는 사실을 알아낼 수 있었다고 설명하였다.

쉐프는『치유, 제의와 드라마에서의 카타르시스』(1979, p. 39)에서 이러한 '카타르시스'적 치유의 공식에는 필수적으로 세 가지 요소가 들어 있다고 지적하였다.

1. 증상을 야기한 사건에 대해 자세히 설명할 것
2. 문제의 영향을 물리적으로 환기시킬 것
3. 그 영향을 말로 표현할 것

프로이트의 '압박 모델*Pressure Technique*'은 환자가 감정적 카타르시스를 경험하고 괴로운 증상으로부터 벗어나도록 하기 위하여 초기에 사용하던 기법 중 하나이다. 프로이트(1955)는 그 절차에 대해 다음과 같이 설명하였다.

> 나는 손을 환자의 이마 위에 얹거나 환자의 머리를 양손으로 붙들고 다음과 같이 이야기한다. "당신은 당신의 머리가 내 손에 의해 압박되어 있다고 생각하게 될 것입니다. …… 내가 압박을 늦추는 순간 당신은 당신 앞에 무엇인가를 보게 되거나 머릿속에 무엇인가 떠오르게 될 것입니다. …… 그것을 잘 포착하십시오. 그것이 바로 우리가 찾고 있는 것입니다. …… 자, 무엇을 보거나 머릿속에 떠올리셨습니까?"(p. 110)

프로이트(1952)는 환자의 이마에 손을 얹고 증상의 근원을 기억하도록 물었을 때 환자가 놀라울 정도로 분명하게 그것을 기억해 낸다는 사실을 발견하였다. 이와 같이 암시나 압박 모델을 사용하면 환자는 정신적 최면 상태에 빠지게 된다. 이 상태에서 환자의 감추어져 있던 생각들은 무의식에서 빠져 나와 의식 상태로 나타나기 전에 극적인 형태로 바뀌게 되는 것이다. 그는 몇 가지 새로운 사실들을 추가로 발견하였는데, 그중에서도 '전이된 사랑' 현상은 심리분석적 관점에서 볼 때 매우 중요한 특징으로 사료된다(p. 49).

필자는 『프로이트의 자서전*Freud's Autobiography*』(1963)과 다수의 책을 통하여 브루어와 프로이트가 작업파트너로서 길을 달리한 이유가 성욕과 히스테리에 관한 문제라고 바라보게 되었다. 당시 브루어는 안나 오가 자신에게 애정을 갖게 되자 두려움에서 그녀의 치료를 중단하였다. 그러한 상황에 대하여 프로이트는 안나 오의 사랑은 무의식적인 상징에 불과하다며, 브루어가 성적 전이의 문제를 정면으로 직시할 수 없었던 것은 그의 성격 탓이라고 주장하였다. 브루어는 프로이트의 전이된 사랑의 개념을 이해할 수 없었다. 두 사람은 노이로제를 치료하는 데 있어서 성욕의 중요성과 의사와 환자 사이의 성적 전이에 대한 의견 차이를 좁히지 못하였다.

그러나 시간이 경과함에 따라 프로이트의 관점도 바뀌었다. 환자가 의자에 누워 눈을 감고 있는 상태에서 압박 기법을 사용하는 대신, 눈을 뜨고 있는 환자 뒤에 수동적으로 앉게 되었다. 그는 의사의 물리적인 도움 없이 환자에게 말과 심상을 떠오르게 하는 '자유 연상에 의한 대화치료*Talking Cure*를 사용'하게 된 것이다.

프로이트는 심리장애의 근원에 대하여 충족 욕구와 자아의 저항 사이에서 나타나는 부조화의 산물로 판단하였다. 자아는 외상성 경험을 밖으로 드러내는 것에 대해 강력하게 저항을 하기 때문에 본능적 충동은 이것을 '비정상적인' 방식으로 표현할 수밖에 없다는 것이다. 따라서 억눌림에 대한 이와 같은 갈등이론은 단계별로 치료하는 것이 중요하다고 생각하였다. 그는 해제작용으로서의 카타르시스 효과를 근본적으로 배제하기에 이르렀다. 프로이트의 목표는 어떠한 감정을 '정화하는 것'이 아니라, 억눌려 있던 감정을 겉으로 드러낸 후 지금까지 부인해 오던 것을 스스로 인정하거나 거부하도록 하는 것이었다. 프로이트는 "나의 치료방법을 카타르시스라 부르지 않고 심리분석이라고 부름으로써, 내가 새로운 상황을 인식하고 있음을 보여 주고자 한다."라고 하였다(p. 56).

심리분석에서 프로이트는 언어에 의한 표현과 분석, 그리고 환자 사이의 관계를 크게 강조하였다. 그 후 최면 기법을 사용하여 신경쇠약 증상의 원인이 된 성적인 문제점을 해결하였으며, 심리분석 중에 환자의 감정 전이로 인하여 치료사가 수행하여야 할 상징적인 역할도 이해하게 되었다. 그는 모호한 최면보다는 심리내부적인 통찰을 말로써 표현하는 이성적 과정을 채택하였다. 그 과정에서 내부에 깔려 있던 무의식적 충동이 의식의 영역으로 올라오는 일을 차단시키는 것이 바로 저항이라는 점을 인식하게 되는 성과도 거두었다(Nichols & Zax, 1977).

몸이 체험하는 웃음카타르시스*Laughing Catharsis*

통합예술치료사로서 우리가 할 일은 먼저 사람의 몸을 이해하는 것이다. 건강한 삶을 유지하기 위해서는 몸이 느끼는 고통에 귀 기울이고 그 호소를 들어야 한다. 다행히 인간에게는 스스로 치유할 수 있는 자기치유능력이 있기 때문에 우리가 몸의 신호를 알아차리는 것만으로도 치유가 일어난다.

일부 서양의학에 기반을 둔 의료인들은 인간의 몸을 신체와 마음 두 가지 측면으로 접근하여 환자의 증세를 다루어 왔다. 그러나 원시시대부터 수천 년 동안 이어져 온 명상과 요가, 종교와 예술 등 다양한 학문을 살펴보면 "인간은 육체와 마음 외에 또 다른 무엇이 있다."라고 지적하고 있다(Grof, 2008; Wilber, 2012). 필자는 40년 동안 예술심리교육과 치료를 하면서 이제 겨우 인간에 대한 물음 중 하나의 답을 알게 되었다. 그것은 '인간은 신체의 몸과 마음의 몸 그리고 정신의 몸으로 구성되어 있으며, 이 세 가지의 몸은 유기적으로 연결되어 있기 때문에 건강한 삶을 위해서 상호 협력이 필요하다'는 것이다.

한 인간에 존재하는 세 몸은 각기 '다른 기능으로 존재하는 한 지붕 세 가족'이다. 때문에 이 세 몸의 균형이 깨질 때 몸은 우리에게 시그널을 보내 온다. 우리가 불필요한 음식물을 섭취할 때 스스로를 보호하기 위하여 신체가 알아서 배설을 하듯이 마음의 몸 또한 적절한 시기에 불쾌한 감정의 찌꺼기를 배출한다. 정신의 몸은 어떠한가? 감내하기 힘든 고통이 있을 때 정신은 집중력을 잃고 혼란스러워지며 신체와 마음의 조화도 무너진다. 한 예로 우리가 자신의 뺨을 때리는 행동 등은 몸의 조화를 찾기 위한 무의식적 반응이라고 볼 수 있다. 이렇듯 우리의 몸은 자생적으로 부정적 에너지를 배설하고 긍정적 에너지를 받아들이는 과학적인 시스템으로 운영되고 있다. 신선한 음식처럼 사랑과 기쁨 그리고 좋은 생각 등의 긍정적 에너지가 충족되고 스트레스, 걱정, 분노 등 부정에너지가 제로일 때 우리는 건강하다. 반대로 긍정에너지보다 부정에너지가 필요 이상으로 적체되어 있을 때는 배설 출구가 필요하다. 신체와 마음 그리고 정신의 몸에 불필요한 에너지를 배설할 수 있도록 돕는 공간이 통합예술치료가 이루어지는 장소이다. 그래서 예술은 부정에너지를 배설시키는 매개체이자 안전한 도구가 되어야 한다. 이것이 바로 예술의 순기능이며 예술치료의 사명일 것이다. 특히 예술체험 과정에서 순기능적으로 일어나는 카타르시스는 무시하거나 간과할 수 없는 자연스럽고 필연적인 현상이다. 치료의 과정은 변화를 통한 회복이기 때문에 반드시 신체적, 정서적, 인지적일 필요는 없다. 이들은 유기적으로 연결되어 있으며 상호보완적이기 때문이다. 예술체험을 통한 카타르시스는 먼저 인지의 변화가 일어나고 순차적으로 의식의 변화를 가져오는 강점이 있다. 울음과 웃음을 동반하지 않는 통제적 카타르시스의 경우에도 감정 배설의 경험은 일어나며 의식의 인지적 변화 또한 동반함을 알 수 있다. 즉, 시각적으로 볼 때 증상이 억압된 유형으로 보일지라도 변화는 내재되어 있다는 것이다.

우리는 왜 최루탄식 '울음카타르시스'에 익숙한가? 아리스토텔레스의 『시학』에 잠들어 있는 비극적 카타르시스의 매너리즘에 빠져 있거나 게으르기 때문일까? 필자는 울음 끝에 나오는 웃음과 웃음 뒤에 숨겨진 울음의 의미에 대하여 환희와 기쁨을 제공하는 '웃음카타르시스'를 찾아서 고민해 왔다. 웃음의 의미는 한 사회의 관습이나 문화와 상관관계가 있다. 공동체 삶의 필요에 부응하는 집단의식에 근거한 웃음은 공감을 느낄 때 유발된다. 따라서 사회를 해학적 · 풍자적으로 표현한 희극의 경우나, 문화적 동질성을 통한 객관적 공감대가 웃음의 기본 구조임을 알 수 있다. 웃음은 긴장이 이해되는 순간 유발되지만 다양한 형태의 웃음 뒤에는 예외 없이 정신적, 신체적 이완이 뒤따르는 공통점이 있다.

웃음 창출 요소

분류	개념	코믹 요소
상황 코믹	부조리 상황을 통한 웃음	부조리한 상황에서 빚어지는 대비, 과장, 반전, 풍자, 우매, 반복, 언밸런스, 금기상황 등
신체 코믹	신체, 표정, 행동을 통한 웃음	신체, 표정, 행동의 대비, 과장, 반전, 풍자, 우매, 반복, 언밸런스, 트윈, 금기행동, 패러디, 가장 등
화술 코믹	말의 유희를 통한 웃음	말의 논리와 대조, 습관, 어조, 음색, 변조, 톤, 사투리, 외국어, 금기어(*비속어, 성적인 말, 욕*) 등

울음의 증상은 다양하게 정의될 수 있다. 다만, 예술치료에서는 '표현의 욕구가 일어나 두렵고 긴장된 순간의 감정이 안정된 공간에서 배설될 때 일어나는 현상'의 하나로 해석하여도 무방할 것이다. 그러나 심리치료에서 울음이 내담자의 진단을 위한 중요한 정보를 제공할지라도 그것에 집착할 필요는 없다. 인간은 불안이나 놀람과 같은 긴장 상황에서도 그것을 극복하기 위한 해제반응으로 울음이 나오는데, 이때 교감신경이 자극되어 혈압이 상승하기도 한다. 특히 울음으로 인한 과도한 스트레스는 코르티솔 호르몬의 분비량이 증가하면서 면역체계가 파괴되어 신체와 마음 그리고 정신의 균형을 깨뜨리기도 한다. 일상에서 우리는 공포, 분노, 답답함 등 수없이 많은 이유로 차가운 눈물을 배설하기도 한다. 때로 예술치료 세션에서 감정을 배설하고 싶지만, 의도만큼 표현하지 못하는 좌절과 답답함은 절규 같은 울음을 동반할 수도 있다. 이처럼 치료사는 예술치료 과정에서 내담자가 분출하는 다양한 울음의 의미를 명확하게 해석할 필요가 있다.

웃음 또한 울음처럼 다양한 메시지가 담겨 있다. 불필요한 감정이 충분히 배출되어 만족할 때, 어이가 없거나 답답할 때 그리고 억울할 때에도 웃음을 보일 수 있다. 때로는 웃음과 울음은 별개의 것이 아니라 동질의 의미를 갖기도 한다. 다만, 내담자의 성향과 상황에 따라 누군가에게는 웃음으로 또 다른 이에게는 울음으로 표출됨에 유의하여야 한다.

신체와 마음 그리고 정신의 정화 과정은 때로 조절할 수 없는 웃음과 울음의 양상으로도 나타나기도 한다. 이는 내담자한테 예술치료가 깊이 작용하고 있다는 해제 증상의 반증이며, 감내하기 힘들었던 부정적 감정의 배설 욕구가 폭발하였기 때문이다. 즉, 감정이 배설되어 새로운 인지가 자각되었거나 그로 인하여 의식적 또는 무의식적 신체의 반응이 일어난 것으로 볼 수 있다.

여기서 무엇보다 주목해야 할 점은 변화가 일어나는 과정의 체험을 의식화하도록 인지시키는 것이다. 만약 그 순간이 비몽사몽간에 일어난다면 내담자의 예술체험이 바로 무의식 상태로 전환되어 의식체계의 변화가 반감될 수도 있다. 웃음과 울음의 증상은 카타르시스 체험뿐 아니라 고통스러운 상황에서도 나타날 수 있으며 신체 반응의 질 또한 다르게 나타난다. 대체적으로 웃음카타르시스 체험의 증상은 신체의 특정 부위에 뜨거운 땀이 나고, 울음카타르시스 체험의 증상은 차가운 땀을 흘리게 된다. 특히 웃음카타르시스를 통한 뜨거운 땀의 분출은 몸이 완전히 이완되는 과정에서 나타나는 몸의 정화 현상으로 볼 수 있다(Hong, 1992, p. 192). 반면 차가운 땀은 몸이 긴장되고 위축되기 때문에 몸의 순환을 방해하고 통증을 수반하기도 한다.

뇌에 미치는 웃음의 영향과 반응은 매우 흥미롭다. 웃음은 적체된 감정을 즐겁게 해소하여 균형을 찾아 주는 정화 작용을 한다. 웃음은 부교감신경을 활성화하여 뇌하수체에서 엔도르핀, 도파민, 세로토닌 등의 호르몬 분비를 촉진시키고 스트레스 호르몬인 코르티솔의 활동을 억제하는 기능을 한다. 이때 신체는 생리활동을 촉진시켜 스트레스와 관련된 다양한 몸의 증상은 감소하게 한다. 웃음은 이렇게 면역체계를 강화하고 신체의 근육을 이완하는 기능이 있기 때문에 심리치료에 중요한 요소라고 생각한다.

웃음을 통한 뇌의 촉진이 감정에도 영향을 미친다고 본 프로이트도 웃음이 부정적 감정을 극복할 수 있는 방어기제가 된다고 보았다(1928). 웃음은 보상회로 부분을 자극하여 도파민의 수치를 높임으로써 즐거움을 느끼게 된다. 웃는 행위 자체가 부정적 감정을 발산함으로써 해방감을 느끼므로 웃음의 순기능은 인간의 건강과 행복이 직결된다는 측면에서 의미가 크다. 통합예술치료론에서 웃음카타르시스에 특별한 의미를 두는 이유는 웃음카타르시스가 내담자에게 일어나는 심리적 현상을 알 수 있는 특별한 근거를 제공하기 때문이다.

PART 3

통합예술치료 IT매뉴얼

Integrative Arts Therapy IT Manual

통합예술치료의 정의*Definition of Integrative Arts Therapy*

통합예술치료의 정의는 '내담자가 자발적인 예술체험을 통하여 의식을 진화하고 우주적 존재로서의 가치를 자각하도록 다양한 예술매체를 통합·적용하는 심리치료 기제'이다. 지향점은 모든 인간에게 미성숙한 형태로 잠재하고 있는 '어린자화상'을 스스로 치유*l Therapy*하도록 '내 안의 나를 깨우는*Awakening the Antaryamin*' 데에 있다. 통합예술치료는 치료사가 과학적·체계적으로 세션을 운영하도록 내담자 맞춤형 매뉴얼을 제안하고 있다. IT매뉴얼은 총 일곱 개의 범주로 개념화하였으며, 내담자 증상에 따른 소 목표 설계 CERAT, 회기 과정을 가이드하는 OMCA, 치료의 지속성을 위한 다면적 치료공간(제1치료공간, 제2치료공간, 제3치료공간), 안정된 치료 장소 제공을 위한 제1치료공간의 심리적 설계, 내담자 증상 및 성향에 따른 7개의 핵심 치료 모델, 1인 치료 체계를 보완하는 상호보완적 치료팀 운영, 내담자 분석을 위한 IT진단 및 평가를 위한 실전 레시피를 제공하고 있다.

통합예술치료사는 내담자의 증상에 따라서 IT매뉴얼에 제시된 맞춤형 모델과 기법을 적용하여 치료의 대 목표와 각 단계별 소 목표를 설계한다. 치료 목표를 달성하기 위한 회기의 구성은 연극, 영화/사진, 미술, 음악, 무용/동작, 문학 등의 예술매체와 전통문화매체(명상, 요가, 제의식 등)를 융·복합적으로 적용할 것을 권장한다. 통합예술치료에서 내담자에게 적용하는 매체를 전통문화로까지 확장한 이유는 미분화된 전통문화 속에는 인류의 역사만큼이나 안전하게 사용되어 온 치유의 도구들이 많기 때문이다. 따라서 내담자가 회기의 과정에서 자발적이고 즐거운 예술체험을 통하여 신체와 마음 그리고 정신의 몸에 내재된 부정적 체험을 정화하여 고통으로부터 해방되도록 돕는다.

우주적 존재로 가는 세라트 체험*Becoming a Cosmic Being Through CERAT Experience*

통합예술치료의 목표는 내담자가 사회 적응을 하도록 '인격의 변형을 통한 재탄생'을 돕는 것에 있다. 이러한 치료 목표를 달성하기 위하여 다섯 개의 단계로 구분된 '세라트*CERAT*'를 제시한다. 구체적으로 '카타르시스*Catharsis*', '실존 자각*Existence*', '역할*Role*', '적응*Adaptation*', '변형*Transformation*'을 일컫는 세라트는 각 단계마다 그에 상응하는 소 목표를 달성하기 때문에 전체 회기를 구성하는 나침반 역할을 한다. 이 단계별 소 목표들이 유기적으로 기능하였을 때 치료의 대 목표에 원활하게 도달할 수 있다. 특히 세라트의 구조를 유지하며 치료를 진행하는 것은 임상 경험이 부족한 초보 치료사도 안정적으로 치료 기법을 적용하고 세션을 운영할 수 있도록 돕는다. 여타 단일 예술치료와는 달리 내담자의 증상 개선을 위한 소 목표들을 매 회기마다 명확하게 설정하고 있다는 것은 통합예술치료 IT매뉴얼의 구조적 특징이라고 할 수 있다. 또한 매뉴얼에 따라 내담자의 반응을 평가하면서 각 기법을 적용하기 때문에 검증된 치료프로그램을 진행할 수 있다.

1. 세라트(CERAT)의 소 목표 설계*Designing CERAT Goal*

세라트의 각 단계별 수행 목표를 좀 더 구체적으로 살펴보면 다음과 같다. 첫 단계인 카타르시스의 경우, 치료사는 내담자가 자신의 감정을 충분히 배설할 수 있도록 유도하지만 반드시 매 회기 카타르시스가 일어날 필요는 없다. 전체 12~15회기로 구성되어 있다고 가정할 때, 초반 3회기 정도는 가능한 카타르시스를 먼저 다루어 주는 것이 좋다. 하지만 진단 결과가 억압된 감정으로 분석된 내담자라면 소 목표 중 카타르시스 회기를 중반 6회기 정도까지 확장하여 진행하면 치료 효과를 높일 수 있다.

총 회기 중 초반부에 카타르시스를 먼저 다루는 이유는 대부분의 내담자가 적체된 감정으로 인하여 신체, 마음, 정신이 매우 고통스러운 상태에서 치료사를 찾아오기 때문이다. 이때 내담자는 주체할 수 없는 고통으로 세션에 집중이 불가능하다. 따라서 카타르시스 단계에서는 내담자의 적체된 감정을 해소하여 그가 자신의 문제를 거리를 두고 바라볼 수 있도록 안정적인 심리상태로 만드는 것이 무엇보다 중요하다. 따라서 초반부 설계는 내담자가 자신의 감정 상태를 이해하고 치료를 위한 심리적 안정을 준비하는 과정으로 하는 것이 효과적이다.

이미 앞장에서 살펴본 바와 같이 우리는 카타르시스 경험이 내담자에게 눈물과 웃음을 포함한 다양한 감정 표현을 유발한다는 것을 잘 알고 있다. 그러나 그러한 체험이 모두 긍정적이지 않음에 주목하여야 한다. 실제 임상현장에서 내담자가 체험하는 긍정적 감정 배설과 부정적 감정 배설에는 어떤 차이가 있을까? 통합예술치료 IT매뉴얼은 예술체험을 통한 감정 배출을 매우 중요하게 생각하지만 울음카타르시스는 유의하여 사용할 것을 제안한다. 특히 치료사가 의도적으로 내담자의 갈등 상황을 재생시키는 심리극 형태의 진행은 매우 조심스럽게 운영하여야 한다. 그 이유는 내담자가 고통스러운 자신의 과거를 재연하면서 울음카타르시스를 체험한 후, 수치심과 같은 부정적 감정을 경험하거나 치료에 대한 저항이 발생할 수도 있기 때문이다. 가끔은 치료현장에서 격정적 과거를 재연하는 '심리상황극' 도중에 내담자가 호흡 곤란을 일으키는 등 치료를 거부하는 사례도 있다.

그렇다면 안전한 감정 배설을 위한 카타르시스 모델의 접근은 가능한가? 필자는 1991년 뉴욕대학교 박사학위 논문 「Catharsis in Theater & Ritual」을 집필하면서 카타르시스에 대하여 깊이 있는 연구를 할 수 있었으며, 이후 25년의 임상을 바탕으로 '웃음카타르시스'를 고안하는 계기를 마련할 수 있었다. 웃음카타르시스는 내담자가 예술치료를 통하여 즐겁고 안전하게 적체된 감정을 배설함으로써 스스로를 치유하는 긍정의 힘을 기르는 IT매뉴얼의 핵심 개념이다.

카타르시스 체험을 통해서 미해결된 감정의 찌꺼기들이 배설되면 내담자는 자신이 '존재'하고 있음을 자각하는 실존 자각 단계로 발전하게 된다. 이때 치료사는 내담자에게 신체의 몸에 대한 인식을 강화하고, '존재함으로써 수행해야 할 것들에 대하여 자각'하게 한다. 나아가 신체의 몸에 기능적 변화를 위하여 몸을 통해서 무언가 하고 싶은 욕구를 불러일으키도록 한다.

특히 내담자의 발현된 욕구를 구체적으로 실현하기 위해서는 역할 훈련이 필요하다. 일반적으로 내담자는 자신의 역할에 대한 수행 방식이 타인에게 어떻게 인식되고 있는지 인지하지 못하거나 왜곡하여 이해할 가능성이 높다. 따라서 치료사는 내담자의 역할과 수행능력을 객관적으로 관찰하고 분석할 수 있는 '롤 다이어그램Role Diagram'과 같은 체계적인 진단도구를 사용한다. 과학적인 진단은 내담자 맞춤형 설계가 가능하므로 치료사에게 큰 도움이 된다. 치료의 설계는 내담자가 치료사와 함께하는 제1치료공간에서 감정 배설 위주로 치료를 진행할 것인지, 관계 및 사회적 기술을 훈련시켜서 현실 적용을 우선순위로 할 것인지를 결정하는 나침판이 되기 때문에 매우 중요하다. 통합예술치료 IT매뉴얼에서는 내담자가 제1치료공간에서 자신의 감정을 배설하여 정서적 안정을 찾으면, 제2치료공간인 가정과 제3치료공간인 사회로 공간을 확대하여 적응 훈련을 하는 설계 방법이 주로 사용된다.

가정 및 사회 적응의 단계는 상호 교감을 통하여 내담자가 타인들로부터 변화된 자신의 이미지를 발견하는 데 큰 기여를 한다. 이러한 상호 교감은 내담자가 가정 및 사회적 역할에 부합하는 모습으로 확인될 수 있다. 따라서 치료사는 내담자가 제1치료공간에서 인지하고 체험한 것들을 제2치료공간과 제3치료공간에 연계하여 훈련하고 적용하도록 돕는데 역점을 두어야 한다. 또한 제2・제3치료공간에서 변화된 자신의 모습에 긍정적인 평가를 받을 수 있도록 내담자의 가족과 사회적 지원체계를 구축하여 내담자를 조력해야 한다. 이 방법은 내담자의 인격 변형에 대한 자발성을 촉진하며 치료 효과를 지속시키는 데 도움이 된다.

내담자가 충분한 적응의 과정을 거치면 자발적으로 변형 단계로 들어간다. 이 과정은 현실의 '나는 누구인지'에 대한 자기인지에서 시작하여 새로운 인격체로의 외적・내적 변화를 자각하면서 이루어진다. 내담자의 이러한 의식의 변형과 진화는 예술치료 체험을 거듭하면서 자연스럽게 동반 상승한다.

IT메뉴얼 세라트(*CERAT*)의 소 목표

단계	소 목표
카타르시스 *Catharsis*	세 가지 몸(*신체, 마음, 정신*)에 적체된 부정 정서와 감정 배설 몸의 조화와 균형을 찾는 카타르시스 체험을 통한 자유 회복
실존 자각 *Existence*	몸의 각 부분을 분리하여 구체적으로 인지 및 자각 DNA의 부정적 메모리를 긍정적으로 전환하여 새롭게 인지 '지금 이 순간'의 소중함을 깨닫는 실존 자각
역할 *Role*	자신에 대한 의무와 책임 그리고 권리의 이해 가족과 사회적 존재로서 역할 이해와 역할 증진 및 역할 훈련
적응 *Adaptation*	개인의 현실 적응 훈련 가정 및 소속집단의 문화적 동질성 이해 기반의 적응 훈련 치료 효과의 유지를 위한 제2 · 3치료공간에서의 현실 적응 훈련
변형 *Transformation*	고착된 사고 구조의 해체 및 재구성 의식 변형을 통한 새로운 인격체로의 재탄생

2. 세라트 단계별 진행 예시*Practical Example of CERAT Process*

다음의 예시들은 통합예술치료 IT매뉴얼에서 단계별 소 목표*CERAT*를 달성하기 위하여 핵심 치료 모델을 어떻게 활용하고 있는지 사례로 보여 주고 있다. 이 예시들은 임상을 통하여 안전하게 사용하도록 설계된 매뉴얼이나 적용할 때는 반드시 적용대상에 대한 진단을 바탕으로 재설계하여 진행하여야 한다. 특히 중증 내담자의 경우에 치료사는 반드시 의료진의 명확한 진단을 근거로 각 소 목표를 달성하도록 회기를 구성하면 도움이 된다. 가령 총 12회기로 설계할 경우, 카타르시스 'C*atharsis*'의 목표를 달성하기 위한 3회기, 실존 자각 'E*xistence* '를 위한 2회기, 역할 'R*ole* ' 3회기, 적응 'A*daptation* ' 2회기, 마지막으로 변형 'T*ransformation*'을 위한 2회기로 유동적으로 설계할 수 있다. 설계는 내담자의 주 호소 문제를 해결하기 위한 기반에 두지만 실제 운영은 참여정도에 따라 변형시켜 운영할 수도 있다.

통합예술치료 소 목표 세라트(CERAT)의 C단계 예시

적용 모델 *(기법)*		투사 모델*(연극매체, 미술매체, 음악매체)*
증상 개선 목표		©ERAT : 내재된 욕구 배설 및 감정 정화
설명		대상과의 분리불안에 대한 내재된 감정을 자각하고 배설하는 기회를 제공한다.
준비물		음악, 전지, 기본 재료*(A4용지, 필기구 등)*
진행 과정	열기	음악을 들으며 자신에게 가장 소중한 사람을 떠올리게 한 후 그들로부터 이별을 고하게 한다.
	만나기	1. 전지에 추억의 선물가게를 디자인하게 한다. 2. 이별하거나 멀어진 대상과 관련된 물건 또는 선물*(편지, 추억의 물건, 특정 감정 등)*을 제작하여 가게를 장식하게 한다. 3. 자신의 선물이 어떤 의미인지 소개하게 한다. 4. 각자의 기억을 바탕으로 선물가게를 스토리텔링하게 한다. *("이 선물은 누구에게 주고 싶어요?", "물건의 주인은 어떤 사람이에요?" 등의 멘트를 하여 내면을 통찰하도록 유도한다).*
	닫기	예술체험에서 경험한 자신 및 타인에 대한 새로운 인지를 자각하고 통찰하게 한다.
	적용하기	진행 과정에서 관찰한 내담자의 반응을 기반으로 예술체험이 긍정적 현실 접목 및 훈련이 되도록 화두를 준다.
유의사항		*음원 및 오디오 시스템을 사전에 점검한다. 레퀴엠풍의 내면을 건드리는 음악을 준비하여 몰입을 유도한다. 내가 주거나 받고 싶었던 선물 또는 말 등에 대하여 자유롭게 표현한다.*

통합예술치료 소 목표 세라트(CERAT)의 E단계 예시

적용 모델 *(기법)*	역할 모델*(자아 기법, 타인 기법, 관찰 기법, 조커 기법)*, 투사 모델*(미술매체, 음악매체)*	
증상 개선 목표	CⒺRAT : 욕구인지 및 존재 자각	
설명	받고 싶었던 선물을 통하여 욕구를 인지하고, 행복한 자화상 그리기로 존재 자각 체험을 하게 한다.	
준비물	음악, 다양한 잡지, 가위, 풀, 상자, 기본 재료*(A4용지, 필기구 등)*	
진행 과정	열기	음악을 들으며 평소 타인으로부터 받고 싶었던 것*(선물, 편지, 마음, 미해결 감정 등)*을 떠올리도록 유도한다.
	만나기	1. 떠올린 이미지를 다양한 재료를 사용하여 콜라주 기법으로 시각화하게 한다. 2. 각자 만든 선물을 공개하게 한다. 3. 자발적으로 선물 전달자의 역할을 하게 한다.
	닫기	예술체험에서 경험한 자신 및 타인에 대한 새로운 인지를 자각하고 통찰하게 한다.
	적용하기	진행 과정에서 관찰한 내담자의 반응을 기반으로 예술체험이 긍정적 현실 접목 및 훈련이 되도록 화두를 준다.
유의사항	*음원 및 오디오 시스템을 사전에 점검한다. 음악은 서정적인 음악으로 선정한다. 만나기에서 전달자는 수령자에게 선물의 내용을 간단히 설명하고, 주는 즐거움이 전달되도록 해야 한다.*	

통합예술치료 소 목표 세라트(CERAT)의 R단계 예시

적용 모델 *(기법)*	카타르시스 모델*(게임놀이 기법)*, 투사 모델*(미술매체, 문학매체)*, 역할 모델*(자아 기법, 타인 기법, 관찰 기법, 조커 기법)*	
증상 개선 목표	CE®AT : 역할 확장과 수행 증진	
설명	현실 역할의 이해와 기능성 인지를 통한 역할 증진을 도모한다.	
준비물	〈롤 다이어그램 검사〉, 8절지, 잡지, 기본 재료*(A4용지, 필기구 등)*	
진행 과정	열기	롤 다이어그램 검사지를 작성하고, 그중 역할 하나를 선택하여 말하게 한다.
	만나기	1. 두 명씩 짝을 지어 자신이 선택한 역할로서 즉흥역할극을 하게 한다. 2. 역할로서 자기소개 및 하고 있는 일에 대해서 파트너에게 말하게 한 뒤 역할을 확장하여 표현하게 한다. 3. 집단에게 2번에서 소개한 확장된 역할을 말하게 한다.
	닫기	예술체험에서 경험한 자신 및 타인에 대한 새로운 인지를 자각하고 통찰하게 한다.
	적용하기	진행 과정에서 관찰한 내담자의 반응을 기반으로 예술체험이 긍정적 현실 접목 및 훈련이 되도록 화두를 준다.
유의사항	*주요 역할을 경험하고 증진되도록 하거나 다양한 역할과 기능을 구조적으로 이해하고 확장하도록 진행한다.*	

통합예술치료 소 목표 세라트(CERAT)의 A단계 예시

<table>
<tr><td>적용 모델
(기법)</td><td colspan="2">카타르시스 모델(게임놀이 기법), 투사 모델(연극매체, 음악매체)</td></tr>
<tr><td>증상 개선
목표</td><td colspan="2">CERⒶT : 관계 이해 및 현실 접목</td></tr>
<tr><td>설명</td><td colspan="2">즐거운 게임을 통해서 긍정적이고 희망적인 역할 체험과 적응 훈련을 하게 한다.</td></tr>
<tr><td>준비물</td><td colspan="2">음악, 기본 재료(A4용지, 필기구 등)</td></tr>
<tr><td rowspan="4">진행 과정</td><td>열기</td><td>경쾌하고 희망적인 음악을 들으며 하고 싶은 일들에 대하여 자유롭게 말하게 한다.</td></tr>
<tr><td>만나기</td><td>1. 두 명씩 짝을 짓도록 한 후 〈부탁해요 게임〉을 하게 한다.
2. 자신이 부탁을 하는 이유에 대해 육하원칙에 의해 설득하고 더 많은 부탁을 받아내도록 노력하게 한다.
3. 일정 시간이 지난 후 설득과 거절하는 자의 역할을 바꿔 진행하게 한다.
4. 설득에 성공한 부탁과 거절당한 부탁들이 무엇인지, 왜 그런 결과가 나왔는지에 대한 이유를 생각해 보고 글로 적게 한다.</td></tr>
<tr><td>닫기</td><td>예술체험에서 경험한 자신 및 타인에 대한 새로운 인지를 자각하고 통찰하게 한다.</td></tr>
<tr><td>적용하기</td><td>진행 과정에서 관찰한 내담자의 반응을 기반으로 예술체험이 긍정적 현실 접목 및 훈련이 되도록 화두를 준다.</td></tr>
<tr><td>유의사항</td><td colspan="2">부탁할 때와 거절당할 때에 거절 결핍 또는 결정 결핍이 있는 참여자가 있는지 관찰하여 닫기 과정에서 조언을 하거나 다음 회기에 반영한다.</td></tr>
</table>

통합예술치료 소 목표 세라트(CERAT)의 T단계 예시

<table>
<tr><td>적용 모델
(기법)</td><td colspan="2">역할 모델(자아 기법, 타인 기법, 관찰 기법, 조커 기법), 투사 모델(연극매체, 음악매체)</td></tr>
<tr><td>증상 개선
목표</td><td colspan="2">CERAⓉ : 자아인지와 의식 진화</td></tr>
<tr><td>설명</td><td colspan="2">자아 기법과 타인 기법을 체험하여 제3의 관점으로 상황을 바라보는 것을 훈련한다.</td></tr>
<tr><td>준비물</td><td colspan="2">각 방을 구분할 수 있는 색 조명, 안내지, 자연소리 음향, 기본 재료(A4용지, 필기구 등)</td></tr>
<tr><td rowspan="4">진행 과정</td><td>열기</td><td>가족의 방, 연인의 방, 우정의 방, 그리고 보이지 않는 방을 상징하는 공간에 대한 설명과 지문을 준 후 희망하는 방에 자발적으로 참여자가 가게 한다.</td></tr>
<tr><td>만나기</td><td>1. 각자 도착한 방에서 억누르고 있던 감정들을 말, 소리, 노래, 방언 등을 통해 자유롭게 표출하게 한다.
2. 〈타인 기법〉지문을 주고 타인이 되어 마음과 몸 그리고 정신으로 표현하게 한다.
3. 몸과 마음 그리고 정신이 변화된 상태로 만나기를 하게 한다.
4. 자발적으로 방을 이동하면서 머무르게 하거나, 제시에 따라 이동하게 한다.</td></tr>
<tr><td>닫기</td><td>예술체험에서 경험한 자신 및 타인에 대한 새로운 인지를 자각하고 통찰하게 한다.</td></tr>
<tr><td>적용하기</td><td>진행 과정에서 관찰한 내담자의 반응을 기반으로 예술체험이 긍정적 현실 접목 및 훈련이 되도록 화두를 준다.</td></tr>
<tr><td>유의사항</td><td colspan="2">음원 및 오디오 시스템을 사전에 점검한다. 음악을 사용하여 만나기 과정에서 내담자들이 감정을 표출하도록 도울 수 있다.</td></tr>
</table>

3. 치료프로그램 설계*Designing Treatment Plan*

통합예술치료를 위한 전체 회기 구성은 내담자와의 라포 형성 및 진단을 통한 자기 이해와 감정 표출을 돕는 '초반부'와 현실 직시와 역할 인지를 돕는 '중반부' 그리고 관계 증진과 사회복귀를 위한 인격 변형의 과정인 '후반부'로 이루어진다. 각 시기별로 치료사는 회기별 소 목표*CERAT* 에 적합한 IT매뉴얼과 기법을 활용한다. 내담자의 자발성을 높이고 저항을 줄이기 위하여 사전에 실행한 IT진단 및 평가를 근거로 예술매체를 통합적으로 적용하여 설계한다. 치료사는 프로그램의 설계 시 내담자의 자발성과 치료 효과는 상관관계가 크다는 점을 유념하여야 한다.

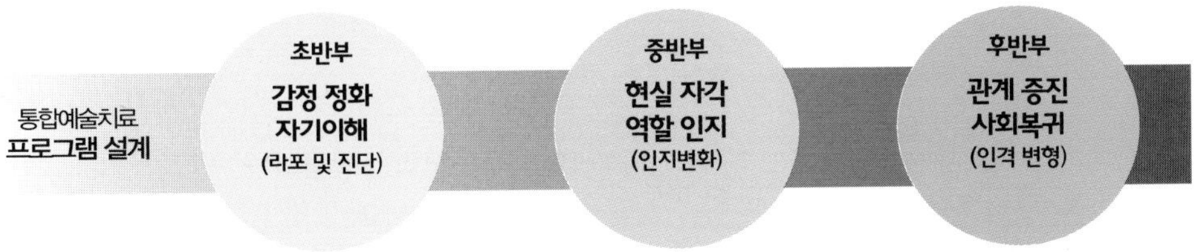

CERAT에 의거한 학교폭력 피해 대상 15회기 프로그램 설계 예시

구분	회기	모델*(기법/매체)*	프로그램 구성		증상 개선 목표
초반부	1	카타르시스 모델 *(게임놀이 기법)* 투사 모델 *(음악매체)*	열기	음악을 들으며 나만의 공간으로 여행 떠나기	ⒸERAT 웃음카타르시스 라포 형성 심신이완
			만나기	〈방 있어요 게임〉을 통한 웃음카타르시스	
			닫기	체험 과정에서 알게 된 여행후기 표현하기	
			적용하기	일상에서 즐거운 여행 떠올리기	
	2	카타르시스 모델 *(감정표현 기법)* 투사 모델 *(미술매체)*	열기	전지에 분노 대상 그리기	ⒸⒺRAT 표현능력 향상 자기 분노 정화
			만나기	분노 대상에게 콩 주머니 던지기를 통한 분노 표출	
			닫기	체험 과정에서 알게 된 분노 해소 표현하기	
			적용하기	일상에서 다양한 방법의 분노 해소 적용하기	
	3	역할 모델	열기	다양한 사회 이슈 나누기	ⒸⒺRAT 감정 표현 훈련 사회 분노 정화
			만나기	사회 부조리 즉흥역할극을 통한 감정 표현	
			닫기	체험 과정에서 알게 된 사회에 속한 '나' 표현하기	
			적용하기	일상에서 대중적 이슈 관찰하기	
	4	투사 모델 *(영화/사진매체 미술매체)*	열기	다양한 모양의 집 그림 감상하기	ⒸⒺRAT 자기이해 불안 해소
			만나기	선호하는 집의 안전한 공간 설계를 통한 불안 해소	
			닫기	체험 과정에서 알게 된 안전한 공간의 의미 표현하기	
			적용하기	일상에서 공간에 긍정의미 부여하기	

구분	회기	모델(*기법/매체*)	프로그램 구성		증상 개선 목표
중반부	5	투사 모델 *(미술매체)*	열기	내가 속한 환경과 이웃 알아차리기	ⒸⒺRAT 고립감 해소 부정 자아 개선
			만나기	집단화를 통한 사회 이해와 고립 상황 대처	
			닫기	체험 과정에서 알게 된 고립감 해소 표현하기	
			적용하기	일상에서 지지관계 경험하기	
	6	투사 모델 *(음악매체)*	열기	사색을 통하여 편안한 공간 찾아가기	ⒸⒺRAT 두려움 해소 긍정 자아 발견
			만나기	노래를 통한 두려움 해소	
			닫기	체험 과정에서 알게 된 정서 변화 표현하기	
			적용하기	일상에서 긍정 자아 발견하기	
	7	투사 모델 *(음악매체 미술매체)*	열기	노래 듣고 나의 희망 탐색하기	CⒺⓇAT 잠재 능력 개발 자존감 향상
			만나기	잡지 콜라주로 성공한 나를 개발하기	
			닫기	체험 과정에서 알게 된 잠재 능력 표현하기	
			적용하기	일상에서 재능 선물하기	
	8	카타르시스 모델 *(게임놀이 기법)*	열기	'롤 다이어그램' 작성으로 역할 기능 탐색	CⒺⓇAT 가족역할 이해 가족갈등 개선
			만나기	〈리더십 게임〉을 통한 가족역할 기능 체험	
			닫기	체험 과정에서 알게 된 가족역할의 다양성 표현하기	
			적용하기	일상에서 가족역할 체험하기	

구분	회기	모델(기법/매체)	프로그램 구성		증상 개선 목표
중반부	9	카타르시스 모델 *(감정표현 기법)* 투사 모델 *(미술매체)*	열기	자유롭게 걷다 마주친 상대의 얼굴 그리고 장점 적기	CⒺⓇAT 긍정 자아 찾기 감정 표현 향상
			만나기	상대에게 받은 얼굴 그림과 장점을 보며 긍정 표현 탐색하기	
			닫기	체험 과정에서 알게 된 칭찬 표현 자각	
			적용하기	일상에서 가족 구성원에게 칭찬하기	
	10	카타르시스 모델 *(게임놀이 기법)*	열기	나만의 공간으로 이동하여 청소년기 회상하기	CⒺⓇAT 자기 이해 자식 역할 훈련
			만나기	〈라인 게임〉을 통하여 자식 역할의 다양한 기능 체험	
			닫기	체험 과정에서 알게 된 자식 역할의 다양성 자각	
			적용하기	일상에서 자식 역할의 긍정 기능 수행하기	
후반부	11	카타르시스 모델 *(게임놀이 기법)* 투사 모델 *(미술매체)*	열기	갖고 싶은 친구와 버리고 싶은 친구 그리기	CEⓇⒶT 타인 이해 친구 역할 훈련
			만나기	〈친구를 파는 가게〉로 관계의 의미 찾기	
			닫기	체험 과정에서 알게 된 친구의 역할과 설득 기술 이해	
			적용하기	일상에서 친구에게 의미를 부여하기	
	12	카타르시스 모델 *(게임놀이 기법)* 투사 모델 *(미술매체)*	열기	〈부탁해요 게임〉을 통하여 나의 욕구 알아차리기	CEⓇⒶT 사회복귀 관계 증진
			만나기	나만의 수호천사를 제작하여 부탁하기	
			닫기	체험 과정에서 알게 된 의지 욕구 확인하기	
			적용하기	일상에서 멘토되기	

구분	회기	모델(*기법/매체*)	프로그램 구성		증상 개선 목표
후반부	13	역할 모델	열기	위기 상황 탐색(*성폭력, 가정폭력, 화재 등*)	CEⓇⒶT 문제해결 위기 대처 훈련
			만나기	위기 상황 즉흥역할극을 통한 범죄유형별 신고훈련	
			닫기	체험 과정에서 알게 된 위기 대처 기술 이해	
			적용하기	일상에서 정보 나누기	
	14	가면아이 모델 (*가면착용 기법*) 투사 모델 (*음악매체*)	열기	노래 들으며 희망 탐색하기	CⒺRⒶⓉ 사회복귀 희망 탐색
			만나기	선망 대상 가면 제작을 통하여 희망체험	
			닫기	체험 과정에서 알게 된 잠재욕구 표현하기	
			적용하기	일상에서 희망 전달하기	
	15	그림자엿보기 모델 (*동영상 기법*) 투사 모델 (*미술매체*)	열기	프로그램 체험 과정이 담긴 영상을 감상하며 긍정적 자기 변화를 자각하기	CⒺRAⓉ 종결 파티 의식 변형 재탄생 자각
			만나기	상장 제작 및 상장 수여식을 통한 변화된 자기 수용	
			닫기	체험 과정에서 알게 된 타인의 변화 표현하기	
			적용하기	변화된 자신 인지 및 재탄생 즐기기	

회기 구조 옴카Healing Process of OMCA

통합예술치료의 '옴카OMCA'란 치료의 진행 과정을 안내하는 한 회기의 구조를 뜻한다. 이 과정은 열기Opening, 만나기Meeting, 닫기Closing, 그리고 적용하기Application의 네 가지 과정으로 이루어져 있다. 만약 회기 진행시에 세션의 구성이 불분명하다면 치료사는 치료의 목적을 상실할 수도 있고 회기를 평가하기도 어려울 것이다. 옴카는 그런 점에서 각 과정의 명칭에 따른 고유한 기능을 살려서 구체적인 치료 목적을 설정하고 진행하는 데 안내자가 되어 준다. IT매뉴얼 회기진행 프로세스는 매 회기마다 열기에서 닫기까지는 제1치료공간에서 치료사와 함께하며, 적용하기는 제2치료공간 또는 제3치료공간에서 내담자 스스로 수행하도록 특화되어 고안되었다. 치료사는 내담자가 치료 세션 중에 느꼈던 것을 바탕으로 스스로 변화의 필요성을 자각하게 하고, 그러한 체험을 자연스럽게 현실 접목으로 연결하도록 적용하기 과정으로 유도한다. 치료사가 없는 상태에서 내담자 스스로 하는 적용하기를 회기 구조에 포함한 것은 현실 접목의 중요성을 강조하는 통합예술치료 IT매뉴얼만의 고유한 프로세스라고 할 수 있다.

만약 당신이 경륜 있는 예술치료사라면 내담자가 자신의 문제를 충분히 인지하였음에도 치료 후 재발하거나 치료의 지속성에 문제가 있음을 이미 알고 있을 것이다. 필자도 내담자 증상 재발에 대한 임상 연구를 통하여 인지의 변화만으로는 내담자를 안정적으로 치료할 수 없음을 알게 되었다. 특히 치료 중 내담자가 사고와 인지 그리고 행동의 측면에서 지극히 정상적으로 관찰되는 경우에도 적응 훈련 없이는 사회복귀가 어렵다는 사실을 다수 경험을 한 적이 있다. IT매뉴얼에서 적용하기를 치료 세션의 중요한 한 과정으로 설계한 이유도 바로 여기에 있다. 현재까지 개발된 예술치료 방법은 치료의 지속성 문제를 완전히 해결하지 못하였으며, 내담자의 현실 적응과 재발 방지에 대한 한계가 있는 것이 사실이다. 이러한 예술치료의 지속성 문제를 해결하기 위한 방안으로 통합예술치료 IT매뉴얼의 적용하기 과정을 착안하였음을 밝힌다.

IT매뉴얼 회기 구조 옴카(*OMCA*)의 목표

과정	목표
열기*Opening*	내담자의 내면열기
만나기*Meeting*	내담자의 어린자화상 만나기
닫기*Closing*	내담자의 열린 내면닫기
적용하기*Application*	내담자의 적응을 위한 현실 접목 훈련

IT매뉴얼 옴카의 구조는 다음과 같은 특징이 있다. 치료사는 열기 과정에서 내담자가 자발적으로 내면을 열 수 있는 기법을 적용하여 만나기 과정의 내적 동기를 부여하도록 한다. 이후 만나기 과정을 통하여 내담자가 '고통받은 어린자화상*Immature Self-portait*'과 안전하게 만나 미해결된 과제들을 이슈화하여 트라우마 상황 및 정서적 기억들과 직면하게 한다. 닫기 과정에서 치료사는 내담자가 예술체험을 통하여 새롭게 느꼈던 자신의 감정에 대하여 다양한 방법으로 인지와 자각이 되도록 강화시킨다. 그 이유는 내담자가 표현을 하는 동안에 새로운 자각과 통찰의 기회를 가질 수 있기 때문이다. 그래서 닫기 과정은 내담자가 열었던 내면을 안전하게 닫고 의식화 작업이 이루어지도록 유념하여야 한다. 특히 단순한 감정 공유 또는 무조건적인 지지와 격려로 마무리되지 않도록 유의하여, 닫기의 과정이 자각과 인지를 수반한 적용하기의 준비단계가 되도록 한다.

적용하기 과정에서 치료사는 내담자에게 추후 현실 접목을 위한 유용한 '화두'를 던짐으로써 제2치료공간 또는 제3치료공간에서도 치료 효과가 증대되도록 한다. 즉, 내담자가 치료 과정에서 체험하고 인식하여 스스로 정서를 전환할 수 있도록 동기를 유발한다. 나아가 그러한 정서적 · 육체적 변화들을 수용하여 현실에 적용할 수 있도록 세라트*CERAT*의 네 번째 적응 단계를 완성시킨다. 이를 위하여 치료사는 매 회기의 열기 과정을 내담자가 화두와 관련한 체험이 있었는지 점검하여 치료 효과를 상승시킨다. 이와 같은 점에서 옴카의 과정 중에서도 닫기와 적용하기 과정에서 일어나는 현상들은 의미가 크다. 통합예술치료의 핵심 목표인 '인식의 전환을 통한 인격체의 변형'은 현실 적응을 바탕으로 가능해지기 때문이다.

이와 같이 통합예술치료의 옴카 과정은 내담자에게 내 안의 나를 깨워서, 현실과 과거 사이에 공존하는 '어린자화상의 미해결된 감정을 분리하는 능력을 배양'하는 구조를 갖고 있다. 감정의 분리는 예술체험을 통하여 내담자가 몰입 상태와 관조 상태의 심적 거리를 이동하면서 일어난다. 그러한 심리적 변화는 치료 세션의 진행 과정뿐만 아니라 종료 후에도 지속될 수 있지만, 체험 약 2주 후에는 미적 거리Aesthetic Distance를 찾으면서 정서적 안정을 취하게 된다.

통합예술치료 임상진행안 예시

치료사/보조	○○○/○○○	대상군	학대 피해 아동 *(○명)*	내담자 호소	무력, 우울, 불안
시행일	○○○○년 ○○월 ○○일	적용 모델 *(기법/매체)*	카타르시스 모델*(이완 기법)* 투사 모델 *(음악매체, 미술매체)*	IT진단/평가	내담자 호소+위축*(의존)*, 무가치감, 긴장감, 소외감, 절망감
진행 시간	120분	총 회기/대 목표	총 15회기/자존감 향상	회기/목표	1회기/위축감 해소 *(©ERAT)*

과정	진행 내용	과정 목표*(준비물)*
열기 *(Opening)*	계절의 꽃향기를 맡으며 자유롭게 걷게 한다.	오감 이완과 및 라포 형성
만나기 *(Meeting)*	1. 걸으면서 연상되었던 단어로 이름*(별칭)*을 정하여 소개하게 한다. 2. 각자의 이름이 갖는 감정을 젬베이를 두드려 소리로 표현하게 한다. 3. 다양한 감정을 리듬과 추임새로 바꾸어 즉흥연주를 하게 한다. 4. 음악을 통하여 만든 이름을 명찰로 만들어 장식하게 한다.	다양한 감정 표출 및 행동 양식의 자기 발견 *(명찰, 사인펜, 젬베이, 기본 재료)*
닫기 *(Closing)*	예술체험에서 경험한 자신 및 타인에 대한 새로운 인지를 자각하고 통찰하게 한다.	긍정적 자기 수용
적용하기 *(Application)*	진행 과정에서 관찰한 내담자의 반응을 기반으로 예술체험이 긍정적 현실 접목 및 훈련이 되도록 화두를 준다.	제1치료공간에서의 체험이 제2 · 3치료공간에서 긍정 기억 재생 및 새로운 행동 양식으로 발전

※ 임상진행안의 회기 목표 CERAT는 적용하고자 하는 모델(기법) 및 치료사의 진행 방법에 따라 선정함.

다면적 치료공간Multi-dimensional Therapy Space

통합예술치료는 내담자가 치료의 종결과 함께 가정 및 사회로 복귀가 가능하도록 돕는다. 따라서 내담자가 현실 적응력을 키울 수 있도록 다양한 표현을 연습해 볼 수 있는 시공간이 필요하다. IT매뉴얼에서는 내담자가 속한 현재의 활동 공간을 셋으로 구분하여 치료공간으로 삼았으며 그 개념을 '치료공간 프로세스'라고 정의하였다. 치료사는 매 회기 치료 세션을 마칠 때, 내담자가 제1치료공간을 통해 치료사와 체험한 것들을 바탕으로 제2치료공간 또는 제3치료공간에서 스스로 적용해 보고 훈련하도록 안내를 한다. 안내는 주로 구체적인 '화두 또는 수행과제'를 통해서 구현된다. 수행과제는 관계 중심적 사고에서 내담자가 자신의 행동과 언어의 사용에 변화를 주도록 새로운 시도를 하는 것부터 출발하여 주변 상대들의 변화를 유도하는 데까지 확장시켜 나간다.

IT매뉴얼 다면적 치료공간의 프로세스

분류	장소	대상
제1치료공간	치료센터	개인관계 중심
제2치료공간	가정	가족관계 중심
제3치료공간	사회	사회관계 중심

일차적으로 내담자의 주요 문제는 제1치료공간에서 다양한 예술체험을 하도록 다룬 후에 제2치료공간 또는 제3치료공간으로 훈련이 확장된다. 이를 위하여 치료사는 가능한 범주 안에서 내담자의 가정을 포함한 주변 환경에 대한 정보를 확보하는 것이 중요하다. 예를 들어, 관계에 어려움을 느끼는 내담자에게 치료사가 제1치료공간에서 직장에서의 특정 상황에 직면했을 때를 대비하여 가상의 상황을 체험하게 한다. 그리고 제3치료공간에서 적용해 보도록 하여 어려움을 해결하도록 하는 것은 변화된 인격으로 가는 첫걸음을 의미한다. 이때 치료사는 각 치료공간에서 일어나는 상황을 지속

적으로 점검하여 다음 단계로의 의식이 진화되도록 멘토 역할을 수행한다.

제2 · 3치료공간은 제1치료공간과 달리 치료사의 부재중에 이루어지므로 화두를 통한 '보이지 않는 손'이 작용하는 특성이 있다. 이 보이지 않는 손의 개념은 치료사와 내담자 간의 정신적 에너지로 연결된 특수한 관계로서, 라포를 기반으로 현실 적응을 도와준다는 의미이다. 또한 사회복귀라는 관점에서 내담자뿐만 아니라 그들의 가족과 사회 구성원의 전방위적 협조는 내담자가 직면한 문제를 해결하는 필수요건이다.

앞에서 살펴본 바와 같이 통합예술치료 IT매뉴얼의 치료공간은 내담자의 현실 및 대인관계 적응을 증진시키는 곳으로써 내담자가 겪게 될 문제의 상황과 유사한 환경을 사전에 체험하는 예방적 기능이 있다. 따라서 치료사는 제1치료공간에서 내담자의 치료적 체험이 제2 · 3치료공간으로 확장하여 적용되도록 유도하여야 한다.

IT매뉴얼 다면적 치료공간의 주요 특징

세부 내용
제1치료공간에서 다양한 예술체험을 통한 부정 감정 배설, 긍정 표현 개발 및 관계 훈련이 가족과 사회에서도 확장될 수 있도록 체험
제2치료공간에서 혈연관계의 역할 훈련 등 인지 및 행동 변화
제3치료공간에서 직업(취미)훈련 등 인지 및 행동 변화 훈련

치료사가 유의해야 할 점은 제1치료공간에서 내담자의 반응과 그가 실제로 생활하는 공간에서의 반응이 다를 수 있다는 것이다. 내담자 역시 반복적인 예술체험을 통해서 회기 안에서의 역할 수행능력이 증가될 수 있지만 가정과 사회 속에서는 변화가 즉각적으로 나타나지 않을 수도 있다. 따라서 치료사는 제1치료공간에서 적용하기의 수행능력도 지속적으로 점검할 필요가 있다. 통합예술치료사는 내담자의 자기 표현력 향상이 사회 역할 수행능력의 향상으로 연결되도록 '적용하기 화두'를 통하여 치료공간을 확장하여야 한다.

한 예로, 만나기 과정에서 '에너지 볼 주고받기'를 하고 적용하기 과정에서 자신이 받은 에너지 볼을 집으로 가지고 가서 주고 싶은 사람에게 전달하도록 화두를 준다면,

내담자가 체험한 긍정에너지를 가족 또는 직장 동료도 느낄 수 있을 것이다. 특히 대인관계가 어려운 내담자라면, 에너지 볼을 누군가에게 전달하는 행위 자체가 변화를 위한 계기가 될 수 있다. 그러한 변화는 가족이나 직장 동료에게도 긍정적인 영향을 미쳐서 내담자를 둘러싼 환경 전체의 변화를 유도할 수도 있다.

내담자가 속한 집단이 함께 변화하지 않으면 치료 효과 또한 지속되기 어렵다. 따라서 제2 · 3치료공간으로의 치료공간 확장은 내담자를 위하여 매우 의미가 있으며, 내담자를 둘러싼 구성원들의 변화 또한 치료 효과를 강화하고 유지하는 중요한 열쇠가 된다. 만약 내담자가 제2 · 3치료공간에서 자발적으로 화두를 잘 수행하였다면, 치료사는 제1치료공간에서 내담자가 스스로의 변화를 인지할 수 있도록 한다. 이처럼 제1치료공간부터 제3치료공간까지 유기적으로 운영을 하여 치료 효과를 지속적으로 유지시키고, 내담자가 '지금 이 순간에 변형된 존재로서 인식'하도록 돕는다.

제1치료공간의 심리적 설계*Psychological Design of The 1st Therapy Space*

1. 내담자와 치료사의 정서적 거리*Emotional Distance between a Therapist and Clients*

치료사는 내담자 집단과 일정한 물리적 · 정서적 거리를 두어 그들의 역동을 살필 수 있어야 한다. 특별히 연상 기법, 회상 기법, 최면 기법 등을 사용하기 위하여 개별적이고 밀착적인 제시를 주는 경우를 제외하고, 치료사는 내담자와 불필요한 신체 접촉을 줄이고 정서적 거리를 유지하는 것이 바람직하다. 때로 대인기피증 또는 공포증이 있는 내담자는 회기 진행 중에 치료사와 정면으로 마주치면 위압감을 느낄 수도 있다. 반대로 내담자 뒤에 치료사가 위치할 경우에는 불안이나 공포를 일으킬 수도 있음을 간과하지 않아야 한다.

부득이 내담자에게 신체 접촉을 해야 하는 경우에는 사전에 치료사의 감정 에너지를 낮추고 내담자의 어깨에 가볍게 손을 얹어 안정감을 느끼게 하는 방법이 가능하다. 진행 중에 내담자의 자발성이 떨어져 적극적인 개입을 유도하고자 할 경우 충분한 안정감을 느낄 수 있도록 확인시키며 접촉해야 한다.

초반부 세션의 닫기 과정에서 치료사가 해당 회기의 주인공과 가까이에 앉는 것은 내담자에게 신뢰감을 증진시키고 라포 형성에 도움을 주어 긍정적이다. 그러나 치료사의 몸 에너지는 언제나 정제되어 있어야 하며 정서가 흔들리지 않아야 한다. 치료 세션의 운영을 위하여 치료사가 건강한 생명에너지를 유지하여 내담자의 에너지를 정화시키는 역량을 갖춘다면 훌륭한 치료사가 될 수 있다. 특히 내담자와 치료사 간의 심리적 거리감은 눈높이에 따라서도 영향을 받기 때문에 동등한 위치는 라포 형성에 도움이 된다. 반면, 치료사가 내담자보다 높은 위치에서 내려다보는 경우 치료사로서의 권위와 신뢰도가 높아질 수는 있으나 라포 형성에는 어려움이 따를 수 있다.

치료사의 동선은 내담자와의 심리적 거리를 감안하여 신중히 고려해야 한다. 내담자는 자의 반, 타의 반으로 치료사를 찾는 경우가 많으므로 치료사와의 첫 대면은 매우 낯설고 힘들 수밖에 없다. 따라서 내담자가 첫 면담을 위하여 치료센터에 들어 올 때에는 치료사를 향하여 정면에서 30° 정도 우측으로 바라보며 들어오도록 하는 것이 치료사에 대한 신뢰와 친밀감을 높인다. 회기의 진행시에는 유사시 외부와의 소통이 원활하도록 한다. 통합예술치료의 경우, 치료사가 언제나 보조치료사와 팀워크를 해서 위급 상황에 도움을 받는다 하더라도, 내담자가 문을 정면으로 바라보지 않도록 하여 몰입과 이탈을 감소시킨다.

내담자와 치료사의 정서적 거리 A유형(*치료사/ 내담자*)

구분	A-1	A-2	A-3
위치			
긍정	집중력 강화	친밀감 상승	긴장감 저하
부정	긴장감 상승	집중력 약화	집중력 약화

내담자와 치료사의 정서적 거리 B유형(*치료사/ 내담자*)

구분	B-1	B-2	B-3
위치	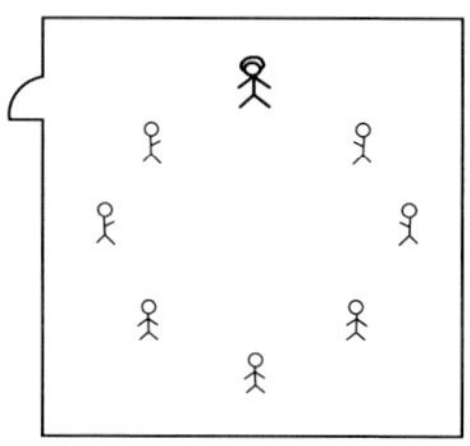	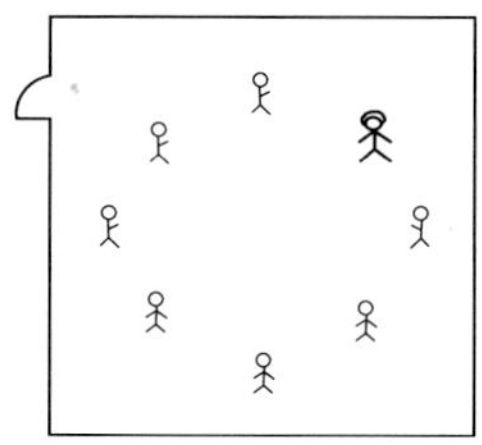	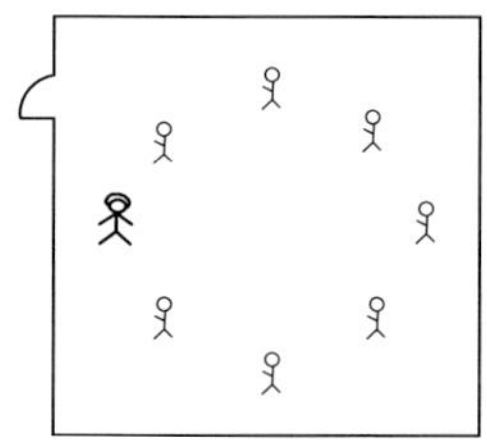
긍정	집중력 상승	친밀감 상승	긴장감 저하
부정	통솔력 강화	신뢰감 저하	집중력 약화

2. 제1치료공간의 심리학적 배치*Psychological Arrangement of The 1st Therapy Space*

통합예술치료 IT매뉴얼의 각 모델들은 치료 장소의 영향을 반영하여 설계되었다. 역할 모델의 경우 실제 상황을 재현하는 과정에서 공간의 분리가 필요하다. 내담자들은 공간에 대한 이미지화가 잘 이해되지 않으면 몰입이 깨져서 역할 수행에 어려움이 따르기 때문이다. 특히 시점과 상황이 다른 장소를 재연할 때에 한 장소를 계속해서 사용한다면 시간과 장소의 전환에 혼란이 생기고 몰입에 방해가 된다. 또한 내담자의 몰입에 영향을 미치는 소품의 활용도 마찬가지이다. 동일한 소품을 계속 사용할 경우 반드시 위치를 이동하거나 눕히는 등 변화를 통해 새로운 상징물로 전환시켜야 한다. 이와 같은 치료사의 창조적 역량은 내담자의 상황몰입에 도움이 된다.

심리적 거리에 따른 제1치료공간 활용(*치료사/, 내담자*)

현재 시점	
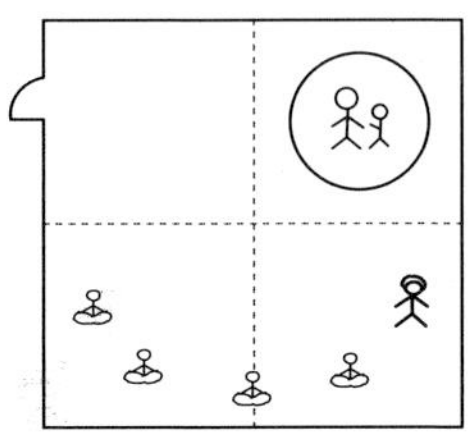	극 중 참여자들의 몰입을 위해서 가운데 자리는 피하는 것이 좋다. 단, 의도적으로 거리를 둘 필요는 없다.
과거 시점	
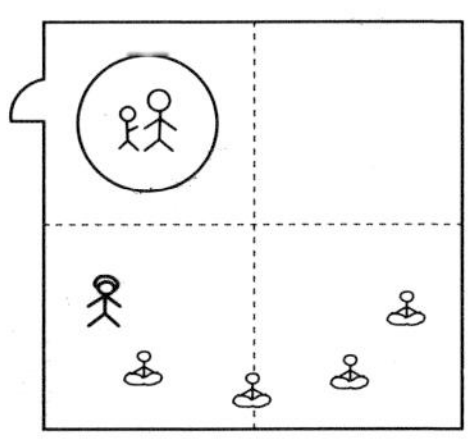	방의 가장 어두운 곳, 참여자들로부터 먼 거리의 구석진 곳으로 설정한다. 불안, 슬픔, 쓸쓸함 등을 표현할 때는 좌측을 설정한다*(트라우마가 강할수록 더 어두운 곳과 구석진 곳 활용)*

3. 제1치료공간의 셋업*Set up of The 1st Therapy Space*

통합예술치료 IT매뉴얼에서 공간의 셋업은 매우 중요하다. 다양한 예술매체를 원활히 활용하기 위해서는 적정 공간이 필요하기 때문에 공간이 협소할 경우에 매체의 활용이 제한적일 수밖에 없다. 그리고 적절한 치료공간의 활용 및 배치는 내담자로 하여금 '존중받거나 함께한다'는 정서를 제공해 줄 수 있어 치료에 영향을 미치는 주요 요소가 된다.

다양한 매체를 적용하는 IT매뉴얼의 치료공간은 특성상 난방 기능을 갖춘 마룻바닥을 기본으로 한다. 공간은 청결을 유지하고, 특정 내담자군에게 위험 요소가 될 수 있는 도구들은 특별히 관리되어야 한다. 가능하면 치료도구는 세션이 진행되는 공간과 분리하여 보관하되 해당 회기에 사용할 것만 보조치료사가 사전에 준비하도록 권장한다.

IT매뉴얼 제1치료공간의 특징

<table>
<tr><td>크기</td><td colspan="2">7m×7m 이상</td></tr>
<tr><td>특징</td><td colspan="2">집단이 활동하기 용이한 빈 공간(5~10명 기준)</td></tr>
<tr><td rowspan="5">설비</td><td>바닥재</td><td>맨발 활동이 가능한 난방 기능을 갖춘 마룻바닥</td></tr>
<tr><td>선반</td><td>전면이 투명하게 되어 안이 보이는 선반</td></tr>
<tr><td>책상(의자)</td><td>접이식 의자와 책상을 내담자 수에 맞춰서 배치</td></tr>
<tr><td>조명</td><td>형광등 외 조도 조절이 가능한 특수조명</td></tr>
<tr><td>기타</td><td>시청각 시스템 완비</td></tr>
<tr><td rowspan="7">치료
도구</td><td>연극매체</td><td>가면, 천, 인형(동물, 가족, 특수직, 손가락), 특수 및 생활 소품 등</td></tr>
<tr><td>미술매체</td><td>종이(A4용지, 도화지, 8절지, 전지 등), 파스텔, 크레파스, 물감, 펜, 사인펜, 점토, 잡지 등</td></tr>
<tr><td>문학매체</td><td>동화책, 시집, 소설, 만화책, 자서전, 낙서 등</td></tr>
<tr><td>음악매체</td><td>악기(젬베이, 셰이커, 실로폰, 탬버린, 오션드럼 등), GIM음원 등</td></tr>
<tr><td>영화/사진매체</td><td>영상 카메라, 스틸 카메라, 비디오, 사진 등</td></tr>
<tr><td>무용/동작매체</td><td>음악, 천, 끈, 스트레칭 밴드, 파라슈트 등</td></tr>
<tr><td>기타</td><td>요가 매트, 만다라, 명상 음악 등</td></tr>
</table>

핵심 치료 모델*Clinical 7 Models of IT Manual*

통합예술치료는 다양한 예술매체를 통합 적용하기 위하여 치료사가 체계적 운영이 가능하도록 내담자 맞춤형 IT매뉴얼을 제안하고 있다. 그중에서도 7개의 모델은 내담자 스스로 인지와 행동 변화의 필요성을 자각함으로써 의식이 개체 중심에서 사회적 존재로 확장되도록 돕는 요소들이다. 현재까지 필자가 개발한 IT매뉴얼의 핵심 치료 모델*Main Models*은 카타르시스 모델*Catharsis Model*, 시간여행자 모델*Time Traveler Model*, 역할모델*Role Model*, 투사 모델*Projective Model*, 가면아이 모델*Masking Inner Child Model*, 그림자 엿보기 모델*Self-reflection Model*, 힐링드라마 모델*Healing Drama Model*로 특화되어 있다. 각 모델은 기법들과 유기적 통합을 이뤄 내담자의 자발성을 촉진하고 치료효과를 증진시킨다. 사용되는 기법들 대부분은 내담자가 과거와 현재를 재경험하면서 현재의 문제를 해결하기 때문에 대부분 자기 내면의 그림자 엿보기 기능을 한다고 볼 수 있다.

IT매뉴얼에서는 내담자가 내면의 진실과 직면할 때 웃음과 울음의 증상을 동반하는 '감정 정화 및 분노 배설 목적의 카타르시스 모델', 자기만의 우주를 창조함으로써 '존재감을 확인하고 자기 삶의 주인이 되는 시간여행자 모델', '즉흥역할극을 통한 가상의 공간과 상황 체험을 하는 역할 모델', '내면을 매체에 투사하는 투사 모델', 가면이라는 매개체를 통하여 '다른 인격체로의 안전한 체험을 유도하는 가면아이 모델', 투사된 자기 이미지를 기반으로 '내면의 이슈를 탐색하는 그림자엿보기 모델', '다양한 형태의 예술 제작 체험의 과정인 힐링드라마 모델'로 명명하고 각각의 개념들을 정리하였다. 이 모델들은 각기 차별화된 방법으로, 내담자에게 즐거운 예술체험이 되도록 다양한 공간과 시간을 제공한다.

앞서 설명한 통합예술치료 IT매뉴얼의 7개의 핵심 치료 모델은 각각 단독 또는 순환적으로 사용할 수 있다. 예를 들어, 한 회기 안에서 투사 모델로 시작하여 역할 모델로 전환할 수 있고, 역할 모델을 하고 난 다음 투사 모델을 적용할 수도 있다. 내담자의 증상과 반응에 따라서 치료가 이루어지는 한 회기 중에도 상호 통합적으로 사용할 수 있다는 뜻이다. 단 치료사가 모델을 적용할 때 내담자의 증상이나 성향 또는 연령과 집단의 특성을 고려하여 내담자가 자발성을 갖고 참여할 수 있도록 유기적으로 균형을 맞추는 것이 중요하다. 다음에 소개할 모델들은 치료사의 진행능력에 따라서 응용하여 적용할 수 있다.

1. 카타르시스 모델*Catharsis Model*

내담자의 감정 정화 효과 및 IT진단 도구로도 적용 가능한 '카타르시스 모델'은 '이완 기법', '게임놀이 기법', '감정표현 기법'이 있다. 이 기법들은 필자가 '웃을 수 있는 인간'에서 착안하여 다양한 코믹 요소를 치료에 접목하여 내담자 스스로 인정하고 싶지 않은 내면의 그림자를 자각하는 순간, 조절하기 힘든 웃음과 울음이 상호 전환되는 심리 반전을 체험하도록 고안하였다. 그러나 치료를 위해 웃음과 울음을 구분해서 분석하려는 노력은 그다지 중요한 의미를 지니지 않는다. 다만, 치료사는 내담자에게 표피적 감정 자극으로 웃음 또는 울음의 현상만을 유도하는 것을 경계하여야 한다. 심리적 자각으로 인하여 정서 변화가 일어날 때 생기는 웃음과 울음이야말로 매우 치료적이다. 간혹 내담자의 성향에 따라서는 눈물과 웃음의 형태로 증상이 나타나지 않을 때에도 카타르시스 효과가 일어나기도 한다. 통합예술치료에서는 두 경우 모두에서 나타나는 심리적 현상이 매우 의미 있다고 믿는다.

제2장 '몸이 체험하는 웃음카타르시스(p. 33)'에서 설명하였듯이, 카타르시스 체험은 내담자의 몸에 어떠한 현상이 일어나고 있는지를 알 수 있는 매우 중요한 근거를 제공한다. 웃음은 부교감신경을 활성화하는 엔도르핀 등의 유익한 호르몬을 분비시켜 코르티솔 같은 스트레스 호르몬의 활동을 억제한다. 의학적으로 웃음이 뇌에 미치는 영향과 반응 중에서 매우 흥미로운 사실은 면역체계를 강화하고, 적체된 것들을 배출함으로써 신체의 근육이 이완된다는 점이다. 이렇게 웃음을 통한 카타르시스 체험은 내담자의 신체와 정서에 적체되어 있던 부정 정서를 해소함으로써 억압으로부터 해방되게 한다. 통합예술치료 IT매뉴얼에서 권장하는 카타르시스 모델은 뇌 과학에 근거하여 웃음카타르시스를 체험하는 예시로 기법들을 구성하였다.

1) 이완 기법*Relaxation Technique*

이완 기법은 신체, 마음, 정신의 몸과 그리고 오감의 이완을 통하여 스트레스는 물론 외상 후 스트레스까지 이완하는 것을 목적으로 활용한다. 일반적으로 이완은 주로 신체훈련을 위하여 활용되지만, IT매뉴얼에서 이완 기법은 신체훈련과는 상반된 개념으로 가능한 '맺힌 것을 풀어낸다'는 의미로 해석하는 것이 바람직하다. 통합예술치료의 이완 기법은 내담자가 만나기 과정에 들어가기 전에 열기 과정을 위한 몰입과 감정이입이 도움이 되기도 하지만, 이 기법을 통하여 불안과 공포를 완화하고 몸에 각인된 세포들을 정화하는 목적으로도 활용한다.

카타르시스 모델 이완 기법

기법	분류	설명	목표
이완 기법	신체 이완	신체의 이완은 단순 신체 움직임에서 시작하여 몸이 자연환경에 반응하는 신체감각활동 그리고 신체에 기억된 외상을 재생하고 이완하게 한다.	신체감각 활성화 신체 외상 이완
	마음 이완	마음의 이완은 단순 감정 표현에서 시작하여 정서적 충격이 되었던 정서적 기억들을 떠올려 재생된 감정들을 재체험하고 이완하게 한다.	감정인지 감정 이완
	정신 이완	정신의 이완은 단순 정신집중에서 시작하여 특정 이슈에 집중된 몰입 에너지를 또 다른 이슈로 이동하거나, 그 자체를 소멸시켜서 무아지경의 상태에 이르게 한다.	집중력 향상 정신 이완
	오감 이완	오감의 이완은 단순 오감 활동에서 시작하여 오감의 기억을 되살릴 수 있도록 이미지로 활동하게 한다. 다만, 역할훈련을 위하여 생활 속의 도구 만지기, 음향, 과일, 냄새 등을 사용하면 현실 훈련은 물론 실체와 이미지 사이에 존재하는 '가상의 이미지'를 이해하는 데에 도움이 된다.	오감 기능 활성화 오감 외상 이완

카타르시스 모델 이완 기법 예시 1

적용 모델 *(기법)*	IT매뉴얼 : 카타르시스 모델*(이완 기법→신체 이완)*	
증상 개선 목표	©ⒺRAT : 신체기능 및 감각 활성화/신체 외상 이완	
설명	신체 이완은 단순 신체 움직임에서 시작하여 몸이 자연환경에 반응하는 신체감각 활동을 통하여 신체에 기억된 외상을 이완한다.	
준비물	기본 재료*(A4용지, 필기구 등)*	
진행 과정	열기	가벼운 신체 움직임부터 시작하여, 신체 각 부위의 스트레스를 탐지하게 한다.
	만나기	1. 신체선이 그려진 A4종이에 각자의 신체감정을 채색하게 한다. 2. 신체감정이 그려진 그림을 각자 큐레이터가 되어 해설하게 한다. 3. 집단이 돌아가며 신체감정을 채색하거나 글로써 치유하게 한다.
	닫기	예술체험에서 경험한 자신 및 타인에 대한 새로운 인지를 자각하고 통찰하게 한다.
	적용하기	진행 과정에서 관찰한 내담자의 반응을 기반으로 예술체험이 긍정적 현실 접목 및 훈련이 되도록 화두를 준다.
유의사항	*신체 중심에 대한 관찰과 자각이 되도록 유의한다.*	

카타르시스 모델 이완 기법 예시 2

적용 모델 *(기법)*		IT매뉴얼 : 카타르시스 모델*(이완 기법→마음 이완)*
증상 개선 목표		©ⒺRAT : 감정 이해 및 표현 활성화/감정 이완
설명		마음 이완은 의식의 집중을 강화하여 마음의 긴장을 없애고 이완을 한다. 우울증과 의욕상실 및 좌절된 욕구나 불만 등으로 쌓인 스트레스를 이완한다.
준비물		기본 재료*(A4용지, 필기구 등)*, 크레파스
진행 과정	열기	치료용 사물*(돌, 마른풀, 부서진 꽃, 나뭇가지, 가시넝쿨 등)*이 나와 관련이 있다고 느껴지는 상징물을 바라보게 한다.
	만나기	1. 선택한 사물의 정서를 한 동작으로 표현하게 한다. 2. 동작의 근원이 되는 감정의 단어 또는 이야기를 말하게 한다. 3. 2번의 상황과 현재 사이에 얼마나 시간의 거리가 있는지, 어떤 정서적 거리가 있는지 글 또는 그림으로 그려보게 한다.
	닫기	예술체험에서 경험한 자신 및 타인에 대한 새로운 인지를 자각하고 통찰하게 한다.
	적용하기	진행 과정에서 관찰한 내담자의 반응을 기반으로 예술체험이 긍정적 현실 접목 및 훈련이 되도록 화두를 준다.
유의사항		*진행 시 부정 정서(분노, 고통, 슬픔 등)가 올라 올 수 있으니, 내담자에게 감정에 대처하는 방식을 자각하도록 유의한다.*

카타르시스 모델 이완 기법 예시 3

적용 모델 *(기법)*	IT매뉴얼 : 카타르시스 모델*(이완 기법→정신 이완)*	
증상 개선 목표	ⓒⒺRAT : 정신 이해 및 집중력 향상/정신 이완 및 해소	
설명	정신 이완은 단순 정신집중 또는 특정 이슈에 집중된 몰입 에너지를 또 다른 이슈로 이동하거나, 그 자체를 소멸시켜서 이완한다.	
준비물	기본 재료*(A4용지, 필기구 등)*, 만다라 이미지, 빔 프로젝트	
진행 과정	열기	호흡에 의식을 집중하게 한 후에 〈치료용 만다라〉를 바라보게 한다.
	만나기	1. 눈을 감고 만다라 이미지를 떠올리게 한다. 2. 눈을 뜨고 기억된 이미지를 가족 등 주변인들의 이미지로 변형하여 그리게 한다. 3. 관찰한 만다라 원본과 각자의 그림 사이에서 어떤 변형을 거쳤는지 과정과 배경을 설명하게 한다.
	닫기	예술체험에서 경험한 자신 및 타인에 대한 새로운 인지를 자각하고 통찰하게 한다.
	적용하기	진행 과정에서 관찰한 내담자의 반응을 기반으로 예술체험이 긍정적 현실 접목 및 훈련이 되도록 화두를 준다.
유의사항	*내담자의 몰입을 유도하고 집중함에 유의한다.*	

카타르시스 모델 이완 기법 예시 4

적용 모델 *(기법)*	IT매뉴얼 : 카타르시스 모델*(이완 기법→오감 이완)*	
증상 개선 목표	ⒸⒺRAT : 오감 기능 및 감각 활성화/오감 외상 이완	
설명	오감 이완은 단순 오감 활동에서 시작하여 오감의 특정 기억을 되살릴 수 있도록 활동하고, 환경과 현실에 반응하도록 긴장 이완과 훈련을 한다.	
준비물	기본 재료*(A4용지, 필기구 등)*, 자연음, 특수조명기기	
진행 과정	열기	음향과 지문을 주고 비, 바람, 해와 달 등 자연환경의 체험을 천천히 걸으면서 오감으로 떠올리게 한다.
	만나기	1. 일상 속에서 오감*(시각, 청각, 후각, 미각, 촉각)*이 사용되는 사물 등을 활용하여 오감의 기억을 되살리게 한다. 2. 활동 중 오감의 체험을 각 세포에 자세하게 기억하게 한다. 3. 오감의 기억이 나의 과거 또는 현재와 어떤 연결이 있는지 말하게 한다. 4. 현실 상황과 오감의 기억 사이에 존재하는 가상의 이미지를 말하게 한다.
	닫기	예술체험에서 경험한 자신 및 타인에 대한 새로운 인지를 자각하고 통찰하게 한다.
	적용하기	진행 과정에서 관찰한 내담자의 반응을 기반으로 예술체험이 긍정적 현실 접목 및 훈련이 되도록 화두를 준다.
유의사항	*내담자마다 기호가 다르므로 오감의 감각이 다양하게 체험되도록 다양한 소품들을 준비한다. 비선호 소품을 통하여 고정관념 등 상징체계를 파악할 수 있다.*	

2) 게임놀이 기법*Game Play Technique*

게임놀이 기법은 짧은 시간에 내담자와 라포 형성을 가능하게 하는 특성이 있으며, 치료프로그램의 흥미 유발을 위한 수단으로 유용하다. 나아가 특별한 도구를 사용하지 않으면서 다양한 연령과 증상의 내담자에게 적용할 수 있다는 점에서 활용도가 높다. 카타르시스라는 치료적 효과는 물론 진단을 위한 일련의 과정으로 회기를 운영할 수 있는 장점도 있다. 이 경우 별도의 시간을 할애하지 않고 내담자의 진단이 가능하기 때문에 효율적이다.

집단 라포가 필요한 경우 치료사는 가능한 범위에서 내담자를 두 명씩 짝지어 운영한다. 이때 치료사가 예측 불가능하도록 다양한 제시에 따라서 짝을 이루게 하면 내담자의 자발적 의지로 짝을 짓게 하는 것보다 집단 내 소외 현상이 생기는 것을 막을 수 있다. 필요한 경우 역할 바꾸기를 적용하면 내담자들의 집단역동도 조절할 수 있다.

카타르시스 모델 게임놀이 기법

기법	분류	설명	목표
게임놀이 기법	리더십 게임	두 명씩 짝을 지어 리더와 팔로워 역할을 결정한 후 움직이도록 진행한다.	역할 이해와 수행능력 증진
	블라인드 게임	두 명씩 짝을 지어 안내자와 눈 감은 자를 결정한 후 안내자는 상대방이 공간을 탐색하게 돕도록 진행한다.	책임과 의무 역할 이해
	부탁해요 게임	두 명씩 짝을 지어 부탁하는 자와 거절하는 자를 정해 부탁과 거절을 하도록 진행한다.	의사소통 기술인지 및 증진
	당신은 누구십니까 게임	두 명씩 짝을 지어 한 명이 먼저 “당신은 누구십니까?”라고 질문하게 한다. 상대방은 대답한 후 역으로 “당신은 누구십니까?”라고 질문하도록 진행한다.	의식적 또는 무의식적 자기인지
	킬러 게임	집단의 수를 고려하여 킬러를 선정하고 모두 자유롭게 돌아다니며 악수로 인사를 할 때 킬러는 상대방의 손바닥을 손가락으로 눌러 아웃시킨다. 참여자들이 킬러로 의심되는 사람을 맞추도록 진행한다.	라포 형성 집단의식 강화

카타르시스 모델 게임놀이 기법 예시 1

적용 모델 *(기법)*		IT매뉴얼 : 카타르시스 모델*(게임놀이 기법→리더십 게임)*
증상 개선 목표		©Ⓔ®ⒶT : 역할이해 및 사회성 증진
설명		라포 형성은 물론 사회적 수직구조 관계에서의 역할 이해와 수행 훈련을 하도록 돕는다.
준비물		기본 재료*(A4용지, 필기구 등)*
진행 과정	열기	〈리더십 게임〉을 설명하고 이해하였는지 확인을 한 다음, 두 명씩 짝을 지어 리더와 팔로워를 정하게 한다.
	만나기	1. 리더가 팔로워의 얼굴 30cm 앞으로 손을 뻗게 한다. 2. 팔로워는 리더의 손 움직임에 따라 몸을 움직이게 한다. 3. 리더의 움직임에 효과음을 내며 팔로워를 조종하게 한다. 4. 역할을 바꿔서 체험하게 한다.
	닫기	예술체험에서 경험한 자신 및 타인에 대한 새로운 인지를 자각하고 통찰하게 한다.
	적용하기	진행 과정에서 관찰한 내담자의 반응을 기반으로 예술체험이 긍정적 현실 접목 및 훈련이 되도록 화두를 준다.
유의사항		*내담자가 느낀 것이 현실과 어떻게 맞닿아 있는지 자각하도록 돕는다.*

카타르시스 모델 게임놀이 기법 예시 2

적용 모델 *(기법)*	IT매뉴얼 : 카타르시스 모델*(게임놀이 기법→블라인드 게임)*	
증상 개선 목표	©ⒺⓇⒶT : 자기탐색	
설명	관계에서 책임과 의무에 대한 이해와 신뢰감을 증진하는 훈련을 하도록 돕는다.	
준비물	기본 재료*(A4용지, 필기구 등)*	
진행 과정	열기	〈블라인드 게임〉을 설명하고 이해하였는지 확인을 한 다음, 두 명씩 짝을 지어 안내자와 눈 감은 자를 정하게 한다.
	만나기	1. 두 역할 사이의 유의 사항을 잘 이해하고 수행하게 한다. 2. 안내자가 눈 감은 자를 도와 공간을 탐색하게 한다. 3. 역할을 바꿔 체험하게 한다.
	닫기	예술체험에서 경험한 자신 및 타인에 대한 새로운 인지를 자각하고 통찰하게 한다.
	적용하기	진행 과정에서 관찰한 내담자의 반응을 기반으로 예술체험이 긍정적 현실 접목 및 훈련이 되도록 화두를 준다.
유의사항	*내담자가 느낀 것이 현실과 어떻게 맞닿아 있는지 자각하도록 돕는다.*	

카타르시스 모델 게임놀이 기법 예시 3

<table>
<tr><td>적용 모델
(기법)</td><td colspan="2">IT매뉴얼 : 카타르시스 모델*(게임놀이 기법→부탁해요 게임)*</td></tr>
<tr><td>증상 개선 목표</td><td colspan="2">ⒸⒺⓇⒶT : 의사소통 기술 향상</td></tr>
<tr><td>설명</td><td colspan="2">부탁하는 과정을 통해서 의사소통 및 다양한 표현 양식을 훈련하도록 돕는다.</td></tr>
<tr><td>준비물</td><td colspan="2">기본 재료*(A4용지, 필기구 등)*</td></tr>
<tr><td rowspan="4">진행 과정</td><td>열기</td><td>〈부탁해요 게임〉을 설명하고 이해하였는지 확인을 한 다음, 두 명씩 짝을 지어 부탁하는 자와 거절하는 자를 정하게 한다.</td></tr>
<tr><td>만나기</td><td>1. 부탁하는 자는 상대에게 자유롭게 부탁하게 한다.
2. 거절하는 자는 상대의 부탁을 거절하게 한다.
3. 다양한 방법으로 부탁을 하게 한다.
4. 역할을 바꿔 체험하게 한다.</td></tr>
<tr><td>닫기</td><td>예술체험에서 경험한 자신 및 타인에 대한 새로운 인지를 자각하고 통찰하게 한다.</td></tr>
<tr><td>적용하기</td><td>진행 과정에서 관찰한 내담자의 반응을 기반으로 예술체험이 긍정적 현실 접목 및 훈련이 되도록 화두를 준다.</td></tr>
<tr><td>유의사항</td><td colspan="2">*필요에 따라 의도적으로 짝을 짓게 하여 운영할 수 있다.*</td></tr>
</table>

카타르시스 모델 게임놀이 기법 예시 4

적용 모델 *(기법)*		IT매뉴얼 : 카타르시 스모델*(게임놀이 기법→당신은 누구십니까 게임)*
증상 개선 목표		©ⒺRAT : 자기탐색
설명		"당신은 누구십니까?"라는 질문을 통해서 의식적 또는 무의식적 자기탐색을 하도록 돕는다.
준비물		기본 재료*(A4용지, 필기구 등)*
진행 과정	열기	〈당신은 누구십니까 게임〉을 설명하고 이해하였는지 확인을 한 다음, 두 명씩 짝을 지어 서로 눈을 보며 앉게 한다.
	만나기	1. 한 명이 먼저 "당신은 누구십니까?"라고 묻게 한다. 2. 질문을 받은 사람은 "저는 ~입니다."라며 답하고 "당신은 누구십니까?"를 역질문하게 한다. 3. 이 과정을 반복하여 체험하게 한다.
	닫기	예술체험에서 경험한 자신 및 타인에 대한 새로운 인지를 자각하고 통찰하게 한다.
	적용하기	진행 과정에서 관찰한 내담자의 반응을 기반으로 예술체험이 긍정적 현실 접목 및 훈련이 되도록 화두를 준다.
유의사항		*내담자에게 질문이 반복될수록 인지가 일어나 눈물을 보이는 등의 돌발 상황이 발생할 수 있음을 유의한다.*

카타르시스 모델 게임놀이 기법 예시 5

적용 모델 *(기법)*	IT매뉴얼 : 카타르시스 모델*(게임놀이 기법→킬러 게임)*	
증상 개선 목표	©E®AT : 라포 및 집단의식 강화	
설명	라포 형성이 프로그램에 대한 흥미를 유발하도록 돕는다.	
준비물	요가매트 또는 마스킹 테이프, 기본 재료*(A4용지, 필기구 등)*	
진행 과정	열기	〈킬러 게임〉을 설명하고 이해하였는지 확인을 한 다음, 집단이 눈을 감게 한 후에 치료사가 킬러를 정해 준다.
	만나기	1. 시민들이 자유롭게 움직이며 마주치는 사람과 인사하며 악수를 하게 한다. 2. 악수를 하던 킬러가 시민을 죽이면 해당 시민은 고통의 소리를 내며 아웃되어 아웃 라인으로 이동하여 관찰하게 한다. 3. 시민은 의심되는 대상을 신고하며 킬러를 찾게 한다. 4. 역할을 바꿔서 체험하게 한다.
	닫기	예술체험에서 경험한 자신 및 타인에 대한 새로운 인지를 자각하고 통찰하게 한다.
	적용하기	진행 과정에서 관찰한 내담자의 반응을 기반으로 예술체험이 긍정적 현실 접목 및 훈련이 되도록 화두를 준다.
유의사항	*아웃 라인은 상황을 잘 관찰할 수 있는 공간에 준비한다.*	

3) 감정표현 기법*Emotional Expression Technique*

감정표현 기법은 놀이를 통해서 다양한 감정을 전달하게 함으로써 내담자들 간의 긴장을 완화한다. 감정표현 기법에는 '사랑 표현', '거짓말 표현', '금기 표현', '상대 칭찬 표현', '자기 칭찬 표현' 등이 있다. 이 기법은 치료사가 내담자를 분석하는 데 필요한 정보를 제공하는 측면에서 게임놀이 기법과 유사하다. 특히 웃음과 울음이 상호 전환되는 심리 반전을 통한 카타르시스 현상은 감정표현 기법을 적용하였을 때 매우 극명하게 나타난다. 이것은 내담자가 내면에 결핍 또는 억압된 감정을 표현해 봄으로써 욕구를 성취하고 이로 인해 새로운 인지가 일어나기 때문이다.

카타르시스 모델 감정표현 기법

기법	분류	설명	목표
감정 표현 기법	사랑 표현	원으로 둘러앉은 후 치료사가 한 명을 지정하여 옆 사람에게 전달하게 한다. 전달하는 말은 "○○하기 때문에 사랑합니다."라고 이유를 말하게 하고 릴레이로 이어가도록 진행한다.	표현 능력 향상 욕구충족 자존감 향상
	거짓말 표현	두 명씩 짝을 지어 치료사의 종료 지시가 있을 때까지 서로에게 거짓말을 하며 경쟁하도록 진행한다.	무의식적 욕구 탐색 내면인지
	금기 표현	의자 혹은 못생긴 인형과 같은 투사적 소품을 준비한 후 한 명씩 자발적으로 나와 갈등 상대라고 여기며 금기어를 말하도록 진행한다*(금기 표현을 진행할 경우, 갈등 상대 역할을 집단원이 하지 않도록 유의한다. 감정을 표현한 내담자는 시간이 지나면서 상대에 대한 죄책감이 올라올 수 있으니 내담자가 심리적 반응을 이해하고 수용할 수 있도록 돕는다).*	억압 분노 표출 해방감 제공
	상대 칭찬 표현	두 명씩 짝을 지어 치료사의 종료 지시가 있을 때까지 상대방을 바라보고 자유롭게 외적 또는 내적 칭찬을 하도록 진행한다.	라포 및 대인관계 능력 증진 표현력 향상
	자기 칭찬 표현	자기만의 공간으로 이동하여 내담자가 자신에게 "너는 아름답다."라고 말하게 한다. 충분한 시간을 제공한 뒤 "수고했다." 등의 지문을 순차적으로 제시하여 말하도록 진행한다.	긍정 자기 회피 심리 내면 직면 건강한 자기애 향상

카타르시스 모델 감정표현 기법 예시 1

<table>
<tr><th>적용 모델
(기법)</th><td colspan="2">IT매뉴얼 : 카타르시스 모델*(감정표현 기법→사랑 표현)*</td></tr>
<tr><th>증상 개선
목표</th><td colspan="2">ⒸⒺⓇAⓉ: 자존감 향상</td></tr>
<tr><th>설명</th><td colspan="2">“사랑합니다.”라는 표현을 통하여 표현력과 자존감이 향상되도록 돕는다.</td></tr>
<tr><th>준비물</th><td colspan="2">기본 재료*(A4용지, 필기구 등)*</td></tr>
<tr><th rowspan="4">진행 과정</th><td>열기</td><td>다양한 감정으로 걷게 한 후 원으로 둘러앉게 한다.</td></tr>
<tr><td>만나기</td><td>1. 한 명이 먼저 자신의 오른쪽 사람에게 눈을 맞추게 한다.
2. 구체적 이유와 함께 “사랑합니다.”라고 말하게 한다.
3. 같은 방식으로 오른쪽 방향으로 사랑 표현을 전달하게 한다.
4. 반대 방향으로 사랑 표현을 하게 한다.</td></tr>
<tr><td>닫기</td><td>예술체험에서 경험한 자신 및 타인에 대한 새로운 인지를 자각하고 통찰하게 한다.</td></tr>
<tr><td>적용하기</td><td>진행 과정에서 관찰한 내담자의 반응을 기반으로 예술체험이 긍정적 현실 접목 및 훈련이 되도록 화두를 준다.</td></tr>
<tr><th>유의사항</th><td colspan="2">*사랑 표현이 어려운 경우 외적인 이유를 먼저 말하게 하면서 점진적으로 내적인 이유를 말할 수 있게 유도한다.*</td></tr>
</table>

카타르시스 모델 감정표현 기법 예시 2

적용 모델 *(기법)*	IT매뉴얼 : 카타르시스 모델*(감정표현 기법→거짓말 표현)*	
증상 개선 목표	©E®AT : 무의식적 욕구 탐색	
설명	거짓말을 통해 비춰지는 내면의 욕구를 탐색하고 인지하도록 돕는다.	
준비물	기본 재료*(A4용지, 필기구 등)*	
진행 과정	열기	두 명씩 짝을 지어 마주보고 앉게 한다.
	만나기	1. 한 명이 먼저 상대방에게 거짓말을 하게 한다. 2. 상대방 역시 거짓말로 응대하게 한다. 3. 역할을 바꾸어서 대화를 하게 한다.
	닫기	예술체험에서 경험한 자신 및 타인에 대한 새로운 인지를 자각하고 통찰하게 한다.
	적용하기	진행 과정에서 관찰한 내담자의 반응을 기반으로 예술체험이 긍정적 현실 접목 및 훈련이 되도록 화두를 준다.
유의사항	*필요에 따라 앉거나 서게 하여 진행할 수 있다.*	

카타르시스 모델 감정표현 기법 예시 3

<table>
<tr><td>적용 모델
(기법)</td><td colspan="2">IT매뉴얼 : 카타르시스 모델(감정표현 기법→금기 표현)</td></tr>
<tr><td>증상 개선 목표</td><td colspan="2">ⒸⒺRⒶT : 분노 표출 및 해소</td></tr>
<tr><td>설명</td><td colspan="2">갈등 상대에게 억압된 분노 감정을 표출함으로써 부정적 감정을 해소하도록 돕는다.</td></tr>
<tr><td>준비물</td><td colspan="2">의자, 못난이 인형, 기본 재료(A4용지, 필기구 등)</td></tr>
<tr><td rowspan="4">진행 과정</td><td>열기</td><td>편안한 공간으로 이동해 눈을 감고 자신이 가장 화났을 때의 상황을 떠올리게 한다.</td></tr>
<tr><td>만나기</td><td>1. 각자 떠올린 상황을 이야기하게 한다.
2. 준비된 빈 의자에 갈등 상대가 있다고 가정하게 한다.
3. 금기어를 하며 당시의 감정을 표출하게 한다.</td></tr>
<tr><td>닫기</td><td>예술체험에서 경험한 자신 및 타인에 대한 새로운 인지를 자각하고 통찰하게 한다.</td></tr>
<tr><td>적용하기</td><td>진행 과정에서 관찰한 내담자의 반응을 기반으로 예술체험이 긍정적 현실 접목 및 훈련이 되도록 화두를 준다.</td></tr>
<tr><td>유의사항</td><td colspan="2">금기 표현은 내담자가 억압했던 언어나 비언어적 표현을 말하며 자발적인 감정 배설이 되도록 하며 내담자가 거부할 경우 수용하고 그 이유를 탐색하도록 한다. 빈 의자에 상대방이 앉아 있다는 가정이 쉽지 않은 내담자의 경우 의자에 부정적 느낌을 주는 인형을 올려 몰입을 돕는다. 빈 의자 또는 인형 등 상징성을 띤 것에 감정을 배설하도록 하여 감정전이가 일어나지 않도록 유의한다.</td></tr>
</table>

카타르시스 모델 감정표현 기법 예시 4

적용 모델 *(기법)*	IT매뉴얼 : 카타르시스 모델*(감정표현 기법→상대 칭찬 표현)*	
증상 개선 목표	©E®ⒶT : 대인관계 능력 증진	
설명	칭찬을 주고받는 과정에서 단시간에 라포를 형성하고, 긍정적 표현력을 향상함으로써 대인관계 능력을 증진하도록 돕는다.	
준비물	기본 재료*(A4용지, 필기구 등)*	
진행 과정	열기	두 명씩 짝을 지어 마주보고 앉게 한다.
	만나기	1. 한 명이 먼저 상대의 외적인 것을 칭찬하게 한다. 2. 칭찬을 받은 사람 역시 상대를 칭찬하게 한다. 3. 제시에 따라서 서로의 내적인 것을 칭찬하게 한다.
	닫기	예술체험에서 경험한 자신 및 타인에 대한 새로운 인지를 자각하고 통찰하게 한다.
	적용하기	진행 과정에서 관찰한 내담자의 반응을 기반으로 예술체험이 긍정적 현실 접목 및 훈련이 되도록 화두를 준다.
유의사항	*필요에 따라 짝을 바꿔 진행할 수 있다. 상대의 외적인 것을 칭찬하기 위해 묘사할 때 비아냥거리지 않도록 주의를 준다.*	

카타르시스 모델 감정표현 기법 예시 5

적용 모델 *(기법)*	IT매뉴얼 : 카타르시스 모델*(감정표현 기법→자기 칭찬 표현)*	
증상 개선 목표	ⒸⒺRAⓉ : 자기이해 및 건강한 자기애 향상	
설명	자기 칭찬으로 내면을 탐색함으로써 자기 이해와 건강한 자기애가 향상되도록 돕는다.	
준비물	명상음악, 기본 재료*(A4용지, 필기구 등)*	
진행 과정	열기	명상음악을 들으며 자유롭게 자기만의 공간으로 이동하게 한다.
	만나기	1. 편안하게 호흡하며 "너는 아름답다."라고 말하게 한다. 2. 감정을 충분히 느끼며 반복해서 말하게 한다. 3. "수고했다."라는 지문을 주고 반복하게 한다.
	닫기	예술체험에서 경험한 자신 및 타인에 대한 새로운 인지를 자각하고 통찰하게 한다.
	적용하기	진행 과정에서 관찰한 내담자의 반응을 기반으로 예술체험이 긍정적 현실 접목 및 훈련이 되도록 화두를 준다.
유의사항	*제시어는 내담자의 성향과 트라우마 정도를 고려하여 사용한다. 자기 칭찬 표현은 내담자의 자발적인 표현을 유도하는 것이 치유적이다.*	

2. 시간여행자 모델*Time Traveler Model*

'시간여행자 모델'은 '나의 우주 기법'과 '왕의 의자 기법'이 있다. 인간은 태생적으로 결코 길지도 안전하지도 않은 시간과 공간 속에서 삶을 영위하고 있다. 따라서 주어진 시간을 여행하는 우리는 안전한 나만의 우주를 구축하고 싶어 한다. 이 모델은 내담자가 꿈꾸는 나만의 우주를 가상공간에서 실현되게 함으로써 자존을 높이고 실존을 소중히 인지하도록 돕는 데 목적이 있다. 특히 이 모델은 낮은 자존감으로 인한 내담자의 문제를 해결하는 데 매우 효과적이다. 인간의 사회적 지위는 자존감과 직접적인 상관관계에 있기 때문에 미래와 현재의 역할을 강화함으로써 치료 중에 내담자의 지위를 높여 줄 수 있는 특화된 기법이다.

1) 나의 우주 기법*My Cosmic Technique*

나의 우주 기법은 가능한 야외의 공간에서 진행하는 것이 바람직하다. 실내에서 진행하는 경우에는 야외와 유사한 환경을 이미지화하여 진행하는 것이 효율적이며, 기본적으로 공간의 높낮이가 확연히 느껴지는 특정 공간이 있으면 더욱 좋다. 이 기법은 내담자 스스로가 자기만의 우주를 연출할 때 스스로 창조자 또는 설계사가 되어 소유물을 통치하도록 함으로써 역할에 대한 권리와 의무 그리고 책임과 직면하게 한다. 자존감이 낮은 내담자의 통치자 역할 체험은 리더십이 강화되고, 존재의 즐거움을 만끽하기에 충분하다.

한 예로 나의 우주 기법을 진행할 때에 내담자에게 높은 위치에 머물 것인지 아니면 낮은 위치의 사람들과 함께 지낼 것인지 선택하게 하는 방법 또한 내담자에게 특별한 체험을 하게 한다. 주로 자존감이 낮은 내담자는 타자보다 높은 위치를 선호하는데 이 경우 자존감이 높아지면서 심리 해소 효과가 나타난다. 이와 같은 다양한 방법은 내담자가 체험을 통하여 인지하게 된 '자신의 문제들을 어떻게 현실에서 수용할 것인가?'에 대하여 내담자 스스로 선택하게 하는 데에 도움이 된다.

시간여행자 모델 나의 우주 기법

기법	분류	설명	목표
나의 우주 기법	창조자	내담자가 자연환경*(지형, 나무, 꽃, 풀, 돌, 시냇물, 곤충 등)*을 최대한 활용할 수 있도록 진행한다.	우주적 존재로서 자각
	설계사	인위적인 공간 또는 실내에서는 가능한 자연환경에서 느낄 수 있는 체험이 가능하도록 단상, 음향, 조명, 천, 영상 등의 소도구를 활용하여 진행한다.	삶의 설계 및 재건축

시간여행자 모델 나의 우주 기법 예시 1

적용 모델 *(기법)*	IT매뉴얼 : 시간여행자 모델*(나의 우주 기법→창조자)*	
증상 개선 목표	ⒸⒺRAⓉ : 우주적 존재 자각	
설명	자연환경 속에서 우주와 연결되는 체험을 함으로써 우주적 존재임을 자각하도록 돕는다.	
준비물	편안한 복장, 기본 재료*(A4용지, 필기구 등)*	
진행 과정	열기	자연환경을 바라보며 산책명상을 하게 한다.
	만나기	1. 자신과 관련 있는 자연환경을 느끼게 한다. 2. 자연과 나의 이야기를 만들게 한다. 3. 이야기를 바탕으로 자기만의 공간을 창조하게 한다. 4. 공간 안에서 생활하게 한다.
	닫기	예술체험에서 경험한 자신 및 타인에 대한 새로운 인지를 자각하고 통찰하게 한다.
	적용하기	진행 과정에서 관찰한 내담자의 반응을 기반으로 예술체험이 긍정적 현실 접목 및 훈련이 되도록 화두를 준다.
유의사항	*내담자의 몰입과 에너지를 방해하지 않도록 일정한 거리를 유지하며 진행한다.*	

시간여행자 모델 나의 우주 기법 예시 2

<table>
<tr><td>적용 모델
(기법)</td><td colspan="2">IT매뉴얼 : 시간여행자 모델*(나의 우주 기법→설계사)*</td></tr>
<tr><td>증상 개선 목표</td><td colspan="2">CⒺRⒶT : 삶의 조망 및 재건축</td></tr>
<tr><td>설명</td><td colspan="2">자신만의 우주를 만들고 그 안에서 느끼는 권리와 의무를 통해 자존감을 향상시키고 현실 적응 능력을 키운다.</td></tr>
<tr><td>준비물</td><td colspan="2">코즈믹 음악, 조명, 영상, 천, 풀, 나무 등, 기본 재료*(A4용지, 필기구 등)*</td></tr>
<tr><td rowspan="4">진행 과정</td><td>열기</td><td>치료사의 제시에 따라서 이미지를 떠올리며 걷게 한다.</td></tr>
<tr><td>만나기</td><td>1. 제시된 준비물에 의미를 부여하게 한다.
2. 자신만의 우주를 설계하는 데 필요한 재료를 찾게 한다.
3. 선택한 재료를 활용하여 자신만의 공간을 설계하게 한다.
4. 그 공간에서 생활하게 한다.</td></tr>
<tr><td>닫기</td><td>예술체험에서 경험한 자신 및 타인에 대한 새로운 인지를 자각하고 통찰하게 한다.</td></tr>
<tr><td>적용하기</td><td>진행 과정에서 관찰한 내담자의 반응을 기반으로 예술체험이 긍정적 현실 접목 및 훈련이 되도록 화두를 준다.</td></tr>
<tr><td>유의사항</td><td colspan="2">*열기 과정에서 자연환경을 연상하도록 제시한다. 너무 많은 재료를 선택하지 않도록 안내함으로써 적절한 설계가 되도록 돕는다.*</td></tr>
</table>

2) 왕의 의자 기법*The King's Chair Technique*

우리 사회는 지나친 경쟁적 사회 구조와 문화적 억압 등으로 개인의 인권보다는 집단이기주의로 인한 갈등 문제가 대두되어 왔다. 또한 혈연의 직계 구조 역시 수직 구조로 이루어져 있기 때문에 부모의 권위적인 양육 태도는 자녀에게 상처를 주기도 한다. 왕의 의자 기법은 기본적으로 낮은 자존감을 보이는 내담자뿐 아니라 낮은 지위와 권위로 인하여 트라우마를 가진 내담자에게 효과적으로 적용될 수 있다.

이 기법은 기본적으로 사회적 약자인 내담자에게 높고 화려한 의자, 왕의 가운, 지휘봉 등 권위적이고 강력한 파워를 지닌 도구를 통하여 상징적으로 권위적인 힘을 부여함으로써 손상된 자존감을 높여 주는 체험을 하는 데에 있다. 또한 갈등 대상을 바닥에 앉힘으로써 두 사람 간의 물리적 거리가 시각화되면 존재감이 상승하면서 내담자는 보다 쉽게 상대에게 억압되었던 감정을 표출해 낸다. 이와 같은 치료 과정은 평소에 권위적 위치에 있었던 내담자에게는 자신의 행동 양식을 관찰하고 자각할 수 있는 기회가 되기도 한다. 특히 권위자에게 높은 의자에 앉아 연령이 낮거나 경제적 약자 등을 대하도록 한 다음, 역할을 바꾸어 낮은 곳에 위치하도록 하면 자신을 되돌아보는 데에 효과적이다.

강한 인지적 변화를 일으키는 왕의 의자 기법은 내담자가 자신의 문제를 다각적으로 바라보도록 하기에 사람과 상황에 대한 고정관념이 깨지는 후반부에 마무리 작업으로 활용하여도 무난하다. 특히 즉흥적 체험을 충분히 선행할 경우, 내담자는 권위적 역할을 즐길 수 있는데 이는 내면의 웃음카타르시스를 유발하는 데 효과적이다.

시간여행자 모델 왕의 의자 기법

기법	분류	설명	목표
왕의 의자 기법	권위자	권위와 능력을 상징하는 다양한 모양의 의자를 사용하여 신분이 변화할 수 있도록 진행한다.	수직관계의 이해 잠재된 분노 표출
	능력자	왕관, 왕봉, 가운, 금화 등 권위와 능력을 상징하는 소도구를 활용하여 신분이 변화할 수 있도록 진행한다.	욕구 표출

시간여행자 모델 왕의 의자 기법 예시 1

적용 모델 *(기법)*		IT매뉴얼 : 시간여행자 모델*(왕의 의자 기법→권위자)*
증상 개선 목표		ⒸⒺⓇⒶT : 역할 이해 및 잠재된 분노 표출
설명		사회 조직 속에서 상하 수직관계의 역할이해 및 잠재된 분노를 표출하도록 돕는다.
준비물		높은 의자, 기본 재료*(A4용지, 필기구 등)*
진행 과정	열기	자유롭게 걸으며 영웅, 왕 등 평소 자기가 선망하던 강한 존재들을 상상하게 한다.
	만나기	1. 왕과 신하를 주제로 스토리텔링을 하게 한다. 2. '다리가 아픈 왕'이 되어 갈등관계의 상대에게 다양한 심부름을 시키고 신하가 된 갈등 대상이 그것을 수행하게 한다. 3. 극이 충분히 진행되었으면 왕의 앞에 무릎을 꿇고 있는 신하의 노고를 치하하며 손을 잡고 일으켜 세워 안아 주게 한다.
	닫기	예술체험에서 경험한 자신 및 타인에 대한 새로운 인지를 자각하고 통찰하게 한다.
	적용하기	진행 과정에서 관찰한 내담자의 반응을 기반으로 예술체험이 긍정적 현실 접목 및 훈련이 되도록 화두를 준다.
유의사항		*왕과 신하의 관계에 저항이 생기지 않도록 스토리텔링 과정에서 충분히 정신적 이완을 시킨다.*

시간여행자 모델 왕의 의자 기법 예시 2

<table>
<tr><td>적용 모델
(기법)</td><td colspan="2">IT매뉴얼 : 시간여행자 모델*(왕의 의자 기법→능력자)*</td></tr>
<tr><td>증상 개선
목표</td><td colspan="2">ⒸⒺRAT : 욕구 표출</td></tr>
<tr><td>설명</td><td colspan="2">자신의 힘을 실현시킬 수 있는 상징적 소도구를 통한 욕구 표출을 돕는다.</td></tr>
<tr><td>준비물</td><td colspan="2">왕관, 왕봉, 가운, 금화, 기본 재료*(A4용지, 필기구 등)*</td></tr>
<tr><td rowspan="4">진행 과정</td><td>열기</td><td>치료사의 제시에 따라서 자신이 가진 권력과 부에 대한 시각화 작업을 하게 한다.</td></tr>
<tr><td>만나기</td><td>1. 제시된 준비물에 의미를 부여하게 한다.
2. 각각의 소품들을 어떻게 사용할 것인지 구상하게 한다.
3. 선택한 소품의 능력을 발휘하여 즉흥극을 하게 한다.</td></tr>
<tr><td>닫기</td><td>예술체험에서 경험한 자신 및 타인에 대한 새로운 인지를 자각하고 통찰하게 한다.</td></tr>
<tr><td>적용하기</td><td>진행 과정에서 관찰한 내담자의 반응을 기반으로 예술체험이 긍정적 현실 접목 및 훈련이 되도록 화두를 준다.</td></tr>
<tr><td>유의사항</td><td colspan="2">*집단원이 조화롭게 꼭 필요한 소품을 선택하게 한다.*</td></tr>
</table>

3. 역할 모델*Role Model*

'역할 모델'은 '자아 기법', '타인 기법', '관찰 기법', '조커 기법'으로 이루어져 있으며 각각의 기법은 적용 목적에 따라서 그 기능이 다르게 나타나는 특성이 있다. 사회복귀를 목적으로 자기이해 및 사회적응을 위한 다양한 역할과 기능을 체험할 수 있도록 설계하였다.

1) 자아 기법*Self Role Technique*

역할 모델 중 자아 기법은 역할 형태에 있어서 가장 기본이 되는 기법이다. 이 경우 내담자가 자신의 이슈 혹은 트라우마 상황을 극으로 구성하고 자기 역할을 직접 연행*모든 극적인 행위를 일컬음*함으로써 스토리텔러가 된다. 내담자의 자기이해를 돕는 데 효과적으로 쓰이며 과거와 현재의 상황과 감정 등을 다양한 방식으로 표현해 봄으로써 균형 잡힌 미래를 설계할 수 있다.

역할 모델 자아 기법

기법	분류	설명	목표
자아 기법	과거 모습	과거의 경험을 이야기로 구성하게 한다. 이야기 속 주인공*(내담자)*의 역할을 직접 연행하게 한다. 생각으로만 가지고 있었던 여러 가지 상황을 경험해 보도록 진행한다*(독백, 방백, 대화법으로도 표현이 가능하다)*.	과거 기억 탐구 인지변화
	현재 모습	현재 입장 또는 감정을 이야기로 구성하게 한다. 현재 경험하고 있는 자신의 상황에 충분히 집중하고 구성된 상황에서 발생할 수 있는 여러 가지 상황을 간접 경험을 통해 시도하고 다양한 방식으로 표현 또는 느껴 보도록 진행한다*(독백, 방백, 대화법으로도 표현이 가능하다)*.	현재 역할 탐구
	미래 모습	개인이 원하는 미래의 상황을 이야기로 구성하게 한다. 이야기 속에서 주인공*(내담자)*을 연행하게 한다. 자신이 원하는 방향으로 미래 상황 또는 모습을 자유롭게 구성하여 충분히 경험하도록 진행한다*(독백, 방백, 대화법으로도 표현이 가능하다)*.	미래설계 긍정 자아

역할 모델 자아 기법 예시 1

적용 모델 *(기법)*	IT매뉴얼 : 역할 모델*(자아 기법→과거 모습)*	
증상 개선 목표	©E®ⒶT : 인식의 변화	
설명	과거 경험을 극화하여 적체된 감정을 정화하고, 통찰할 수 있도록 돕는다.	
준비물	기본 재료*(A4용지, 필기구 등)*	
진행 과정	열기	치료사의 제시에 따라서 다양한 연령으로 걷게 한다.
	만나기	1. 자리에 앉아 어린아이로 걸었을 때의 느낌과 떠오르는 상황을 이야기하게 한다. 2. 상황의 핵심 장면을 구체화하게 한다. 3. 극의 주인공이 되어 연행하게 한다.
	닫기	예술체험에서 경험한 자신 및 타인에 대한 새로운 인지를 자각하고 통찰하게 한다.
	적용하기	진행 과정에서 관찰한 내담자의 반응을 기반으로 예술체험이 긍정적 현실 접목 및 훈련이 되도록 화두를 준다.
유의사항	*극화 후 치료적 대화를 통해 내담자가 자신의 인지변화를 자각하게 한다.*	

역할 모델 자아 기법 예시 2

적용 모델 *(기법)*	IT매뉴얼 : 역할 모델*(자아 기법→현재 모습)*	
증상 개선 목표	C㉺㉾AT : 역할 탐색과 균형 형성	
설명	현재 역할을 탐색하고 극화함으로써 역할 수행의 장애 요소와 역할 내 욕구를 자각하여 역할 간 균형을 이루도록 돕는다.	
준비물	직업수행카드, 기본 재료*(A4용지, 필기구 등)*	
진행 과정	열기	직업수행카드 검사를 하며 자신의 역할을 탐색하게 한다.
	만나기	1. 놓인 카드를 보며 '현재'의 내용을 말하게 한다. 2. 역할을 한 가지 선택하여 이야기를 극화하게 한다. 3. 극의 주인공이 되어 연행하게 한다.
	닫기	예술체험에서 경험한 자신 및 타인에 대한 새로운 인지를 자각하고 통찰하게 한다.
	적용하기	진행 과정에서 관찰한 내담자의 반응을 기반으로 예술체험이 긍정적 현실 접목 및 훈련이 되도록 화두를 준다.
유의사항	*극화 후 치료적 대화를 통해 역할 수행을 방해하는 것과 내면의 욕구를 자각할 수 있도록 한다.*	

역할 모델 자아 기법 예시 3

적용 모델 *(기법)*	IT매뉴얼 : 역할 모델*(자아 기법→미래 모습)*	
증상 개선 목표	CEⓇⒶT : 균형 잡힌 미래 설계	
설명	어린 시절 꿈꿨던 미래를 떠올려 현실과 이상의 조화를 이뤄 균형 잡힌 미래를 설계할 수 있도록 돕는다.	
준비물	요가매트, 기본 재료*(A4용지, 필기구 등)*	
진행 과정	열기	편안한 자세로 누워 어린 시절의 꿈을 떠올리게 한다.
	만나기	1. 자리에 앉아 떠올린 어린 시절의 꿈을 나누게 한다. 2. 꿈 속 인물을 구체화하고 이야기를 극화하게 한다. 3. 극의 주인공이 되어 연행하게 한다.
	닫기	예술체험에서 경험한 자신 및 타인에 대한 새로운 인지를 자각하고 통찰하게 한다.
	적용하기	진행 과정에서 관찰한 내담자의 반응을 기반으로 예술체험이 긍정적 현실 접목 및 훈련이 되도록 화두를 준다.
유의사항	*치료공간과 내담자의 특성에 따라 요가매트를 준비하여 이완을 돕는다.*	

2) 타인 기법*Fictional Role Technique*

타인 기법은 자아 기법과 달리 구성된 이야기 속에 등장하는 타인의 역할을 내담자가 맡는 것을 뜻한다. 이 기법은 주로 타인과의 소통, 공감능력과 문제해결능력을 향상시키고자 하는 데 사용한다. 내담자에게 갈등 상대 역할, 주변 역할, 선망 역할을 선택하여 갈등에 직 · 간접적으로 관련된 인물을 경험하게 한다. 반드시 갈등 대상이 아니더라도 본인을 제외한 타인 역할을 선택하여 자신이 바라는 이상적 인물 등 다양한 인격체로 살아보는 기회를 제공해 주기 때문에 대인관계 증진에 도움을 준다.

역할 모델 타인 기법

기법	분류	설명	목표
타인 기법	갈등 상대 역할	구성된 이야기 속에서 주인공*(내담자)*과 직접적으로 갈등 관계를 형성하는 인물을 연행하여 진행한다.	문제해결능력 향상
	주변 역할	이야기 속 등장인물 중 주인공*(내담자)*을 제외한 주변 인물들의 역할을 연행하게 한다. 다양한 구성원들의 입장을 경험해 보며 문제를 입체적으로 바라보고 사고할 수 있도록 진행한다.	공감능력 향상
	선망 역할	자신이 원하는 인물 또는 이상향의 인물을 연행하게 한다. 자신에게 질투심 또는 우월감을 갖게 하는 유능한 인물*(내담자가 선망하는 현실 속, 즉 이상형, 연예인, 운동선수 등)*을 경험하도록 진행한다.	자존감 향상

역할 모델 타인 기법 예시 1

적용 모델 *(기법)*	IT매뉴얼 : 역할 모델*(타인 기법→갈등 상대 역할)*	
증상 개선 목표	CEⓇⒶT : 대인관계 능력 향상	
설명	갈등 상대의 역할을 연행하며 상황을 다각적으로 이해함으로써 대인관계를 원활히 수행할 수 있도록 돕는다.	
준비물	기본 재료*(A4용지, 필기구 등)*	
진행 과정	열기	두 명씩 짝을 지어 마주 보고 앉게 한 후 각자 한 음절의 단어를 떠올리고 그 단어만으로 의사소통을 하게 한다.
	만나기	1. 의사소통을 하며 가장 인상 깊은 단어를 선택하게 한다. 2. 단어와 관련하여 자신이 경험한 이야기를 극화하게 한다. 3. 소재를 제공한 내담자가 극중 상대방이 되게 한다.
	닫기	예술체험에서 경험한 자신 및 타인에 대한 새로운 인지를 자각하고 통찰하게 한다.
	적용하기	진행 과정에서 관찰한 내담자의 반응을 기반으로 예술체험이 긍정적 현실 접목 및 훈련이 되도록 화두를 준다.
유의사항	*열기 과정에서 의사소통 양상을 관찰하여 치료 자료로 활용할 수 있다.*	

역할 모델 타인 기법 예시 2

<table>
<tr><td>적용 모델
(기법)</td><td colspan="2">IT매뉴얼 : 역할 모델(타인 기법→주변 역할)</td></tr>
<tr><td>증상 개선
목표</td><td colspan="2">CEⓇⒶⓉ : 공감능력 향상</td></tr>
<tr><td>설명</td><td colspan="2">주변 인물의 역할을 연행하며 갈등 상황에 대한 다양한 관점을 경험함으로써 공감능력을 향상하도록 돕는다.</td></tr>
<tr><td>준비물</td><td colspan="2">기본 재료(A4용지, 필기구 등)</td></tr>
<tr><td rowspan="4">진행 과정</td><td>열기</td><td>각자 자신이 편하게 느끼는 공간에서 가족을 떠올려 보게 한다.</td></tr>
<tr><td>만나기</td><td>1. 가족을 주제로 한 문장씩 릴레이로 이야기하며 스토리텔링을 하게 한다.
2. 완성된 이야기에서 갈등 상황과 인물을 구체화한다.
3. 주요 갈등 인물이 아닌 주변 인물이 되어 연행하게 한다.</td></tr>
<tr><td>닫기</td><td>예술체험에서 경험한 자신 및 타인에 대한 새로운 인지를 자각하고 통찰하게 한다.</td></tr>
<tr><td>적용하기</td><td>진행 과정에서 관찰한 내담자의 반응을 기반으로 예술체험이 긍정적 현실 접목 및 훈련이 되도록 화두를 준다.</td></tr>
<tr><td>유의사항</td><td colspan="2">내담자가 긴장을 느끼지 않고 자발적으로 자신의 변화를 관찰할 수 있도록 비지시적인 표현을 통해 치료공간을 확대하도록 한다.</td></tr>
</table>

역할 모델 타인 기법 예시 3

적용 모델 *(기법)*	IT매뉴얼 : 역할 모델*(타인 기법→선망 역할)*	
증상 개선 목표	CEⓇAⓉ : 자존감 향상	
설명	자신이 원하는 인물을 연행하며 희망하는 모습을 구체화함으로써 내적 자원을 발견하여 자존감을 향상시킨다.	
준비물	기본 재료*(A4용지, 필기구 등)*	
진행 과정	열기	'꿈'을 주제로 마인드맵을 하게 한다.
	만나기	1. 각자 자신이 적은 것을 소개하게 한다. 2. 자신이 꿈꾸는 모습에 가까운 또는 꿈을 이룬 롤 모델을 떠올리게 한다. 3. 롤 모델의 하루를 상상하게 한다. 4. 상상한 하루를 즉흥역할극으로 하게 한다.
	닫기	예술체험에서 경험한 자신 및 타인에 대한 새로운 인지를 자각하고 통찰하게 한다.
	적용하기	진행 과정에서 관찰한 내담자의 반응을 기반으로 예술체험이 긍정적 현실 접목 및 훈련이 되도록 화두를 준다.
유의사항	*내담자가 강점을 자각하여 롤 모델로의 성장이 가능함을 인지할 수 있도록 치료적 대화를 나눈다.*	

3) 관찰 기법*Observation Role Technique*

관찰 기법은 내담자가 제3자의 입장에서 자신이 겪었던 상황을 시공간적으로 분리된 상태에서 관찰자의 역할을 하도록 하는 기법이다. 과거와 현재 그리고 미래의 상황을 자신의 감정과 분리하여 관찰하도록 함으로써 내담자로 하여금 특정 상황에 밀착된 감정을 객관적으로 바라보게 한다. 이 경우 자신을 되돌아보고 상대와의 관계를 개선하는 치료 효과를 가져와 문제 해결방안을 모색하도록 돕는다. 내담자가 자신이 처한 상황과 분리되어 객관적인 입장으로 자각하게 되는 것이 자아 기법 및 타인 기법과의 차이점이다. 따라서 치료사가 자아 기법, 타인 기법, 관찰 기법의 차이를 정확하게 이해하여 분명한 의도를 갖고 회기에 적용한다면 갈등 및 트라우마 상황의 인지변화에 큰 도움을 줄 수 있다.

역할 모델 관찰 기법

기법	분류	설명	목표
관찰 기법	나의 과거 모습	과거에 개인이 경험한 특정한 상황*(또는 갈등 상황이나 미해결 상황)*을 이야기로 구성하게 한다. 이야기 속 주인공*(내담자)*의 역할은 보조치료사가 맡아서 연기하게 한다. 내담자는 관객이 되어 관찰하도록 진행한다.	객관적 관찰을 통한 현재의 행동 수정
	나의 현재 모습	현재의 입장 또는 감정을 이야기로 구성하게 한다. 이야기 속 주인공*(내담자)*의 역할은 보조치료사가 맡아서 연기하게 한다. 내담자는 관객이 되어 관찰하도록 진행한다.	문제 해결 방안 모색
	나의 미래 모습	현재의 모습에서 벗어나 개인이 원하는 미래의 상황을 이야기로 구성하게 한다. 이야기 속 주인공*(내담자)*의 역할은 보조치료사가 맡아서 연기하게 한다. 내담자는 관객이 되어 관찰하도록 진행한다.	균형 잡힌 미래설계
	타인 과거 모습	과거에 개인이 경험한 특정한 상황*(또는 갈등 상황이나 미해결 상황)*을 이야기로 구성하게 한다. 이야기 속 주인공*(내담자)*의 역할은 보조치료사가 맡아서 연기하게 한다. 내담자가 관찰자로서 이야기 속의 자신을 제외한 타인을 객관적인 입장으로 관찰하도록 진행한다.	과거 경험 재해석 및 타인 이해 능력 향상
	타인 현재 모습	현재의 입장 또는 감정을 이야기로 구성하게 한다. 이야기 속 주인공*(내담자)*의 역할은 보조치료사가 맡아서 연기하게 한다. 내담자가 관찰자로서 이야기 속의 자신을 제외한 타인을 객관적인 입장으로 관찰하도록 진행한다.	객관적 대인관계 이해 능력 향상
	타인 미래 모습	개인이 원하는 미래의 상황을 이야기로 구성하게 한다. 이야기 속 주인공*(내담자)*의 역할은 보조치료사가 맡아서 연기하게 한다. 내담자가 관찰자로서 이야기 속의 자신을 제외한 타인을 객관적인 입장으로 관찰하도록 진행한다.	문제 해결의 긍정적 방향 제시

역할 모델 관찰 기법 예시 1

적용 모델 *(기법)*	IT매뉴얼 : 역할 모델*(관찰 기법→나의 과거 모습)*	
증상 개선 목표	©E®AT : 자기 인식과 행동 수정	
설명	자신이 경험한 상황을 관찰자가 되어 인식함으로써 행동의 변화를 돕는다.	
준비물	롤 다이어그램 검사지, 기본 재료*(A4용지, 필기구 등)*	
진행 과정	열기	각자 롤 다이어그램을 작성하게 한다.
	만나기	1. 롤 다이어그램 작성 내용을 나누게 한다. 2. 상대의 역할 수행에 대하여 경험한 것을 이야기하게 한다. 3. 이야기를 극화하여 즉흥역할극을 하게 하고 이슈 제공 내담자는 관객이 되어 바라보게 한다.
	닫기	예술체험에서 경험한 자신 및 타인에 대한 새로운 인지를 자각하고 통찰하게 한다.
	적용하기	진행 과정에서 관찰한 내담자의 반응을 기반으로 예술체험이 긍정적 현실 접목 및 훈련이 되도록 화두를 준다.
유의사항	*내담자가 극을 보면서 당황하거나 수치심 등과 같은 감정을 느낄 수 있기 때문에 닫기 과정에서 감정을 잘 정리할 수 있도록 돕는다. 비지시적인 표현을 통해 제2 · 3치료공간의 적용에 대한 저항을 느끼지 않게 유의한다.*	

역할 모델 관찰 기법 예시 2

<table>
<tr><td>적용 모델
(기법)</td><td colspan="2">IT매뉴얼 : 역할 모델*(관찰 기법→나의 현재 모습)*</td></tr>
<tr><td>증상 개선 목표</td><td colspan="2">CⒺⓇAT : 감정의 객관적 인식 및 문제 해결방안 모색</td></tr>
<tr><td>설명</td><td colspan="2">관찰자의 시선으로 감정과 사건을 분리하여 객관적으로 살펴봄으로써 왜곡된 인지를 수정할 수 있도록 돕는다.</td></tr>
<tr><td>준비물</td><td colspan="2">기본 재료*(A4용지, 필기구 등)*</td></tr>
<tr><td rowspan="4">진행 과정</td><td>열기</td><td>감정 카드에서 오늘의 감정을 선택하게 한 후 카드를 관찰하게 한다.</td></tr>
<tr><td>만나기</td><td>1. 카드와 관련하여 연상되는 인물이나 상황을 이야기하게 한다.
2. 이야기를 극화하게 한다.
3. 보조치료사가 내담자 역할을 연행하고 이슈 제공 내담자는 극을 바라보게 한다.</td></tr>
<tr><td>닫기</td><td>예술체험에서 경험한 자신 및 타인에 대한 새로운 인지를 자각하고 통찰하게 한다.</td></tr>
<tr><td>적용하기</td><td>진행 과정에서 관찰한 내담자의 반응을 기반으로 예술체험이 긍정적 현실 접목 및 훈련이 되도록 화두를 준다.</td></tr>
<tr><td>유의사항</td><td colspan="2">*내담자가 극을 보고 수치심 등과 같은 감정을 느낄 수 있기 때문에 닫기 과정에서 감정을 잘 정리할 수 있도록 돕는다.*</td></tr>
</table>

역할 모델 관찰 기법 예시 3

적용 모델 *(기법)*		IT매뉴얼 : 역할 모델*(관찰 기법→나의 미래 모습)*
증상 개선 목표		CE®ⒶT : 긍정적인 미래상 구축
설명		극화된 미래의 자기 모습을 바라보며 긍정적이고 현실적인 미래상을 구체화하며 변화 의지를 강화하도록 돕는다.
준비물		기본 재료*(A4용지, 필기구 등)*
진행 과정	열기	편안하게 누워 미래의 자기 모습을 상상하게 한다.
	만나기	1. 각자가 생각한 모습을 이야기하게 한다. 2. 이야기를 극화하여 즉흥역할극을 하게 한다. 3. 보조치료사가 내담자 역할을 연행하고 이슈 제공 내담자는 관객이 되어 바라보게 한다.
	닫기	예술체험에서 경험한 자신 및 타인에 대한 새로운 인지를 자각하고 통찰하게 한다.
	적용하기	진행 과정에서 관찰한 내담자의 반응을 기반으로 예술체험이 긍정적 현실 접목 및 훈련이 되도록 화두를 준다.
유의사항		*보조치료사는 미래의 자신이 현재의 자신에게 하는 이야기를 표현하여 내담자의 변화 의지를 강화할 수 있도록 한다.*

역할 모델 관찰 기법 예시 4

적용 모델 *(기법)*	IT매뉴얼 : 역할 모델*(관찰 기법→타인 과거 모습)*	
증상 개선 목표	CEⓇⒶT : 공감능력 향상	
설명	극화된 과거의 상황 중 주변 인물들에 집중하여 바라보게 하여 관점에 따라 다르게 해석되는 상황을 인지하게 하고 왜곡된 인지와 행동을 수정할 수 있도록 돕는다.	
준비물	기본 재료*(A4용지, 필기구 등)*	
진행 과정	열기	치료사의 제시에 따라서 과거의 시점에서 주변 사람들을 만나 인사하게 한다.
	만나기	1. 반가운 사람과 불편한 감정을 느낀 대상에 대해 이야기하게 한다. 2. 과거 기억과 연결되는 이미지가 있는지 떠올려 보게 한다. 3. 사건으로 이야기를 만들고 내담자를 제외한 다른 집단원과 보조 치료사는 즉흥역할극을 하게한다. 4. 이슈 제공 내담자는 집중하여 극을 바라보게 한다.
	닫기	예술체험에서 경험한 자신 및 타인에 대한 새로운 인지를 자각하고 통찰하게 한다.
	적용하기	진행 과정에서 관찰한 내담자의 반응을 기반으로 예술체험이 긍정적 현실 접목 및 훈련이 되도록 화두를 준다.
유의사항	*내담자의 인지가 변화될 수 있는 치료적 질문을 제시하고 비지시적 표현을 통해 인지를 유지하여 적용해 볼 수 있도록 한다.*	

역할 모델 관찰 기법 예시 5

<table>
<tr><td>적용 모델
(기법)</td><td colspan="2">IT매뉴얼 : 역할 모델(관찰 기법→타인 현재 모습)</td></tr>
<tr><td>증상 개선
목표</td><td colspan="2">CEⓇⒶT : 대인관계 능력 향상</td></tr>
<tr><td>설명</td><td colspan="2">극화된 자신의 상황을 보며 자신이 속한 상황의 관계들을 객관적으로 조망하며 상황 이해 능력을 향상시킨다.</td></tr>
<tr><td>준비물</td><td colspan="2">기본 재료(A4용지, 필기구 등)</td></tr>
<tr><td rowspan="4">진행 과정</td><td>열기</td><td>치료사의 제시에 따라서 다양한 상황으로 걷게 한다.</td></tr>
<tr><td>만나기</td><td>1. 걸으며 느껴진 감정과 관련된 상황을 이야기하게 한다.
2. 보조치료사가 내담자 역할을 연행하고 이슈 제공 내담자는 관객이 되어 극을 보게 한다.
3. 모든 내담자에게 핵심 장면을 골라 조각상으로 표현하게 한다.</td></tr>
<tr><td>닫기</td><td>예술체험에서 경험한 자신 및 타인에 대한 새로운 인지를 자각하고 통찰하게 한다.</td></tr>
<tr><td>적용하기</td><td>진행 과정에서 관찰한 내담자의 반응을 기반으로 예술체험이 긍정적 현실 접목 및 훈련이 되도록 화두를 준다.</td></tr>
<tr><td>유의사항</td><td colspan="2">조각상을 표현한 상태에서 다른 활동을 하는 등의 진행으로 내담자에게 신체적 무리를 가하지 않도록 유의한다.</td></tr>
</table>

역할 모델 관찰 기법 예시 6

<table>
<tr><td>적용 모델
(기법)</td><td colspan="2">IT매뉴얼 : 역할 모델*(관찰 기법→타인 미래 모습)*</td></tr>
<tr><td>증상 개선 목표</td><td colspan="2">CE®ⒶT : 균형 잡힌 미래상 구축</td></tr>
<tr><td>설명</td><td colspan="2">극화된 미래 상황을 살펴보며 긍정적인 미래를 이루기 위해 필요한 것들을 스스로 탐색할 수 있도록 돕는다.</td></tr>
<tr><td>준비물</td><td colspan="2">잡지, 도화지, 풀, 가위, 기본 재료*(A4용지, 필기구 등)*</td></tr>
<tr><td rowspan="4">진행 과정</td><td>열기</td><td>편안하게 각자 꿈꾸는 미래를 떠올려 보게 한다.</td></tr>
<tr><td>만나기</td><td>1. 콜라주 작업을 통해 이미지로 표현하게 한다.
2. 콜라주를 설명하며 미래 자신의 상황과 주변 인물을 구체화하게 한다.
3. 구체화한 내용을 극화하여 보조치료사가 내담자 역할을 연행하고, 이슈 제공 내담자는 관객이 되어 주변 사람에 집중하여 바라보게 한다.</td></tr>
<tr><td>닫기</td><td>예술체험에서 경험한 자신 및 타인에 대한 새로운 인지를 자각하고 통찰하게 한다.</td></tr>
<tr><td>적용하기</td><td>진행 과정에서 관찰한 내담자의 반응을 기반으로 예술체험이 긍정적 현실 접목 및 훈련이 되도록 화두를 준다.</td></tr>
<tr><td>유의사항</td><td colspan="2">*내담자의 특성에 따라 가위와 풀 등이 위험요소가 되지 않는지 충분히 고려하여 사용한다.*</td></tr>
</table>

4) 조커 기법*Joker Role Technique*

조커 기법은 현실과 가상의 상황에 대한 역할 체험이 가능하다. 내담자는 멘토, 권력자, 캐릭터, 주술사 등 특별한 인격체의 역할 체험을 통하여 존재 욕구를 충족함으로써 자존감을 향상시킨다. 이 기법은 역할 모델 중에서 가장 창조적인 체험을 제공하기 때문에 내담자가 새로운 인격체에 도전할 수 있도록 치료사의 역량 발휘가 요구된다.

평소 억압된 역할 구조 속에서 억눌린 내담자나 내적 트라우마가 있는 사람들에게 주술사나 권력자 역할은 인간의 본능이나 욕구와 직접 연계되어 매우 강렬한 감정 표출도 가능하다. 이와 같은 초자연적인 인격체의 체험은 유쾌하고 즐거운 '웃음카타르시스' 유발에 도움이 된다.

역할 모델 조커 기법

기법	분류	설명	목표
조커 기법	멘토 역할	내담자의 갈등 상황을 이야기로 구성하게 한다. 이야기 속의 갈등 상황을 적극적으로 해결하기 위한 조언자 역할*(종교 지도자, 여행 가이드, 심리치료사, 선배, 부모, 직장 상사 등)*을 맡게 한다. 조언자 역할을 연기하며 돕는 자의 입장을 공감하도록 진행한다.	시각 변화 공감능력 향상
	권력자 역할	내담자가 해결하고 싶은 상황 또는 인물들의 이야기를 만들게 한다. 인간 사회에서 절대적인 권한을 갖은 인물의 역할*(대통령, 검사, 판사, 경찰, 군인, 권투선수 등)*을 맡게 한다. 권력자로서 이야기 속의 주인공이 이루고자 하는 것을 이루어 주거나 미해결 과제를 해결해 주도록 진행한다.	자존감 향상 존재 욕구 충족
	캐릭터 역할	잘 알려진 예술작품*(동화, 연극, 명화, TV드라마 등)* 속에서 소재와 캐릭터*(백설공주, 신데렐라, 콩쥐 팥쥐, 헨젤과 그레텔, 미운오리 새끼, 양치기소년, 도깨비 방망이 등)*를 빌려와 이야기를 구성하게 한다. 캐릭터 및 소재를 유명작품에서 빌려 왔다는 면피 심리로 인하여 안전하고 즐겁게 인물을 표현할 수 있도록 진행한다.	고정관념 개선 인지변화
	주술사 역할	우주의 이야기*(신, 샤먼, 사이보그, 가공인물 등)*를 새롭게 창조하게 한다. 시공간을 초월하고 인물을 초자아적으로 창조할 수 있는 역할을 맡게 한다. 초월 자아로서 이야기 속의 상황과 인물들을 변형시킬 수 있도록 진행한다.	미래설계 자아실현

역할 모델 조커 기법 예시 1

<table>
<tr><td>적용 모델
(기법)</td><td colspan="2">IT매뉴얼 : 역할 모델(조커 기법→멘토)</td></tr>
<tr><td>증상 개선
목표</td><td colspan="2">CEⓇⒶⓉ : 문제해결능력 향상</td></tr>
<tr><td>설명</td><td colspan="2">갈등 상황을 해결하기 위한 조언자의 역할을 연행하며 문제 해결 방식과 내적 자원을 자각할 수 있도록 돕는다.</td></tr>
<tr><td>준비물</td><td colspan="2">기본 재료(A4용지, 필기구 등)</td></tr>
<tr><td rowspan="4">진행 과정</td><td>열기</td><td>현재 자신이 수행하고 있는 역할들을 적어 보게 한다.</td></tr>
<tr><td>만나기</td><td>1. 자신의 역할과 수행 내용을 이야기하게 한다.
2. 수행하며 어려운 점, 고민, 갈등 등을 이야기하게 한다.
3. 도움을 줄 수 있거나 도움을 받고 싶은 인물을 떠올려 보게 한다.
4. 도움을 받고 싶었던 상황을 극화하고 이슈 제공 내담자가 멘토가 되어 연행하게 한다.</td></tr>
<tr><td>닫기</td><td>예술체험에서 경험한 자신 및 타인에 대한 새로운 인지를 자각하고 통찰하게 한다.</td></tr>
<tr><td>적용하기</td><td>진행 과정에서 관찰한 내담자의 반응을 기반으로 예술체험이 긍정적 현실 접목 및 훈련이 되도록 화두를 준다.</td></tr>
<tr><td>유의사항</td><td colspan="2">조언한 내용을 반복하게 하여 스스로에게 멘토 역할이 내재되어 있음을 자각할 수 있도록 돕는다.</td></tr>
</table>

역할 모델 조커 기법 예시 2

적용 모델 *(기법)*		IT매뉴얼 : 역할 모델*(조커 기법→권력자)*
증상 개선 목표		©E®A① : 미해결 문제 및 갈등 해소
설명		자신이 생각하는 권력자가 되어 삶에 남아있는 미해결 문제나 감정을 해소하여 웃음카타르시스를 체험하게 한다.
준비물		기본 재료*(A4용지, 필기구 등)*
진행 과정	열기	직업을 주제로 〈빙고 게임〉을 하게 한다.
	만나기	1. 작성된 내용을 살펴보며 자신이 되고 싶은 인물과 이유를 이야기 하게 한다. 2. 선택한 인물*(직업)*을 주인공으로 정하여 스토리텔링을 하게 한다. 3. 스토리텔링한 이야기에서 권력자가 되어 연행하게 한다.
	닫기	예술체험에서 경험한 자신 및 타인에 대한 새로운 인지를 자각하고 통찰하게 한다.
	적용하기	진행 과정에서 관찰한 내담자의 반응을 기반으로 예술체험이 긍정적 현실 접목 및 훈련이 되도록 화두를 준다.
유의사항		*권력자의 역할은 구체화하지 않고 극화하여 내담자의 욕구를 보다 자유롭게 표현할 수 있도록 하며, 권력자의 연행 내용을 관찰하여 치료 자료로 활용한다.*

역할 모델 조커 기법 예시 3

<table>
<tr><td>적용 모델
(기법)</td><td colspan="2">IT매뉴얼 : 역할 모델(조커 기법→캐릭터)</td></tr>
<tr><td>증상 개선
목표</td><td colspan="2">ⒸⒺⓇⒶT : 욕구 탐색과 표현</td></tr>
<tr><td>설명</td><td colspan="2">작품 속 캐릭터가 되어 내재된 욕구를 즐겁게 탐색하고 표현하며 웃음카타르시스를 체험하게 한다.</td></tr>
<tr><td>준비물</td><td colspan="2">동화 『양치기 소년』, 기본 재료(A4용지, 필기구 등)</td></tr>
<tr><td rowspan="4">진행 과정</td><td>열기</td><td>『양치기 소년』을 함께 읽고 이야기에 대한 자신의 생각을 나누게 한다.</td></tr>
<tr><td>만나기</td><td>1. 치료사의 제시에 따라서 소년, 양, 주민, 늑대 등 다양한 관점에서 이야기를 바라보며 감정이나 생각을 이야기하게 한다.
2. 이야기를 나눈 후 가장 마음에 드는 역할과 이유를 이야기하게 한다.
3. 선택한 역할의 시점에서 이야기를 재구성하게 한다.
4. 선택한 역할이 되어 이야기를 연행하게 한다.</td></tr>
<tr><td>닫기</td><td>예술체험에서 경험한 자신 및 타인에 대한 새로운 인지를 자각하고 통찰하게 한다.</td></tr>
<tr><td>적용하기</td><td>진행 과정에서 관찰한 내담자의 반응을 기반으로 예술체험이 긍정적 현실 접목 및 훈련이 되도록 화두를 준다.</td></tr>
<tr><td>유의사항</td><td colspan="2">내담자가 선택하는 인물과 재구성한 내용을 바탕으로 잠재 욕구와 성향을 분석하여 치료자료로 활용할 수 있다.</td></tr>
</table>

역할 모델 조커 기법 예시 4

<table>
<tr><td>적용 모델
(기법)</td><td colspan="2">IT매뉴얼 : 역할 모델(조커 기법→주술사)</td></tr>
<tr><td>증상 개선 목표</td><td colspan="2">ⒸⒺⓇⒶⓉ : 욕구 탐색과 표현</td></tr>
<tr><td>설명</td><td colspan="2">시공간을 초월하는 초자연적 인물이 되어 상황을 원하는 대로 변형해 보며 적체된 감정을 해소하고 성취의 경험을 통해 자존감을 향상시킨다.</td></tr>
<tr><td>준비물</td><td colspan="2">기본 재료(A4용지, 필기구 등)</td></tr>
<tr><td rowspan="4">진행 과정</td><td>열기</td><td>편안하게 걸으며 신체를 이완하게 한다.</td></tr>
<tr><td>만나기</td><td>1. 우리 주변의 기이한 일들을 떠올려 보게 한다.
2. 자신에게 그런 일들을 조정할 수 있는 초능력이 있다면 무엇을 하고 싶은지 이야기하게 한다.
3. 초능력을 가진 인물이 되어 즉흥역할극을 하게 한다.</td></tr>
<tr><td>닫기</td><td>예술체험에서 경험한 자신 및 타인에 대한 새로운 인지를 자각하고 통찰하게 한다.</td></tr>
<tr><td>적용하기</td><td>진행 과정에서 관찰한 내담자의 반응을 기반으로 예술체험이 긍정적 현실 접목 및 훈련이 되도록 화두를 준다.</td></tr>
<tr><td>유의사항</td><td colspan="2">인물을 구체화하지 않고 즉흥적으로 연행하여 내재된 욕구가 더 많이 표현될 수 있도록 한다. 표현을 관찰하여 내재된 욕구와 미해결 과제를 파악하여 치료 자료로 활용할 수 있다.</td></tr>
</table>

4. 투사 모델*Projective Model*

심리학에서 투사란 '정당화를 위한 방어기제로써 무의식적인 마음의 작용', 어떤 상황이나 자극에 대한 심리상태를 제3의 매개체에 투영하는 심리 작용을 의미한다. 인간의 투사 행위는 기원전 2만 년 전부터 생존 욕구를 위하여 연극, 미술, 음악, 무용 등의 다양한 형태의 주술적인 예술행위로 이어왔으며, 그 상징적 의미들은 인류문화의 역사로 자리 잡았다. 20세기에 들어와서는 이 행위의 목적도 신에게서 인간 중심으로 이동하였다. 특히 예술매체가 인간 내면의 탐구매체로 활용된 시기가 1950~1960년임을 감안할 때 심리치료 매체로서 예술의 활용에 대한 논의는 좀 더 과학적인 학문연구의 여지를 남겨 놓고 있다.

통합예술치료의 '투사 모델'은 '연극매체', '영화/사진매체', '미술매체', '음악매체', '무용/동작매체', '문학매체' 등 다양한 예술을 포함하여 미분화된 전통예술을 아우르도록 개발하였다. 다양한 예술매체의 통합적 적용은 내담자의 증상 및 대상군에 따라서 단일매체보다 효율적으로 적용할 수 있는 장점이 있기 때문이다. 나아가 내담자의 증상과 성향에 적합한 매체를 적용함으로써 치료 과정에서 유발되는 저항 또는 방어기제를 낮추고 참여의 즐거움을 높일 수도 있다.

1) 연극매체*Drama as Therapy Tool*

연극의 기원은 신을 위한 제천의식, 사냥 행위의 재현, 본능적 놀이 등과 같은 원시인들의 집단무의식을 반영하는 의식으로 시작하여 기원전 4·5세기 무렵에는 순수예술로서 틀을 갖추게 되었다. 아리스토텔레스는 비극의 목적과 관련하여 연민과 공포를 통한 심리 정화를 강조하였다. 그와 같은 점에서 연극은 태생적으로 관객의 치유적 관점에서 출발하였다는 것을 짐작할 수 있다. 연극의 투사는 내담자가 소품, 즉 인형, 장난감, 가면, 의자 등과 같은 매개체에 내면의 기억과 감정들을 투영하는 접근법의 대표적인 예이다. 연극매체의 활용은 투사할 대상을 전제로 물체의 선정이 중요하며, 내담자가 감정을 투사하는 소품의 사용으로 인하여 방어기제를 보이거나 긴장할 수 있음에 유의하여야 한다. 심리학적으로 볼 때 연극치료에서 투사 활용의 대상은 분리적 성향보다 밀착적 성향의 내담자를 위하여 사용하는 것이 바람직하다. 연극매체를 통한 투사의 강점은 다양한 소품의 활용을 통하여 은유적으로 매개체에 자신의 내면을 표현할 수 있음에 있다.

투사 모델 연극매체

매체	분류	설명	목표
연극 매체	가면 기법	경험, 감정, 욕구 등을 이야기로 구성한 뒤 가면을 쓰고 연행하게 한다. 내재된 무의식, 욕구를 표현할 때 효과적이다. 반 가면, 전체 가면의 용도와 목적을 이해하고 사용하며, 말을 해야 할 경우 반드시 아래턱을 개방하도록 한다.	억압 감정 표출
	조각 기법	경험, 욕구 등을 이야기로 구성한 뒤 타인의 신체를 이용하여 조각상으로 만들어 객관적인 시선으로 바라보게 한다. 조각상이 된 사람이 오랫동안 어려운 자세를 취하지 않도록 배려한다.	타인 이해 향상
	사물 기법	사물에 투사된 감정, 경험 등을 이야기로 구성하여 연행하게 한다. 사물과 극적 구조 안에서 안전하게 감정과 사건을 체험하도록 한다. 감정 유도와 극의 소품으로 사용할 수 있지만 내담자의 표현이 중심이 될 수 있도록 최소한의 소품을 권장한다.	객관적 사고 자기발견
	인형 기법	인형에 투사된 경험, 감정, 욕구 등에 관련된 이야기를 구성하고 다양한 극의 형태로 실연하도록 한다.	자기인지 대인관계 향상
	분장 기법	경험, 감정, 욕구 등을 이야기로 구성한 후 분장을 하고 이야기 속 역할을 연행하도록 한다.	자기이해 존재 자각
	극구성 기법	경험, 감정, 욕구 등을 이야기로 만들고 연행하도록 한다. 기존의 이야기를 재구성할 수도 있다.	인지변화 욕구 표출
	기타	사물이 아닌 다양한 매체(*사진, 영상 등*)에 경험, 감정, 욕구 등을 투사하거나 직접 소품을 만들어 이야기로 구성한 후 연행하도록 한다.	객관적 자각

투사 모델 연극매체 예시 1

적용 모델 *(기법)*	IT매뉴얼 : 투사 모델*(연극매체→가면 기법)*	
증상 개선 목표	©E®AT : 감정 표현	
설명	가면극을 통하여 미성숙한 내면의 감정을 탐색하고 표현하도록 돕는다.	
준비물	다양한 모양의 가면, 기본 재료*(A4용지, 필기구 등)*	
진행 과정	열기	자유롭게 걸으며 무작위로 늘어놓은 가면을 충분히 탐색하게 한 후 하나를 선택하게 한다.
	만나기	1. 원으로 앉아 가면을 선택한 이유에 대해 이야기하게 한다. 2. 비슷한 이슈를 가진 내담자들로 팀을 이루게 한다. 3. 각 팀별로 극을 구성하여 가면을 쓰고 실연하게 한다.
	닫기	예술체험에서 경험한 자신 및 타인에 대한 새로운 인지를 자각하고 통찰하게 한다.
	적용하기	진행 과정에서 관찰한 내담자의 반응을 기반으로 예술체험이 긍정적 현실 접목 및 훈련이 되도록 화두를 준다.
유의사항	*가면(완제품)은 반 가면을 이용하거나 전체 가면은 아래턱을 개방하여 입을 노출시킨다. 가면 기법은 완제품을 사용하거나 제작하여 사용할 수 있으며 두 가지 방법의 목적과 접근법 등 차이점을 숙지한다.*	

투사 모델 연극매체 예시 2

적용 모델 *(기법)*	IT매뉴얼 : 투사 모델*(연극매체→조각 기법)*	
증상 개선 목표	ⒸⒺⓇⒶⓉ : 감정 탐색과 표현	
설명	조각상을 통해 가족과의 미해결 감정을 탐색하고 적체된 감정을 해소하여 카타르시스를 체험하게 한다.	
준비물	폴라로이드 카메라, 기본 재료*(A4용지, 필기구 등)*	
진행 과정	열기	편안하게 걸으며 가족을 생각하게 한다.
	만나기	1. 떠오른 가족의 모습을 다른 내담자의 신체를 통해 조각상으로 표현하게 한다. 2. 각 조각상에게 하고 싶은 말이나 감정을 표현하게 한다. 3. 원하는 가족의 모습으로 조각상을 변형하고, 변화를 위한 가족구성원들의 노력 등을 이야기하게 한다.
	닫기	예술체험에서 경험한 자신 및 타인에 대한 새로운 인지를 자각하고 통찰하게 한다.
	적용하기	진행 과정에서 관찰한 내담자의 반응을 기반으로 예술체험이 긍정적 현실 접목 및 훈련이 되도록 화두를 준다.
유의사항	*필요에 따라 역할을 바꿔 조각상을 연출한 내담자가 조각상으로 참여할 수도 있다.*	

투사 모델 연극매체 예시 3

적용 모델 *(기법)*	IT매뉴얼 : 투사 모델*(연극매체→사물 기법)*	
증상 개선 목표	©E®AT : 억압된 감정 해소	
설명	천을 이용해 자신의 감정을 상징적으로 극화함으로써 적체된 감정을 해소시킨다.	
준비물	다양한 천, 기본 재료*(A4용지, 필기구 등)*	
진행 과정	열기	자유롭게 걸으며 자신의 감정을 알아차리게 한다.
	만나기	1. 떠올린 감정을 이야기하고 감정의 색을 선택하게 한다. 2. 비슷한 감정을 고른 내담자들이 한 팀이 되어 천을 사용하여 극화하게 한다. 3. 팀별로 발표를 하게 한다.
	닫기	예술체험에서 경험한 자신 및 타인에 대한 새로운 인지를 자각하고 통찰하게 한다.
	적용하기	진행 과정에서 관찰한 내담자의 반응을 기반으로 예술체험이 긍정적 현실 접목 및 훈련이 되도록 화두를 준다.
유의사항	*상징적 움직임으로 표현할 수 있도록 핵심 표현을 제외한 언어 표현을 최소화하게 한다.*	

투사 모델 연극매체 예시 4

적용 모델 *(기법)*	IT매뉴얼 : 투사 모델*(연극매체→인형 기법)*	
증상 개선 목표	CE®ⒶT : 대인관계 기술 향상	
설명	인형극을 통해서 의사소통 및 대인관계 기술을 훈련하도록 돕는다.	
준비물	다양한 동물 모형, 도화지, 기본 재료*(A4용지, 필기구 등)*	
진행 과정	열기	준비된 각 동물 모형의 특징을 이야기하게 한다.
	만나기	1. 동물 모형 중 몇 가지를 고르게 한다. 2. 선택한 모형을 도화지 위에 자유롭게 배치하게 한다. 3. 이야기를 만들고 인형극으로 발표하게 한다.
	닫기	예술체험에서 경험한 자신 및 타인에 대한 새로운 인지를 자각하고 통찰하게 한다.
	적용하기	진행 과정에서 관찰한 내담자의 반응을 기반으로 예술체험이 긍정적 현실 접목 및 훈련이 되도록 화두를 준다.
유의사항	*내담자가 선택한 동물과 상대 동물과의 관계를 관찰하여 개인 성향, 대인관계 패턴 등을 분석하여 진단 및 회기에 반영한다.*	

2) 영화/사진매체*Cinema/Photo as Therapy Tool*

영화/사진매체의 특성은 시각에 의해 지각되는 이미지를 통해서 인간의 무의식과 꿈을 자극한다는 점에서 타 매체보다 강점이 있다. 주로 은유와 상징으로 표현되는 이 매체는 욕망과 판타지, 행동과 생각, 감성과 이성 사이의 경계에서 인간의 욕구를 투사시킨다.

영화의 본질은 시나리오 작가와 감독의 생각이 배우를 매개로 외부 세계에 투사되는 것이다. 영화학자 장 미트리*Jean Mitry*는 인간의 기억은 기억작용에 미치는 행위에 의해서만 기억되며, 지각 이미지가 기억 이미지로 재구성된다고 하였다. 이러한 영화의 상징체계와 이미지의 변형은 영화매체의 치유적 속성을 잘 드러내고 있다. 영화의 투사적 기능은 심리치료를 목적으로 기획된 영화제작의 과정을 포함한 영화 관람에서도 가능하다. 그러나 치료 목적 외의 일반 영상물은 반드시 내담자 증상 분석에 따른 치료적 목적에 부합되도록 재구성한 편집 영상을 사용하는 것이 바람직하다.

IT매뉴얼에서는 영화뿐만 아니라 렌즈라는 매체를 통해 이미지를 형상화하거나, 형성된 이미지를 활용하는 광의의 영상/사진매체를 투사 모델에서 활용한다. 사진은 치료 목표에 따라 구체적 · 추상적인 사진을 선별하여 내담자의 투사를 촉진할 수 있도록 하고, 영상매체는 대상과 목적에 따라서 분량을 편집한다. 영화매체는 소재만 빌려 오는 경우는 3~5분 내외의 편집된 영상을 사용하며, 만나기 과정에서 주 매체로 사용할 경우에는 30~50분 정도로 편집을 한 후 사용하면 효과적이다. 다만, 다루고자 하는 치료 주제에 맞춰 영상을 편집하고 치료사의 주관적 기호에 따라 편집하지 않도록 주의한다.

투사 모델 영화/사진매체 분류표

매체	분류	설명	목표
영화 사진 매체	인물 사진 기법	인물사진에 투사된 욕구, 감정, 경험, 대인관계를 탐색하여 인지하게 한다*(인물은 자화상, 가족, 선망의 대상 등 치료목적에 따라 다양한 대상 가능)*.	내면 탐색 관계 인식 존재 자각
	풍경 사진 기법	풍경사진과 관련된 경험, 정서, 사건을 탐색하여 인지하게 한다.	정서 탐색 경험 재구성
	사물 사진 기법	세상에 존재하는 인간과 관련있는 사물, 디자인, 동물 사진을 통하여 아름다운 세상을 탐색하게 한다.	내면 탐색 관계 인식 존재 자각
	다큐 영상 기법	다큐 영상을 통해 간접적으로 타인의 삶을 조망해보고 내면의 욕구, 감정, 경험, 대인관계를 탐색하게 한다.	내면 탐색 욕구 탐색 인식 변화
	극영화 기법	상업 영화에 투사된 욕구, 감정, 경험, 관계 등을 탐색하고 간접적으로 경험하게 한다. 결론을 재구성하여 욕구를 표현할 수도 있다.	자기인지 인식 변화 욕구 증진

투사 모델 영화/사진매체 예시 1

<table>
<tr><td>적용 모델
(기법)</td><td colspan="2">IT매뉴얼 : 투사 모델*(영화/사진매체→인물사진 기법)*</td></tr>
<tr><td>증상 개선 목표</td><td colspan="2">CⒺⓇAT : 역할 이해 및 강화</td></tr>
<tr><td>설명</td><td colspan="2">가족사진을 통해 가족에 대한 감정과 역할을 인지하고 역할 수행능력을 향상 시킨다.</td></tr>
<tr><td>준비물</td><td colspan="2">과거와 현재 가족사진, 기본 재료*(A4용지, 필기구 등)*</td></tr>
<tr><td rowspan="4">진행 과정</td><td>열기</td><td>과거와 현재의 가족사진을 소개하게 한다.</td></tr>
<tr><td>만나기</td><td>1. 두 개의 사진을 바라보며 과거와 현재의 역할을 떠올리게 한다.
2. 떠올린 생각을 그림 또는 글로 표현하게 한다.
3. 각자의 표현을 이야기하게 한다.</td></tr>
<tr><td>닫기</td><td>예술체험에서 경험한 자신 및 타인에 대한 새로운 인지를 자각하고 통찰하게 한다.</td></tr>
<tr><td>적용하기</td><td>진행 과정에서 관찰한 내담자의 반응을 기반으로 예술체험이 긍정적 현실 접목 및 훈련이 되도록 화두를 준다.</td></tr>
<tr><td>유의사항</td><td colspan="2">*사진은 원본에 손상이 없도록 복사하여 사용하고, 준비하지 못한 내담자는 기억에 남는 가족의 모습을 떠올려 이미지 작업을 할 수 있도록 돕는다.*</td></tr>
</table>

투사 모델 영화/사진매체 예시 2

적용 모델 *(기법)*	IT매뉴얼 : 투사 모델*(영화/사진매체→다큐영상 기법)*	
증상 개선 목표	CEⓇⒶⓉ : 가족의 의미 탐색	
설명	노인들의 삶과 사랑을 담은 영상을 통하여 가족과 사랑에 대한 의식을 탐색하게 한다.	
준비물	영화〈님아, 그 강을 건너지 마오〉편집 영상, 기본 재료*(A4용지, 필기구 등)*	
진행 과정	열기	〈님아, 그 강을 건너지 마오〉를 감상하게 한다.
	만나기	1. 영상을 보는 동안 떠오른 가족 내 갈등 상황을 이야기하게 한다. 2. 갈등 상대의 모습을 그리고 색으로 감정을 표현하게 한다. 3. 집단에게 그림을 보여주면서 갈등 상대의 표정을 흉내 내어 공개하게 한다.
	닫기	예술체험에서 경험한 자신 및 타인에 대한 새로운 인지를 자각하고 통찰하게 한다.
	적용하기	진행 과정에서 관찰한 내담자의 반응을 기반으로 예술체험이 긍정적 현실 접목 및 훈련이 되도록 화두를 준다.
유의사항	*치료 세션 전 파일 및 영상 시스템을 점검한다.*	

투사 모델 영화/사진매체 예시 3

<table>
<tr><td>적용 모델
(기법)</td><td colspan="2">IT매뉴얼 : 투사 모델(영화/사진매체→극영화 기법)</td></tr>
<tr><td>증상 개선
목표</td><td colspan="2">ⒸⒺRAT : 부정 감정인지 및 전환</td></tr>
<tr><td>설명</td><td colspan="2">영화를 통하여 자신의 부정적 감정을 탐색하고 긍정적 감정으로 전환하게 한다.</td></tr>
<tr><td>준비물</td><td colspan="2">영화〈인사이드 아웃〉편집 영상(10분), 기본 재료(A4용지, 필기구 등)</td></tr>
<tr><td rowspan="4">진행 과정</td><td>열기</td><td>〈인사이드 아웃〉편집 영상을 감상하게 한다.</td></tr>
<tr><td>만나기</td><td>1. 각자 자신만의 기쁨이, 슬픔이, 버럭이, 까칠이, 소심이 캐릭터를 상상해 보고 A4용지에 그리게 한다.
2. 각 감정 캐릭터가 주로 실현되는 상황을 적게 한다.
3. 최근 일주일 동안 자신이 주로 쓴 감정을 이야기하게 한다.</td></tr>
<tr><td>닫기</td><td>예술체험에서 경험한 자신 및 타인에 대한 새로운 인지를 자각하고 통찰하게 한다.</td></tr>
<tr><td>적용하기</td><td>진행 과정에서 관찰한 내담자의 반응을 기반으로 예술체험이 긍정적 현실 접목 및 훈련이 되도록 화두를 준다.</td></tr>
<tr><td>유의사항</td><td colspan="2">치료 세션 전 영상 파일과 영상 시스템을 점검한다.</td></tr>
</table>

투사 모델 영화/사진매체 예시 4

적용 모델 *(기법)*	IT매뉴얼 : 투사 모델*(영화/사진매체→극영화 기법)*	
증상 개선 목표	CERⒶⓉ : 삶의 변화 촉진 및 인식 변화	
설명	영화를 통해서 삶의 가치를 재발견하게 한다.	
준비물	영화〈버킷리스트〉편집 영상*(10분)*, 기본 재료*(A4용지, 필기구 등)*	
진행 과정	열기	〈버킷리스트〉편집 영상을 감상하게 한다.
	만나기	1. 영화 속 주인공처럼 자신이 6개월 시한부라고 가정하고 버킷리스트를 작성하게 한다. 2. 버킷리스트의 내용을 어떻게 실천할지 구체적으로 적게 한다.
	닫기	예술체험에서 경험한 자신 및 타인에 대한 새로운 인지를 자각하고 통찰하게 한다.
	적용하기	진행 과정에서 관찰한 내담자의 반응을 기반으로 예술체험이 긍정적 현실 접목 및 훈련이 되도록 화두를 준다.
유의사항	*치료 세션 전 영상 파일과 영상 시스템을 점검한다.*	

3) 미술매체*Art as Therapy Tool*

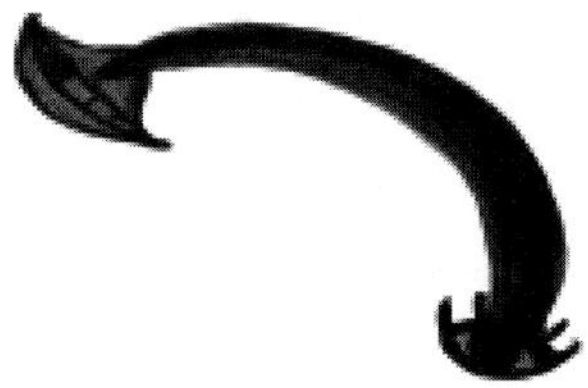

미술은 시각미를 표현하는 다양한 작업, 그림, 조각, 서예 등으로 공간 및 조형예술들을 포함한다. 원시시대의 주술적 의미가 담긴 동굴벽화를 시작으로 오늘날 미술은 인간의 의식세계를 표현하거나 내면 탐구를 위한 주요 매체로 주목받고 있다. 개인의 내면세계를 투사하는 구체적인 증거로서의 미술은 '그리는 자의 투사가, 보는 자에게 전달되면서 또 다른 투사를 낳는다.' 이렇게 미술은 미술 감상에서도 투사가 일어난다는 측면에서 양방향적인 특성이 있다. 그래서 미술은 제2의 언어라고도 한다. 특히 언어화가 힘든 사람의 경우, 미술작업은 의사소통을 위한 중요한 매개체가 되기도 한다. 본능의 욕구가 무의식적 반영으로 나타나므로 미술표현은 자기이해와 인지의 도구로써 강점도 있다. 이렇게 미술에서의 투사는 비지시적 즉흥 드로잉, 회화, 조각 등 다양한 창작 행위에서 내면을 무의식적으로 강하게 표출하기에 미술을 통한 진단 또한 매우 효과적이다. 특히 미술은 시 · 지각 자극을 통한 기능 향상 및 신체 활성화에 효과적이다.

이 매체는 원활한 진행과 안전한 사용을 위하여 세션 전 미술도구들을 점검하여야 한다. 내담자의 정서와 지능을 고려하여 재료를 준비하되, 진행시 도구 사용에 대한 긴장으로 치료에 저항이 생기지 않도록 매체를 충분히 탐색하도록 배려한다. 가능한 '자유로운 표현'을 유도하고 평가적 표현을 자제하여 즐거운 체험이 될 수 있도록 한다. 내담자의 분석을 바탕으로 다양한 미술재료를 선별하여 사용하면 자발성을 촉진시킬 수 있다. 미술은 타 예술매체에 비해서 비지시적인 특성을 갖기 때문에 정적인 성향의 내담자들에게도 매우 흥미롭게 활용이 가능하다.

투사 모델 미술매체

매체	분류	설명	목표
미술 매체	그리기 기법	욕구, 감정, 경험 등을 다양한 그리기 방법으로 표현하게 한다. 내면을 시각화하여 이미지에 투사된 무의식을 의식화하도록 한다.	욕구 탐색 내면 탐구
	콜라주 기법	이미 형성된 이미지에 욕구, 감정, 경험 등을 투사하여 표현하게 한다. 이미지들을 조합하고 재구성하며 욕구를 표현하고 인식을 전환하도록 한다.	자기탐색 인식 변형
	보디 스캔 기법	자기 신체의 그림을 통해 신체에 대한 자기인식, 신체적 외상, 욕구 등을 투사하여 표현하게 한다. 존재로서의 자신을 자각할 수 있도록 한다.	실존 자각 자존감 향상
	점토 기법	내담자의 욕구, 감정, 경험 등을 입체적으로 형상화하게 한다. 점토를 만지며 감정을 탐색하고 형상화된 점토를 통해 감정을 시각화하여 인식하도록 한다.	긴장 탐색 감정 표출

투사 모델 미술매체 예시 1

<table>
<tr><th>적용 모델
(기법)</th><td colspan="2">IT매뉴얼 : 투사 모델(미술매체→그리기 기법)</td></tr>
<tr><th>증상 개선 목표</th><td colspan="2">CⒺRⒶT : 자아 및 존재 탐색</td></tr>
<tr><th>설명</th><td colspan="2">그림을 통해서 삶의 가치와 우선순위를 탐색하게 돕는다.</td></tr>
<tr><th>준비물</th><td colspan="2">색연필, 8절지('마음의 금고'가 그려진), 기본 재료(A4용지, 필기구 등)</td></tr>
<tr><th rowspan="4">진행 과정</th><td>열기</td><td>눈을 감고 자신에게 소중한 것이 무엇인지 떠올려 보게 한다.</td></tr>
<tr><td>만나기</td><td>1. 종이를 나누어 준 후 지키고 싶은 상징 단어는 '마음의 금고' 안에, 버리고 싶은 상징 단어는 금고 밖에 표현하게 한다.
2. 그림을 보면서 이야기하게 한다.
3. 원한다면 금고 밖의 버리고 싶은 단어를 수정하여 금고 안으로 옮길 수 있는 방법을 모색해서 이동하게 한다.</td></tr>
<tr><td>닫기</td><td>예술체험에서 경험한 자신 및 타인에 대한 새로운 인지를 자각하고 통찰하게 한다.</td></tr>
<tr><td>적용하기</td><td>진행 과정에서 관찰한 내담자의 반응을 기반으로 예술체험이 긍정적 현실 접목 및 훈련이 되도록 화두를 준다.</td></tr>
<tr><th>유의사항</th><td colspan="2">금고 안과 밖의 의미를 명확히 인지하도록 한다.</td></tr>
</table>

투사 모델 미술매체 예시 2

적용 모델 *(기법)*	IT매뉴얼 : 투사 모델*(미술매체→콜라주 기법)*	
증상 개선 목표	CERⒶⓉ : 삶의 방향 설정	
설명	콜라주를 통해서 자신의 과거, 현재, 미래의 삶을 객관적으로 조망해 볼 수 있도록 한다.	
준비물	다양한 잡지, 풀, 가위, 8절 도화지, 기본 재료*(A4용지, 필기구 등)*	
진행 과정	열기	명상호흡을 하며 자신의 모습을 떠올리게 한다.
	만나기	1. 과거, 현재, 미래의 모습을 세 장의 종이에 콜라주로 표현하게 한다. 2. 작품에 나타난 과거, 현재, 미래의 중요한 사건 또는 이슈 등을 탐색하게 한다. 3. 과거 자신과 현재 모습의 차이를 생각해 보게 하고 미래의 삶에 필요한 것들을 이야기하게 한다.
	닫기	예술체험에서 경험한 자신 및 타인에 대한 새로운 인지를 자각하고 통찰하게 한다.
	적용하기	진행 과정에서 관찰한 내담자의 반응을 기반으로 예술체험이 긍정적 현실 접목 및 훈련이 되도록 화두를 준다.
유의사항	*내담자의 기억과 탐색 과정을 관찰하여 진단 및 치료 회기에 반영한다.*	

투사 모델 미술매체 예시 3

적용 모델 *(기법)*	IT매뉴얼 : 투사 모델*(미술매체→보디스캔 기법)*	
증상 개선 목표	ⓒⒺRAT : 감정인식 및 표현	
설명	신체 그림에 자신의 내적 상처를 표현하고 집단원들이 서로의 상처에 힐링 그림을 그리게 하여 내담자 간의 격려와 지지를 체험하게 한다.	
준비물	파스텔, 전지, 기본 재료*(A4용지, 필기구 등)*	
진행 과정	열기	가벼운 스트레칭으로 신체를 이완하게 한다.
	만나기	1. 두 명씩 짝을 지어 전지에 서로의 신체를 본떠 주게 한다. 2. 각자 자신의 그림 안에 부정적 생각, 말, 상처, 감정 등을 표현하게 한다. 3. 그림에 대해 이야기를 나눈 후 집단 원을 위한 치유 그림 또는 힐링 메시지를 적게 한다.
	닫기	예술체험에서 경험한 자신 및 타인에 대한 새로운 인지를 자각하고 통찰하게 한다.
	적용하기	진행 과정에서 관찰한 내담자의 반응을 기반으로 예술체험이 긍정적 현실 접목 및 훈련이 되도록 화두를 준다.
유의사항	*신체 안에 각인된 상처를 인식하고 스스로를 치유할 수 있도록 돕는다. 신체 트라우마를 겪은 내담자의 경우 부정적 감정의 긍정적 전환 작업 이후 적용해야 한다.*	

투사 모델 미술매체 예시 4

<table>
<tr><td>적용 모델
(기법)</td><td colspan="2">IT매뉴얼 : 투사 모델(미술매체→점토 기법)</td></tr>
<tr><td>증상 개선
목표</td><td colspan="2">ⒸⒺRAT : 자기수용</td></tr>
<tr><td>설명</td><td colspan="2">점토 만들기를 통해서 자신을 표현하고 내면을 탐색하여 스스로를 수용할 수 있도록 돕는다.</td></tr>
<tr><td>준비물</td><td colspan="2">거울, 점토, 크레파스, 기본 재료(A4용지, 필기구 등)</td></tr>
<tr><td rowspan="4">진행 과정</td><td>열기</td><td>각자 거울을 가지고 편안한 공간으로 이동하게 한다.</td></tr>
<tr><td>만나기</td><td>1. 거울 속에 비친 자신의 눈을 보게 한다.
2. 눈동자 안에 비친 이미지를 점토로 표현하게 한다.
3. 표현된 상징에 대하여 이름을 짓고 감정을 구체적으로 느낀 후 소개하게 한다.</td></tr>
<tr><td>닫기</td><td>예술체험에서 경험한 자신 및 타인에 대한 새로운 인지를 자각하고 통찰하게 한다.</td></tr>
<tr><td>적용하기</td><td>진행 과정에서 관찰한 내담자의 반응을 기반으로 예술체험이 긍정적 현실 접목 및 훈련이 되도록 화두를 준다.</td></tr>
<tr><td>유의사항</td><td colspan="2">표현에 저항이 있거나 서투른 내담자는 도움을 줄 수 있다.</td></tr>
</table>

4) 음악매체*Music as Therapy Tool*

음악의 특성은 다양한 자연음을 모방하는 일원론적 입장과 소리에 감정과 의미를 더한 다원론적인 입장에서 살펴볼 수 있다. 이 매체는 작곡가는 의미를 부여하고, 연주자는 그 의미를 해석하고, 청중은 의미의 체험을 통하여 리듬에 투사된 감정을 공유한다. 음악이 지니고 있는 힘은 인종과 문화를 초월하여 공감을 자아낼 수 있음에 있다. 지난 수 세기 동안 정치적 선전 또는 전쟁 등에서 인간의 욕망을 실현시키는 도구로 사용된 경우를 보더라도 그러한 음악의 특성이 잘 나타나 있다. 고대 그리스 철학자 플라톤*Plato*은『정치학*Politics*』에서 음악의 힘에 대하여 '특정 음악은 무분별하게 인간의 본능을 깨울 수 있으므로 사용을 제한'할 것을 지적하였다(Hong, 1992). 예술로서의 음악과 도구로서의 음악은 필요에 따라서 다양한 결과를 가져오기에 접근 또한 주의하여야 한다. 일반적으로 음악매체를 통한 감정의 배설은 주로 몰입을 수반으로 하는 행위 음악 창작 활동과 음악 감상을 통하여 이루어진다. 음악의 치료적 속성은 리듬이 주는 파동이 청각을 통해서 뇌를 자극하고, 이 자극은 저장된 기억을 의식화하는 매개체가 되기에 가능하다. 연주 또는 감상의 순간, 파동에 의해 재생되는 정서적 기억은 감정의 표현으로 투사되어 나타나는데 이것은 음악이 갖는 고유한 특성이다.

음악매체의 원활한 진행을 위하여 세션 전 음원 파일과 오디오 시스템을 점검해 둔다. 볼륨 조절에 유의하며 가사가 있는 곡을 고를 때는 다루고자 하는 주제에 맞춰 선택하도록 유의한다. 악기의 사용은 사용자가 긴장으로 인해 치료에 저항이 생기지 않도록 가능한 쉽게 사용할 수 있는 악기를 중심으로 프로그램을 구성하고 기본적인 악기 사용법을 충분히 설명해 주도록 한다. '자유로운 표현'을 충분히 유도하고 평가적 표현을 자제하여 즐거운 체험이 될 수 있도록 한다.

투사 모델 음악매체

매체	분류	설명	목표
음악매체	즉흥 연주 기법	개인의 경험, 감정, 욕구를 다양한 악기를 이용하여 즉흥연주하게 한다. 비언어적으로 다양하고 자유롭게 표현하도록 진행한다.	내면인지 감정 표출 상호작용 증진
	노래 기법	노래를 통하여 가사에 투사된 개인의 경험이나 감정을 재경험하게 하고 가사를 변형하여 욕구를 표현할 수 있도록 진행한다.	욕구 탐색 감정 표출
	감상 기법	음악을 들으면서 개인의 경험, 감정, 욕구를 탐색하게 하고 재경험하도록 진행한다.	자기이해 욕구 탐색
	표현 기법	음악에 투사된 개인의 경험, 감정, 욕구를 신체 표현 등의 다양한 방법을 사용하여 표현하도록 진행한다.	자기표현 상호작용 증진
	배경 음악 기법	배경음악을 들으면서 신체 및 생리적인 긴장을 이완하고, 개인의 내적 경험을 스토리로 풀어내어 자기발견과 성찰을 하도록 진행한다.	심상 유도 내적 성찰

투사 모델 음악매체 예시 1

적용 모델 *(기법)*	IT매뉴얼 : 투사 모델*(음악매체→즉흥연주 기법)*	
증상 개선 목표	©ERAT : 억압된 감정 표출	
설명	노래와 악기를 활용해서 신체를 이완하고 억압된 감정이 표출되도록 한다.	
준비물	타악기, 기본 재료*(A4용지, 필기구 등)*	
진행 과정	열기	두 명씩 짝을 지어 몸의 이완 및 교감 동작을 하게 한다.
	만나기	1. 파트너와 다양한 소리를 들어 본 뒤에 한 명은 눈을 감게 한다. 2. 눈을 감은 이가 상대를 악기 소리로 인도하게 한다. 3. 파트너가 내는 소리가 가까이 오면 큰 소리로 노래하게 하고 멀리 가면 작은 소리로 노래하게 한다. 4. 역할을 바꿔가며 악기 연주와 노래를 반복하게 한다.
	닫기	예술체험에서 경험한 자신 및 타인에 대한 새로운 인지를 자각하고 통찰하게 한다.
	적용하기	진행 과정에서 관찰한 내담자의 반응을 기반으로 예술체험이 긍정적 현실 접목 및 훈련이 되도록 화두를 준다.
유의사항	*각자가 선호하는 노래를 부르도록 한다.*	

투사 모델 음악매체 예시 2

적용 모델 *(기법)*	IT매뉴얼 : 투사 모델*(음악매체→노래 기법)*	
증상 개선 목표	©E®AT : 관계 증진	
설명	북을 활용하여 자신만의 리듬을 만들고 함께 연주함으로써 관계 증진을 향상시킨다.	
준비물	자신이 만든 북, 기본 재료*(A4용지, 필기구 등)*	
진행 과정	열기	북을 치며 리듬 놀이를 하고 전달게임을 하게 한다.
	만나기	1. 즉흥으로 간단한 리듬을 창작하게 한다. 2. 개인이 만든 리듬을 전체 집단이 따라하게 한다. 3. 팀을 나누어 리듬에 가사를 붙여 노래하게 한다.
	닫기	예술체험에서 경험한 자신 및 타인에 대한 새로운 인지를 자각하고 통찰하게 한다.
	적용하기	진행 과정에서 관찰한 내담자의 반응을 기반으로 예술체험이 긍정적 현실 접목 및 훈련이 되도록 화두를 준다.
유의사항	*창작 작업 전 치료사의 리듬을 모방하는 시간을 충분히 가짐으로써 창작에 친숙하도록 한다.*	

투사 모델 음악매체 예시 3

적용 모델 *(기법)*	IT매뉴얼 : 투사 모델*(음악매체→감상 기법)*	
증상 개선 목표	ⓒⒺRAT : 표현력 향상	
설명	음악 감상을 통하여 신체 및 감정 표현을 증진시킨다.	
준비물	클래식 음원*(예: 사계 중 봄)*, 기본 재료*(A4용지, 필기구 등)*	
진행 과정	열기	눈을 감고 음악을 들으며 봄의 정원을 떠올리게 한다.
	만나기	1. 몸짓을 유도하여 리듬을 타게 한다. 2. 봄의 들판에 있는 꽃, 나비, 바람 등이 되어 자유롭게 감정을 표현하게 한다. 3. 자신의 선호 물체가 되어 신체표현을 하게 한다.
	닫기	예술체험에서 경험한 자신 및 타인에 대한 새로운 인지를 자각하고 통찰하게 한다.
	적용하기	진행 과정에서 관찰한 내담자의 반응을 기반으로 예술체험이 긍정적 현실 접목 및 훈련이 되도록 화두를 준다.
유의사항	*음원 및 오디오 시스템을 사전에 점검한다. 내담자가 취한 역할 탐색과 이유 등을 통해서 내재된 욕구와 자기상을 진단할 수 있다.*	

투사 모델 음악매체 예시 4

<table>
<tr><td>적용 모델
(기법)</td><td colspan="2">IT매뉴얼 : 투사 모델(음악매체→배경음악 기법)</td></tr>
<tr><td>증상 개선
목표</td><td colspan="2">ⒸⒺRⒶT : 자기인식</td></tr>
<tr><td>설명</td><td colspan="2">배경음악을 통하여 내면을 탐색하고 자각시킨다.</td></tr>
<tr><td>준비물</td><td colspan="2">동요, 편지지, 기본 재료(A4용지, 필기구 등)</td></tr>
<tr><td rowspan="4">진행 과정</td><td>열기</td><td>동요를 들으며 기억에 저장된 행복했던 순간을 떠올리게 한다.</td></tr>
<tr><td>만나기</td><td>1. 기억 속 자신의 모습을 이야기하게 한다.
2. 과거와는 다른 현재의 모습을 표정으로 표현하게 한다.
3. 변화시키고 싶은 자신의 표정을 그림으로 그리게 한다.</td></tr>
<tr><td>닫기</td><td>예술체험에서 경험한 자신 및 타인에 대한 새로운 인지를 자각하고 통찰하게 한다.</td></tr>
<tr><td>적용하기</td><td>진행 과정에서 관찰한 내담자의 반응을 기반으로 예술체험이 긍정적 현실 접목 및 훈련이 되도록 화두를 준다.</td></tr>
<tr><td>유의사항</td><td colspan="2">집중이 어려운 대상의 경우에는 눈을 감게 하여 집중을 유도한다.</td></tr>
</table>

5) 무용/동작매체*Dance&Movement as Therapy Tool*

무용/동작은 인간 내면에 잠재된 미적 정서가 육체를 통하여 표현되는 율동 예술이다. 신체 움직임의 투사적 경험은 주로 복잡한 사고의 과정을 거치지 않고 특정 자극에 대하여 반사적으로 표현되는 즉흥 동작에서 체험이 가능하다. 즉흥 움직임 또한 행위자가 이미 체험한 것을 바탕으로 특정 행위에 감정을 투사하게 된다. 이는 무용/동작에서 즉흥기법을 '투사적 기법'으로 표현하는 이유이기도 하다. 특히 즉흥적으로 몸이 반응하는 정서적 표현과 에너지에 투영된 무의식의 반영을 통한 자기이해와 탐색은 무용/동작이 갖는 투사의 대표적인 예이다. 즉, 내면의 감정을 신체 동작에 실어 보내는 행위는 무의식적 감정을 의식화하는 과정으로서, 생각을 멈추고 움직임에 집중함으로써 내면의 감정을 잠재된 신체 동작으로 이끌어 내는 것이다.

무용/동작매체의 원활한 진행을 위하여 세션 전 음원 파일과 오디오 시스템을 점검해 둔다. 음향기기는 활동 공간의 외각에 두어 내담자의 움직임을 방해하거나 긴장을 유도하지 않도록 주의한다. 프로그램 시작 전 감각을 깨우는 시간을 제공하고 대상에 대한 이해를 바탕으로 적절한 정도의 움직임을 유도한다.

투사 모델 무용/동작매체

매체	분류	설명	목표
무용 동작 매체	즉흥 표현 기법	즉흥 표현을 통해 신체에 내재된 경험을 탐색하도록 한다.	신체표현 신체 활성화
	감각 표현 기법	감각 훈련 및 공간 탐색이 가능하며 공간 안에 존재하는 자신을 발견하도록 한다.	신체 자각 신체 회복 신체감각 확장
	정서 표현 기법	개인의 경험, 감정, 욕구 등을 무의식적 · 의식적 신체의 움직임을 통해 표현하도록 한다.	정서 탐색 무의식 인지

투사 모델 무용/동작매체 예시 1

<table>
<tr><td>적용 모델
(기법)</td><td colspan="2">IT매뉴얼 : 투사 모델(무용/동작매체→즉흥표현 기법)</td></tr>
<tr><td>증상 개선
목표</td><td colspan="2">CⒺⓇAT : 실존 자각</td></tr>
<tr><td>설명</td><td colspan="2">움직임을 통해서 교감, 소통, 그리고 대인관계 능력을 향상시킨다.</td></tr>
<tr><td>준비물</td><td colspan="2">다양한 음원, 기본 재료(A4용지, 필기구 등)</td></tr>
<tr><td rowspan="4">진행 과정</td><td>열기</td><td>원으로 서서 가벼운 동작으로 신체를 이완하게 한다.</td></tr>
<tr><td>만나기</td><td>1. 원 안에 '에너지 연못'이 있다는 지문을 주고 자유롭게 에너지를 받을 수도 있고 에너지를 기부할 수 있게 한다.
2. 한 사람이 동작을 하면 그 동작을 함께하고 자연스럽게 순서를 바꿔 가며 동작을 이어가게 한다.
3. 각자가 취한 움직임의 상징과 의미에 대해서 한 동작으로 표현하게 한다.</td></tr>
<tr><td>닫기</td><td>예술체험에서 경험한 자신 및 타인에 대한 새로운 인지를 자각하고 통찰하게 한다.</td></tr>
<tr><td>적용하기</td><td>진행 과정에서 관찰한 내담자의 반응을 기반으로 예술체험이 긍정적 현실 접목 및 훈련이 되도록 화두를 준다.</td></tr>
<tr><td>유의사항</td><td colspan="2">음원 및 오디오 시스템을 사전에 점검한다. 개인 또는 집단의 신체적 움직임에 대하여 그 의미를 탐색할 수 있도록 한다.</td></tr>
</table>

투사 모델 무용/동작매체 예시 2

<table>
<tr><td>적용 모델
(기법)</td><td colspan="2">IT매뉴얼 : 투사 모델(무용/동작매체→감각표현 기법)</td></tr>
<tr><td>증상 개선
목표</td><td colspan="2">CⒺⓇAT : 존재감 인식</td></tr>
<tr><td>설명</td><td colspan="2">신체 감각을 통하여 존재의 즐거움을 인식하도록 돕는다.</td></tr>
<tr><td>준비물</td><td colspan="2">기본 재료(A4용지, 필기구 등)</td></tr>
<tr><td rowspan="4">진행 과정</td><td>열기</td><td>자연스레 걷다가 보폭이 비슷한 사람끼리 짝이 되게 한다.</td></tr>
<tr><td>만나기</td><td>1. 한 사람이 임의로 선호하는 계절을 말하게 한다.
2. 상대는 그 계절에 맞는 동작을 하며 감각의 변화를 말로써 표현하게 한다.
3. 순서를 바꿔가며 진행하게 한다.</td></tr>
<tr><td>닫기</td><td>예술체험에서 경험한 자신 및 타인에 대한 새로운 인지를 자각하고 통찰하게 한다.</td></tr>
<tr><td>적용하기</td><td>진행 과정에서 관찰한 내담자의 반응을 기반으로 예술체험이 긍정적 현실 접목 및 훈련이 되도록 화두를 준다.</td></tr>
<tr><td>유의사항</td><td colspan="2">계절의 순환에 따른 다양한 감각 훈련을 통하여 존재를 인지하도록 유도한다.</td></tr>
</table>

투사 모델 무용/동작매체 예시 3

적용 모델 *(기법)*	IT매뉴얼 : 투사 모델*(무용/동작매체→정서표현 기법)*	
증상 개선 목표	CⒺRⒶT : 실존 자각과 자존감 향상	
설명	동작과 소리를 통하여 표현의 유연성을 기르고 움직임의 레퍼토리를 확장하여 자신감을 향상시킨다.	
준비물	이미지 유도 음악, 기본 재료*(A4용지, 필기구 등)*	
진행 과정	열기	다양한 음악을 들려주고 음악의 느낌을 걸음으로 표현하게 한다.
	만나기	1. 눈을 감고 멈추어 서서 자신의 상징적 이미지를 떠올리게 한다. 2. 떠올린 이미지를 소리와 동작으로 표현해 보게 한다. 3. 눈을 뜨고 서로의 동작을 관찰하게 한다.
	닫기	예술체험에서 경험한 자신 및 타인에 대한 새로운 인지를 자각하고 통찰하게 한다.
	적용하기	진행 과정에서 관찰한 내담자의 반응을 기반으로 예술체험이 긍정적 현실 접목 및 훈련이 되도록 화두를 준다.
유의사항	*음원 및 오디오 시스템을 사전에 점검한다. 반복적으로 나타나는 신체적 움직임이 있다면 의미를 탐색할 수 있도록 돕는다.*	

투사 모델 무용/동작매체 예시 4

적용 모델 *(기법)*	IT매뉴얼 : 투사 모델*(무용/동작매체→정서표현 기법)*	
증상 개선 목표	CⒺⓇAT : 관계 속 자기인식	
설명	신체의 거리를 통하여 관계 속에서 자기 공간 탐색 및 인식 강화를 돕는다.	
준비물	기본 재료*(A4용지, 필기구 등)*	
진행 과정	열기	편안하게 걸으며 만나는 사람들과 가벼운 동작으로 인사하게 한다.
	만나기	1. 한 사람씩 순서를 정해 원하는 공간에 서게 한다. 2. 남은 이들이 다양한 정서상태로 정지한 이들에게 다가가게 한다. 3. 안정을 느끼는 거리를 벗어나면 “그만!”이라고 말하여 상대를 정지하게 한다. 4. 거리와 감정에 어떤 의미가 담겨 있는지 단순 동작으로 표현하게 한다.
	닫기	예술체험에서 경험한 자신 및 타인에 대한 새로운 인지를 자각하고 통찰하게 한다.
	적용하기	진행 과정에서 관찰한 내담자의 반응을 기반으로 예술체험이 긍정적 현실 접목 및 훈련이 되도록 화두를 준다.
유의사항	*활동의 순서는 자율적으로 정할 수 있도록 유도한다.*	

6) 문학매체*Literature as Therapy Tool*

문학은 시, 소설, 희곡, 수필, 동화 등 다양한 활자매체로 표현되는 예술작품을 뜻하며, 매체의 속성은 인간에 의해서 재창조된 허구의 세계에 있다. 문학은 대중성을 갖는 반면 작품 속의 세계는 독자 개개인이 체험한 기억으로부터 그 의미를 다르게 받아들이는 특성이 있다. 이 과정에서 독자는 작품의 의미를 이해하기 위하여 자신이 체험한 정서적 경험들을 대입하게 되는데 그와 같은 과정이 문학의 투사라고 볼 수 있다. 이 투사의 과정 때문에 동일한 문학작품을 감상하면서도 개인의 심리에 따라서 감정 동화 또는 소외 효과가 일어날 수 있다. 또한 현대문학의 치료적 속성은 다만 문학을 문자적 속성에 국한시키는 것이 아니라 독서, 낭독, 상연을 통한 재생에까지 그 영역을 확대 응용하는 점은 특이할 만하다.

문학은 타 예술매체보다 지시적인 특성을 갖기 때문에 인지적이고 분석적인 성향의 내담자에게 매우 유용하게 활용할 수 있다. 반면에 치료사가 문학에 심취하여 사적인 감정을 개입시켜 표현을 하게 되면 내담자에게 소외 효과가 나타날 수도 있다. 문학 속 이미지는 온전히 독자의 몫이기 때문에 내담자가 자발적인 내면화를 체험하도록 매우 창의적으로 활용되어야 한다. 특히 투사적 관점으로 보면, 즉흥 글쓰기나 이야기 만들기 등의 창작 과정은 내담자의 무의식적 정서가 의식화되는 대표적인 예로 들 수 있다. 자신의 삶이 직·간접적으로 투영된 이야기 창조 과정을 통하여 미적 쾌락을 경험'하는 문학매체야말로 인간에게 가장 본능적이며 밀착적이다.

투사 모델 문학매체

매체	분류	설명	목표
문학 매체	스토리 텔링 기법	자신의 경험, 감정, 욕구를 이야기로 만들어 표현하게 한다. 이야기 구성 과정에서 욕구를 표현하거나 새로운 결론을 통해 사고를 전환하도록 한다.	자기인식 인식 변화
	시/동화 기법	동화에 투사된 자신의 경험, 감정, 욕구를 인식하게 한다. 자신의 경험을 재경험하거나 이야기를 재구성하여 욕구를 표현하도록 한다.	자기탐색 욕구 표현 인식 변화
	글쓰기 기법	자신의 경험, 감정, 욕구를 글쓰기를 통해 표현하게 한다. 자신의 경험을 재구성하거나 글짓기를 통해 욕구를 표현하도록 한다.	내면인지 표현력 향상

투사 모델 문학매체 예시 1

적용 모델 *(기법)*	IT매뉴얼 : 투사 모델*(문학매체→스토리텔링 기법)*	
증상 개선 목표	©E®AT : 의사표현, 기억 및 신체표현 증진	
설명	이야기 구성을 통하여 기억 및 신체표현 증진을 돕는다.	
준비물	단어카드, 기본 재료*(A4용지, 필기구 등)*	
진행 과정	열기	노래를 함께 들으며 몸을 흔들어서 긴장을 이완하게 한다.
	만나기	1. 다양한 단어카드를 살펴보며 탐색하게 한다. 2. 한 사람씩 하나의 단어카드를 선택하여 단어를 포함한 문장 만들기를 하게 한다. 3. 다음 사람이 문장을 이어서 이야기를 구성하게 한다. 4. 요약하여 이야기를 낭독하게 한다.
	닫기	예술체험에서 경험한 자신 및 타인에 대한 새로운 인지를 자각하고 통찰하게 한다.
	적용하기	진행 과정에서 관찰한 내담자의 반응을 기반으로 예술체험이 긍정적 현실 접목 및 훈련이 되도록 화두를 준다.
유의사항	*동화를 사용할 때는 대상에 대한 이해를 바탕으로 작품을 선정한다. 문장 이어나가기는 해당 문장을 말한 사람이 동작으로 힌트를 제공하게 함으로써 기억력 증진 및 신체표현능력 향상을 꾀할 수 있다.*	

투사 모델 문학매체 예시 2

<table>
<tr><td>적용 모델
(기법)</td><td colspan="2">IT매뉴얼 : 투사 모델(문학매체→시/동화 기법)</td></tr>
<tr><td>증상 개선
목표</td><td colspan="2">ⒸⒺRAT : 과거 경험에 대한 인식 변화</td></tr>
<tr><td>설명</td><td colspan="2">『꽃』을 통하여 삶의 중요한 경험을 3인칭 시점으로 이야기하면서, 과거의 경험에 밀착된 감정을 분리하여 인지의 변화를 돕는다.</td></tr>
<tr><td>준비물</td><td colspan="2">김춘수의 『꽃』 시 인쇄물, 기본 재료(A4용지, 필기구 등)</td></tr>
<tr><td rowspan="4">진행 과정</td><td>열기</td><td>지문을 주어서 다양한 연령의 걸음으로 걷다가 특정 이미지가 떠오르면 걸음을 멈추고 충분히 탐색하게 한다.</td></tr>
<tr><td>만나기</td><td>1. 『꽃』을 낭독하게 한다.
2. 시를 3인칭 시점으로 재구성하게 한다.
3. 주요 캐릭터들을 2인칭으로 재구성하여 낭독하게 한다.</td></tr>
<tr><td>닫기</td><td>예술체험에서 경험한 자신 및 타인에 대한 새로운 인지를 자각하고 통찰하게 한다.</td></tr>
<tr><td>적용하기</td><td>진행 과정에서 관찰한 내담자의 반응을 기반으로 예술체험이 긍정적 현실 접목 및 훈련이 되도록 화두를 준다.</td></tr>
<tr><td>유의사항</td><td colspan="2">치료적 대화를 통해 미해결 과제가 현재의 삶에 미친 영향을 통찰할 수 있도록 돕는다.</td></tr>
</table>

투사 모델 문학매체 예시 3

적용 모델 *(기법)*		IT매뉴얼 : 투사 모델*(문학매체→시/동화 기법)*
증상 개선 목표		CEⓇⒶⓉ : 역할 이해 및 증진
설명		작품에 등장하는 다양한 인물을 통해서 현대사회의 역할을 이해하게 한다.
준비물		동화 『어린 왕자』, 기본 재료*(A4용지, 필기구 등)*
진행 과정	열기	각자 편안한 자리로 이동해 동화를 기억하게 한다.
	만나기	1. 가장 기억에 남았던 장면을 그리게 한다. 2. 그림을 보며 느껴지는 것을 글로 적게 한다. 3. 등장인물 중 가장 인상 깊은 역할과 그가 수행하던 일을 이야기하게 한다.
	닫기	예술체험에서 경험한 자신 및 타인에 대한 새로운 인지를 자각하고 통찰하게 한다.
	적용하기	진행 과정에서 관찰한 내담자의 반응을 기반으로 예술체험이 긍정적 현실 접목 및 훈련이 되도록 화두를 준다.
유의사항		*내담자들이 『어린 왕자』를 읽어 올 수 있도록 안내한다.*

투사 모델 문학매체 예시 4

적용 모델 *(기법)*	IT매뉴얼 : 투사 모델*(문학매체→글쓰기 기법)*	
증상 개선 목표	ⒸⒺRⒶT : 내적 욕구 탐색	
설명	소망책을 만들어 자신의 내적 욕구를 탐색하고 표현한다.	
준비물	종이, 잡지, 사진, 기본 재료*(A4용지, 필기구 등)*	
진행 과정	열기	경쾌하게 걸으며 소망을 떠올리게 한다.
	만나기	1. 떠올린 소망들을 주제별로 나눠 목차를 생각하게 한다. 2. 첫 장에는 책을 설명하는 서문을 쓰게 한다. 3. 목차에 맞게 주제별로 책의 내용을 간략하게 단어로 구성하게 한다. 4. 완성된 소망책을 자랑하게 한다.
	닫기	예술체험에서 경험한 자신 및 타인에 대한 새로운 인지를 자각하고 통찰하게 한다.
	적용하기	진행 과정에서 관찰한 내담자의 반응을 기반으로 예술체험이 긍정적 현실 접목 및 훈련이 되도록 화두를 준다.
유의사항	*소망 목록을 통해 추구하는 삶의 가치나 욕구를 파악하여 치료 자료로 활용할 수 있으며, 좌절된 소망을 주제로 치료를 확장할 수 있다.*	

지금까지 살펴본 바와 같이 예술매체의 투사적 기능은 인간 내면의 무의식을 의식화하는 도구로서 활용 가치가 높기 때문에 각 매체의 속성에 대한 깊이 있는 연구가 필요하다. 일반적으로 심리 치료적 측면에서는 미술, 문학, 음악, 영화 그리고 사진 등의 양식화된 매체는 내담자에게 지시적인 반면 연극과 무용/동작은 즉흥성에 기반을 둠으로써 상대적으로 비지시적인 특성이 있다. 따라서 인지적 · 정서적 · 행동적 측면에서 매체의 적용은 획일적일 수 없으며 내담자의 증상과 특성에 따라서 차별화하여 활용되어야 한다.

5. 가면아이 모델*Masking Inner Child Model*

가면의 사용은 인류의 역사와 함께 활용되어 발달해 왔다. 원시시대에는 신화적 존재를 상징하는 캐릭터를 표현하기 위한 도구로 사용되었으며, 가톨릭 교권이 정권을 지배하던 중세 시대에는 도덕적 의무를 강요받던 귀족들에게 억압된 사회구조를 피할 수 있는 도구이자 피난처로 가면이 활용되었다. 이와 같은 가면의 속성을 기반으로 가면아이 모델은 내담자를 가면 뒤에 숨게 함으로써 자신의 문제를 안전하게 탐색하고 나아가 타인 체험이 가능하도록 하였다. 내담자는 자신의 내면을 가면에 투사하여 현실의 나와 가면 뒤의 나를 관찰하며 두 모습 사이에 다른 점이 무엇인지 직접 비교함으로써 스스로를 알아차린다. 따라서 치료사는 내담자가 인지적 변화와 동시에 현실의 문제를 자각할 수 있도록 도와야 한다. 궁극적으로 가면아이 모델은 가면 뒤의 모습이 현실에 미치는 영향, 즉 가면아이가 현실의 나와 충돌할 때 나타나는 부작용에 대하여 고찰하도록 돕는다. 또한 자신의 문제를 어떻게 다룰 것인지 내담자 스스로 방향을 설정하고 선택하게 한다. '가면아이 모델'은 가면의 활용적 관점을 기준으로 하여 '가면제작 기법'과 '가면착용 기법'의 두 종류로 나눌 수 있다.

1) 가면제작 기법*Making Mask Technique*

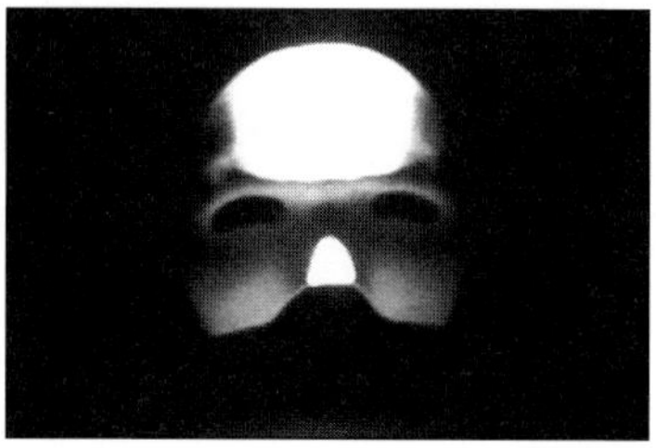

가면제작 기법은 기본 가면에 다양한 재료 및 채색을 통해 장식하는 방법과 석고붕대를 활용하여 각자가 원하는 모양의 가면을 제작하는 방법이 있다. 이 기법들은 사용법은 다르지만 내담자가 내면의 감정 및 욕구를 가면에 투사할 수 있다는 점에서 동일한 효과가 나타난다. 다만 치료사는 제작 과정에서 내담자가 의식적 · 무의식적으로 표현하는 투사 과정을 잘 관찰하여 치료에 반영하는 것이 중요하다. 치료사는 내담자가 가면 제작 과정을 통하여 가면에 투사된 자기의 내적 요소를 알아차릴 수 있도록 유의하여야 한다.

가면아이 모델 가면제작 기법

매체	분류	설명	목표
가면 제작 기법	장식 가면	기본 가면을 준비하여 채색 및 다양한 장식으로 제작하는 과정을 체험하게 한다.	내면 탐구 욕구 탐색
	붕대 가면	석고붕대를 이용하여 2인 1조가 되어 가면을 제작하는 과정을 체험하게 한다.	내면 감정 탐색 자기인지

가면아이 모델 가면제작 기법 예시 1

적용 모델 *(기법)*	IT매뉴얼 : 가면아이 모델*(가면제작 기법→장식 가면)*	
증상 개선 목표	CEⓇⒶT : 역할 탐구	
설명	기본 가면에 채색하는 과정을 통하여 내면을 탐색하도록 돕는다.	
준비물	기본 가면, 고무줄, 물감, 붓, 명상음악, 기본 재료*(A4용지, 필기구 등)*	
진행 과정	열기	가면 제작 재료들을 탐색하게 한다.
	만나기	1. 기본 가면에 인격을 부여하며 채색하게 한다. 2. 파트너와 가면의 인격으로 통성명을 하고 각자의 역할이 갖는 의무에 대하여 이야기하게 한다. 3. 각자의 역할이 갖는 책임에 대하여 이야기하게 한다. 4. 각자의 역할이 갖는 권리에 대하여 이야기하게 한다.
	닫기	예술체험에서 경험한 자신 및 타인에 대한 새로운 인지를 자각하고 통찰하게 한다.
	적용하기	진행 과정에서 관찰한 내담자의 반응을 기반으로 예술체험이 긍정적 현실 접목 및 훈련이 되도록 화두를 준다.
유의사항	*가면 속 자신과 현실 속 역할 수행의 상이점과 동질성을 인지하도록 내담자를 관찰하는 것이 중요하다.*	

가면아이 모델 가면제작 기법 예시 2

<table>
<tr><td>적용 모델
(기법)</td><td colspan="2">IT매뉴얼 : 가면아이 모델(가면제작 기법→붕대 가면)</td></tr>
<tr><td>증상 개선 목표</td><td colspan="2">CⒺⓇAT : 내면 탐색</td></tr>
<tr><td>설명</td><td colspan="2">가면 제작 과정을 통하여 내면을 탐색하고 제작 후 긍정 자아와 부정 자아에 대한 인지가 가능하게 한다.</td></tr>
<tr><td>준비물</td><td colspan="2">석고붕대, 가위, 물, 물통, 수건, 크림, 명상음악, 요가매트, 기본 재료(A4용지, 필기구 등)</td></tr>
<tr><td rowspan="4">진행 과정</td><td>열기</td><td>명상음악과 함께 걸으며 '어디로 가고 있는지' 자문하게 한다.</td></tr>
<tr><td>만나기</td><td>1. 가면을 제작하기 위하여 석고를 적당한 크기로 자르게 한다.
2. 한 사람이 누우면 파트너가 물에 적신 석고 재료를 얼굴 위에 두 세 겹으로 붙여주게 한다.
3. 석고 가면이 굳어지면 떼어내고 같은 방법으로 상대의 가면 제작을 도와주게 한다.
4. 제작된 가면을 보면서 가면에 나타난 이미지를 소개하게 한다.</td></tr>
<tr><td>닫기</td><td>예술체험에서 경험한 자신 및 타인에 대한 새로운 인지를 자각하고 통찰하게 한다.</td></tr>
<tr><td>적용하기</td><td>진행 과정에서 관찰한 내담자의 반응을 기반으로 예술체험이 긍정적 현실 접목 및 훈련이 되도록 화두를 준다.</td></tr>
<tr><td>유의사항</td><td colspan="2">내담자가 가면을 제작하는 시간 동안에 명상음악이나 자연음을 들려줄 수 있다. 사전에 석고 재료를 일정 크기로 잘라두면 회기 시간 관리에 효과적이며 석고를 붙이기 전, 눈썹이 빠지지 않도록 크림을 가볍게 발라 준다(눈과 입 그리고 코는 모양과 크기를 각자가 선택하게 한다).</td></tr>
</table>

2) 가면착용 기법*Playing With Mask Technique*

가면착용 기법은 미리 준비된 가면을 얼굴에 착용하여 다양한 즉흥 상황을 체험하는 기법으로 하관이 개방된 반 가면과 얼굴을 모두 가려주는 전체 가면을 사용할 수 있다. 두 방법 모두 내담자가 자신의 문제를 안전하게 탐색하도록 돕는다. 반 가면은 아래턱이 개방되어 있어 말을 하거나 소리를 전달하는 데 용이하고, 전체 가면은 말과 소리를 전달하는데 있어 다소 어려움이 있지만 동작 위주의 접근은 효과적이다. 따라서 치료사는 내담자의 성향과 치료 목표에 따라서 더 효과적인 방법을 선택할 수 있다.

가면아이 모델 가면착용 기법

매체	분류	설명	목표
가면 착용 기법	반 가면	반 가면을 준비하여 착용한 후 즉흥극을 하게 한다.	신체 이완 존재 자각
	전체 가면	전체 가면을 준비하여 착용한 동작 중심의 즉흥극을 하게 한다.	억압 해소 신체 감정 표출

가면아이 모델 가면착용 기법 예시 1

<table>
<tr><td>적용 모델
(기법)</td><td colspan="2">IT매뉴얼 : 가면아이 모델(가면착용 기법→반 가면)</td></tr>
<tr><td>증상 개선 목표</td><td colspan="2">CE®ⒶT : 자존감 향상</td></tr>
<tr><td>설명</td><td colspan="2">반 가면을 사용하여 자신의 내면에 숨겨진 힘과 욕구 등을 탐색하고 안전하게 표현하도록 돕는다.</td></tr>
<tr><td>준비물</td><td colspan="2">반 가면 또는 눈가면, 기본 재료(A4용지, 필기구 등)</td></tr>
<tr><td rowspan="4">진행 과정</td><td>열기</td><td>반 가면을 바라보며 자신이 되고 싶은 이미지를 떠올리게 한다.</td></tr>
<tr><td>만나기</td><td>1. 2인칭 ‘너’를 사용하여 가면에 캐릭터를 부여하게 한다.
2. 가면을 쓰고 집단원 모두에게 1인칭 ‘나’를 사용하여 자신을 소개하게 한다.
3. 가면을 벗어서 놓은 후, 자신의 가면에게 2인칭 ‘너’를 사용하여 긍정적인 말을 하게 한다.</td></tr>
<tr><td>닫기</td><td>예술체험에서 경험한 자신 및 타인에 대한 새로운 인지를 자각하고 통찰하게 한다.</td></tr>
<tr><td>적용하기</td><td>진행 과정에서 관찰한 내담자의 반응을 기반으로 예술체험이 긍정적 현실 접목 및 훈련이 되도록 화두를 준다.</td></tr>
<tr><td>유의사항</td><td colspan="2">가면 속 아이가 느끼는 감정을 파악하여 무엇이 불안의 근원인지 자각하게 한다.</td></tr>
</table>

가면아이 모델 가면착용 기법 예시 2

<table>
<tr><td>적용 모델
(기법)</td><td colspan="2">IT매뉴얼 : 가면아이 모델(가면착용 기법→전체 가면)</td></tr>
<tr><td>증상 개선
목표</td><td colspan="2">ⒸⒺRAT : 존재감 향상</td></tr>
<tr><td>설명</td><td colspan="2">가면을 장식하는 과정을 통하여 가상의 부와 권력을 체험할 수 있게 한다.</td></tr>
<tr><td>준비물</td><td colspan="2">전체 가면, 기본 재료(A4용지, 필기구 등)</td></tr>
<tr><td rowspan="4">진행 과정</td><td>열기</td><td>가면을 바라보며 자신이 되고 싶은 이미지를 떠올리게 한다.</td></tr>
<tr><td>만나기</td><td>1. 떠올린 이미지를 바탕으로 가면을 장식하게 한다.
2. 완성된 가면을 보며 '너는 ~한 존재야.' 등과 같이 말하며 강력한 캐릭터를 부여하게 한다.
3. 가면을 쓰고 평소 표현하지 못하였던 감정들을 동작으로 표현하도록 한다.
4. 집단에게 자신이 얼마나 강력한 존재인지 알리게 한다.</td></tr>
<tr><td>닫기</td><td>예술체험에서 경험한 자신 및 타인에 대한 새로운 인지를 자각하고 통찰하게 한다.</td></tr>
<tr><td>적용하기</td><td>진행 과정에서 관찰한 내담자의 반응을 기반으로 예술체험이 긍정적 현실 접목 및 훈련이 되도록 화두를 준다.</td></tr>
<tr><td>유의사항</td><td colspan="2">가면 속 아이가 느끼는 안정감을 충분히 파악하여 무엇이 불안의 근원인지 자각한다.</td></tr>
</table>

6. 그림자엿보기 모델Self-reflection Model

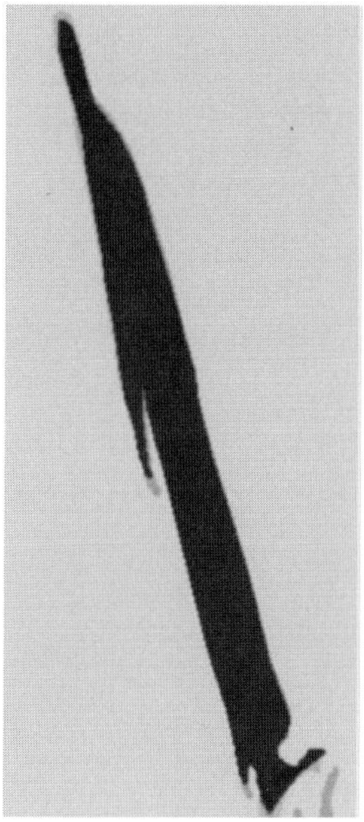

'그림자엿보기 모델'은 모든 그림자는 실존 물체를 투영한다는 투사 이론에 근거를 두고 설계되었다. 이 모델은 '사진 기법', '동영상 기법', '자화상 기법', '일기 기법', '마음낙서 기법', '깨우기 기법'과 같은 자전적 이미지를 담을 수 있는 매체들을 치료에 활용하는 접근법이다. 실질적으로 그림자엿보기는 '내 안의 나*Antaryamin*'를 알기 위하여 깨어남*Awakening*을 체험하는 과정이다. 즉, 우리 몸이 느끼는 감정들에 대한 근원적인 질문과 직면하고, 그러한 생각들이 나의 무의식과 어떠한 관련이 있는지 인지하게 하는 특별한 시간을 제공한다. 이 체험의 과정은 때로 자신을 부정하는 감정과 직면하면서 저항 또는 심한 자존감의 손상을 경험하기도 하지만 자발적인 변화 욕구를 불러일으키는 강력한 충격 모델이다.

내담자는 내 안의 나와 직면할 때 일어나는 분노 배설의 과정을 체험한 후 변화를 필요로 하는 자신을 인지함으로써 감정의 균형을 찾게 된다. 이러한 자기분석 과정은 내담자의 사고 패턴과 감정 디자인이 자신의 현실 문제와 어떻게 상호 연결되어 있는지 이해하게 되는데 도움이 된다. 흔히 내담자들은 분노, 수치, 저항 등 격렬한 심적 혼돈의 반응을 경험할 수 있으며, 이러한 부정적 감정은 한동안 유지될 수도 있다. 하지만 이 또한 내담자에게 긍정적으로 변화하고자 하는 자발적 동기를 강화시켜서 행동수정으로 이어지며, 그러한 변화가 자신 또는 타인에 의해 자각되는 순간 황홀한 카타르시스를 경험하기도 한다.

카타르시스 체험은 치료 과정 중에 일어나거나 혹은 세션 후 약 2주의 기간을 통하여 일어난다. 이 경험의 시간은 충격에 대한 강한 저항의 결과*인지 거부, 사실 부정 등*일 수도 있으며, 행동수정에 소요되는 혼돈과 의식 변화에 필요한 시간일 수도 있다.

1) 사진 기법*Photo Technique*

사진 기법은 과거 사진, 현재 사진, 보정 사진 및 셀프 촬영 사진을 치료에 사용하여 진행할 수 있다. 치료적 적용을 위해 치료사는 반드시 사본을 사용하여 원본의 훼손을 방지하고 개인 소유물을 존중함으로써 추후 발생할 수도 있는 논쟁을 예방하여야 한다.

그림자엿보기 모델 사진 기법

기법	분류	설명	목표
사진 기법	과거 사진	과거 자신의 사진 중 특정 감정과 연결된 사진 또는 애착 사진을 선정하여 사진 이미지에 투영된 자신의 그림자를 탐색하도록 한다.	과거와 현재 연결 정서 탐색
	현재 사진	현재 의미 있다고 생각하는 자신의 사진을 선정하여 사진 이미지에 투영된 자신의 그림자를 탐색하도록 한다.	자기인지 존재 자각
	보정 사진	보정하고 싶은 과거 또는 현재의 자기 사진을 선정하여 사진 이미지에 투영된 자신의 그림자를 탐색하도록 한다.	부정 심리 자각
	셀프 촬영 사진	자신을 가장 아름답게 셀프 촬영한 사진 이미지에 투영된 자신의 그림자를 탐색하도록 한다.	자기부정인지 회피 이미지 자각

그림자엿보기 모델 사진 기법 예시 1

적용 모델 *(기법)*	IT매뉴얼 : 그림자엿보기 모델*(사진 기법→과거 사진)*	
증상 개선 목표	©ER®T : 과거 미해결 문제 인식	
설명	자신의 과거 사진 중 특정 감정과 연결된 사진을 통해 문제상황을 객관적으로 바라보고 그것이 현재의 자신에게 미치는 영향을 스스로 인식하게 한다.	
준비물	내담자의 과거 사진 복사본, 기본 재료*(A4용지, 필기구 등)*	
진행 과정	열기	자유롭게 걸으며 자기만의 장소에 머무르게 한다.
	만나기	1. 자리에 앉아 눈을 감고 자신이 가져온 사진의 장면을 떠올리게 한다. 2. 사진 속 상황을 극화하여 작성한 다음 이야기하게 한다. 3. 극화된 내용을 바탕으로 '현재의 나' 시점에서 과거 상황 속의 내 모습을 관찰하게 한다. 4. 과거 상황 속의 내가 처한 상황과 느끼는 감정 등을 3인칭으로 설명하게 한다.
	닫기	예술체험에서 경험한 자신 및 타인에 대한 새로운 인지를 자각하고 통찰하게 한다.
	적용하기	진행 과정에서 관찰한 내담자의 반응을 기반으로 예술체험이 긍정적 현실 접목 및 훈련이 되도록 화두를 준다.
유의사항	*과거 상황을 설명하는 과정에서 1인칭보다는 2인칭과 3인칭으로 설명하도록 한다.*	

그림자엿보기 모델 사진 기법 예시 2

적용 모델 *(기법)*	IT매뉴얼 : 그림자엿보기 모델*(사진 기법→현재 사진)*	
증상 개선 목표	CⒺRⒶⓉ : 실존 자각	
설명	자신에게 의미 있는 최근 사진을 통하여 삶의 의미를 되돌아보게 한다.	
준비물	내담자의 현재 사진 복사본, 편지지, 기본 재료*(A4용지, 필기구 등)*	
진행 과정	열기	원으로 둘러앉아 각자의 최근 사진을 보여 주며 소개하게 한다.
	만나기	1. 사진을 들고 편안한 공간으로 이동하게 한다. 2. 사진 속 나를 바라보며 사진 속의 내가 현재의 나와 어떤 외적 · 내적 차이점이 있는지 떠올리게 한다. 3. 떠올린 이미지를 상상하면서 사진 속에 내가 현재의 나에게 보내는 편지를 쓰게 한다.
	닫기	예술체험에서 경험한 자신 및 타인에 대한 새로운 인지를 자각하고 통찰하게 한다.
	적용하기	진행 과정에서 관찰한 내담자의 반응을 기반으로 예술체험이 긍정적 현실 접목 및 훈련이 되도록 화두를 준다.
유의사항	*편지를 작성할 때 2인칭으로 작성하도록 제시하고, 낭독을 제안할 수도 있다. 저항을 보일 경우, 이유를 물어봄으로써 자기인지화 작업을 강화하여 마무리한다.*	

그림자엿보기 모델 사진 기법 예시 3

적용 모델 *(기법)*	IT매뉴얼 : 그림자엿보기 모델*(사진 기법→보정 사진)*	
증상 개선 목표	©ⒺRⒶT : 자기부정적 내면 자각	
설명	사진을 스스로 보정하는 체험을 통해 자기 부정적 내면을 자각하게 한다.	
준비물	내담자의 사진, 컴퓨터, 빔 프로젝트, 슬라이드, 기본 재료*(A4용지, 필기구 등)*	
진행 과정	열기	책상에 앉아서 휴대전화로 사진을 보정할 수 있도록 설명한다.
	만나기	1. 사진을 원하는 모습으로 보정하게 한다. 2. 보정 작업을 완료한 후에 각 내담자의 보정 사진을 빔 프로젝트를 이용하여 벽에 띄운다. 3. 각자 어디를 왜 보정했는지 이유를 설명하게 한다. 4. 보정한 사진을 바라보고 느낀 점을 이야기하게 한다.
	닫기	예술체험에서 경험한 자신 및 타인에 대한 새로운 인지를 자각하고 통찰하게 한다.
	적용하기	진행 과정에서 관찰한 내담자의 반응을 기반으로 예술체험이 긍정적 현실 접목 및 훈련이 되도록 화두를 준다.
유의사항	*내담자가 사진 보정을 위한 작업이 미숙하거나 프로그램을 운영할 수 없는 휴대전화를 소지하고 있을 경우는 포토샵을 활용하여 내담자의 주문에 따라 치료팀이 작업을 진행한다.*	

그림자엿보기 모델 사진 기법 예시 4

<table>
<tr><td>적용 모델
(기법)</td><td colspan="2">IT매뉴얼 : 그림자엿보기 모델(사진 기법→셀프 촬영 사진)</td></tr>
<tr><td>증상 개선 목표</td><td colspan="2">ⒸⒺⓇAT : 부정 이미지 자각</td></tr>
<tr><td>설명</td><td colspan="2">셀프 촬영한 사진을 사용하여 자신이 회피하고자 하는 부정 이미지를 자각하게 한다.</td></tr>
<tr><td>준비물</td><td colspan="2">내담자 셀프 사진, 복사본, 마스킹 테이프, 기본 재료(A4용지, 필기구 등)</td></tr>
<tr><td rowspan="4">진행 과정</td><td>열기</td><td>각자 자신의 사진을 원하는 장소에 자유롭게 붙여 전시하게 한다.</td></tr>
<tr><td>만나기</td><td>1. 자유롭게 관찰하며 나와의 공통점 혹은 차이점을 발견하게 한다.
2. 셀프 촬영 시 가장 신경 쓴 부분에 대하여 이야기하게 한다.
3. 다양한 사진을 감상하며 발견한 자신의 공통점 또는 차이점을 찾게 한다.
4. 모든 집단원이 이야기를 마친 후 각자의 사진을 다시 바라보게 한다.</td></tr>
<tr><td>닫기</td><td>예술체험에서 경험한 자신 및 타인에 대한 새로운 인지를 자각하고 통찰하게 한다.</td></tr>
<tr><td>적용하기</td><td>진행 과정에서 관찰한 내담자의 반응을 기반으로 예술체험이 긍정적 현실 접목 및 훈련이 되도록 화두를 준다.</td></tr>
<tr><td>유의사항</td><td colspan="2">치료사는 내담자가 서로의 사진을 보며 평가하는 시간이 아님을 사전에 안내해야 하며, 사진을 감상할 때는 감상에만 집중할 수 있도록 주의를 준다.</td></tr>
</table>

2) 동영상 기법*Video Technique*

동영상 기법은 셀프 촬영과 체험 촬영으로 진행할 수 있다. 셀프 촬영은 내담자가 직접 다큐 영상을 촬영하고, 체험 촬영은 제1치료공간에서 내담자의 체험 과정을 치료팀이 촬영하는 기법이다. 체험 촬영은 기본적으로 2~3대의 카메라를 준비한다. 피사체의 사이즈를 그룹 샷과 인물 단독 풀 샷, 바스트 샷, 클로즈업 샷으로 구분하여 촬영하면 내담자의 인지 및 통찰이 극대화된다. 그룹 샷은 대인관계 및 소통과 관련된 에너지를 보기에 용이하며, 개성 및 특징적인 행동은 단독 풀 샷으로 잡는다. 클로즈업 샷 또는 바스트 샷은 내담자의 내면 또는 무의식의 흐름을 읽어 내기에 효과적이다. 만일, 내담자가 세션 중에 과도한 눈 깜빡임, 다리 떨기, 입술 뜯기 등의 특이한 행동 양상을 보인다면 치료사는 그 모습을 빅 클로즈업 샷으로 촬영한 후 보여주어 내담자에게 강한 인지가 일어나도록 하는 것이 바람직하다. 따라서 활동 촬영 시 내담자의 무의식적 행동 양상을 유의하여 잘 포착하도록 한다.

그림자엿보기 모델 동영상 기법

기법	분류	설명	목표
동영상 기법	셀프 촬영	혼자만의 공간, 가족 또는 사회 속에서 자신의 일상을 스스로 내담자가 촬영하고 그 다큐 영상을 관찰하면서 자신을 새롭게 인지하게 한다.	사회적 위치 역할 인식
	체험 촬영	치료 세션 중 내담자의 활동을 보조치료사가 촬영하고 영상을 관찰하면서 객관적인 자기모습을 직면하게 한다.	자발성 증진 언어・비언어적 표현 개발

그림자엿보기 모델 동영상 기법 예시 1

적용 모델 *(기법)*	IT매뉴얼 : 그림자엿보기 모델*(동영상 기법→셀프 촬영)*	
증상 개선 목표	CⒺⓇⒶT : 선호 대상 및 사회적 역할 인식	
설명	내담자가 자신의 일상을 촬영한 다큐 영상을 바탕으로 자신의 관심사를 자각하고 사회적 역할과 위치를 인식하게 한다.	
준비물	내담자 다큐 영상, TV, 컴퓨터, 기본 재료*(A4용지, 필기구 등)*	
진행 과정	열기	바닥이나 의자에 앉아 영상을 시청하기에 좋은 자세를 취하게 한다.
	만나기	1. 셀프 촬영 영상을 시청하게 한다. 2. 평소 자신이 알고 있던 일상과 화면을 통해 새롭게 알게 된 일상을 비교하여 말하게 한다. 3. 대인관계에 있어 새롭게 알게 된 점을 이야기하게 한다.
	닫기	예술체험에서 경험한 자신 및 타인에 대한 새로운 인지를 자각하고 통찰하게 한다.
	적용하기	진행 과정에서 관찰한 내담자의 반응을 기반으로 예술체험이 긍정적 현실 접목 및 훈련이 되도록 화두를 준다.
유의사항	*영상은 내담자가 자신이 보여 주고 싶은 일상을 3~5분 분량으로 촬영해 올 수 있도록 한다.*	

그림자엿보기 모델 동영상 기법 예시 2

적용 모델 *(기법)*	IT매뉴얼 : 그림자엿보기 모델*(동영상 기법→체험 촬영)*	
증상 개선 목표	ⒸⒺRⒶⓉ : 객관적 자기관찰	
설명	치료공간에서 예술체험을 하는 내담자를 촬영하고, 그를 통해 자신의 태도나 외적 이미지, 언어적 · 비언어적 표현을 직면함으로써 객관적인 자기 성찰을 이루도록 돕는다.	
준비물	내담자 활동 촬영 영상, TV, 컴퓨터, 카메라 2대, 기본 재료*(A4용지, 필기구 등)*	
진행 과정	열기	내담자가 자신의 일상을 촬영한 다큐 영상을 바탕으로 자신의 관심사를 자각하고 사회적 역할과 위치를 인식하게 한다.
	만나기	1. 설치된 2대의 카메라 앵글 사이즈를 단독 풀샷과 바스트 샷으로 고정한 후 내담자를 촬영한다. 2. 직전 회기를 촬영한 활동 영상을 시청하게 한다. 3. 평소 알고 있던 자신의 성향과 화면을 통해 새롭게 알게 된 것을 비교하여 말하게 한다. 4. 평소 알고 있었던 자신의 대인관계 모습과 새롭게 알게 된 점을 이야기하게 한다.
	닫기	예술체험에서 경험한 자신 및 타인에 대한 새로운 인지를 자각하고 통찰하게 한다.
	적용하기	진행 과정에서 관찰한 내담자의 반응을 기반으로 예술체험이 긍정적 현실 접목 및 훈련이 되도록 화두를 준다.
유의사항	*체험 촬영 영상을 사용할 경우 치료사는 내담자가 무의식적으로 보이는 행동이 확연히 보이도록 촬영한다. 단, 앵글 사이즈의 변화를 과도하게 주어 시청에 불쾌감을 주지 않도록 한다.*	

3) 자화상 기법*Self-portrait Technique*

자화상 기법은 개인 자화상과 가족 자화상의 방법으로 진행이 가능하다. 치료사는 내담자가 그림에 대한 부담을 갖지 않고 자유롭게 그리도록 안내하고 스스로 그림자를 탐색하도록 돕는다. 그림자가 현재에 미치는 영향을 자각하도록 안내하되, 창작활동 결과물은 그림의 완성도와 관련하여 피드백하지 않도록 유의한다.

그림자엿보기 모델 자화상 기법

기법	분류	설명	목표
자화상 기법	개인 자화상	자유롭게 자신의 모습을 그리도록 한다. 그림을 감상하며 자신의 그림자를 탐색하게 한다.	내면 탐색 존재 자각
	가족 자화상	가족관계 속에서의 자신의 모습을 그리도록 한다. 그림을 감상하며 자신의 그림자뿐만 아니라 가족의 그림자에 대해서도 탐색하게 한다.	가족역동 이해 갈등구조 탐색

그림자엿보기 모델 자화상 기법 예시 1

적용 모델 *(기법)*	IT매뉴얼 : 그림자엿보기 모델*(자화상 기법→개인 자화상)*	
증상 개선 목표	©ⒺRAⓉ : 내면 심리상태 의식화	
설명	자신의 모습을 그리고 바라봄으로써 내면을 탐색하고 의식화한다.	
준비물	기본 재료*(A4용지, 필기구 등)*	
진행 과정	열기	명상음악을 들으며 자유롭게 걷다가 자기만의 공간에 머물게 한다.
	만나기	1. 자화상을 그리게 한다. 2. 자화상을 바라보며 과거의 나와 현재의 나를 글로써 표현하게 한다. 3. 글에 나타난 나의 감정을 동작으로 표현하게 한다.
	닫기	예술체험에서 경험한 자신 및 타인에 대한 새로운 인지를 자각하고 통찰하게 한다.
	적용하기	진행 과정에서 관찰한 내담자의 반응을 기반으로 예술체험이 긍정적 현실 접목 및 훈련이 되도록 화두를 준다.
유의사항	*자화상은 가능한 사람의 형태로 그리도록 안내하되 불가능한 경우 색상, 선, 글, 단어 등으로 표현이 가능하다.*	

그림자엿보기 모델 자화상 기법 예시 2

적용 모델 *(기법)*	IT매뉴얼 : 그림자엿보기 모델*(자화상 기법→가족 자화상)*	
증상 개선 목표	CⒺⓇⒶT : 가족역할 이해 및 인지	
설명	가족화를 통해 가족의 역동을 관찰함으로써 가족의 역할과 갈등구조를 의식화하게 한다.	
준비물	8절 도화지, 기본 재료*(A4용지, 필기구 등)*	
진행 과정	열기	눈을 감고 편안하게 호흡하며 가족의 모습을 떠올리고 그림을 그리게 한다.
	만나기	1. 자신이 그린 가족 자화상을 충분히 바라보게 한다. 2. 그림을 보며 가족 소개를 하게 한다. 3. 그림 속 가족과 현실의 가족에 대해서 느끼는 부분이 어떻게 다른지 그 이유에 대해 이야기하게 한다.
	닫기	예술체험에서 경험한 자신 및 타인에 대한 새로운 인지를 자각하고 통찰하게 한다.
	적용하기	진행 과정에서 관찰한 내담자의 반응을 기반으로 예술체험이 긍정적 현실 접목 및 훈련이 되도록 화두를 준다.
유의사항	*내담자가 충분히 그림자를 탐색할 수 있도록 안내하며 가족 소개에 저항이 있을 경우 내담자가 다양한 방법으로 표현할 수 있도록 격려하여 의식화를 돕는다.*	

4) 일기 기법*Journal Technique*

일기 기법에는 과거 일기와 현재 일기를 사용하는 방법이 있다. 내담자가 현재 자신의 감정과 연결되거나 의미 있는 자신의 일기를 사용할 수 있으나, 치료사는 치료 목적에 따라 내담자가 선택하지 않은 일기 내용을 사용할 수도 있다. 이 경우 내담자 스스로 선택한 일기뿐만 아니라 공개하고 싶지 않은 내용을 통하여 내담자가 자신의 내면을 직면할 수 있기 때문에 그림자엿보기 모델의 장점이 있다.

그림자엿보기 모델 일기 기법

기법	분류	설명	목표
일기 기법	과거 일기	과거에 작성한 자신의 일기 중 특정 감정과 연결된 페이지를 선정하여 장면을 이미지화 하게 한다. 과거 미해결된 감정이나 상황을 재경험하도록 한다.	재경험 욕구 충족 대상 체험
		과거에 작성한 자신의 일기 중 치료 자료로써 사용하고 싶지 않은 페이지를 선정하여 장면을 이미지화하게 한다. 직면을 통해 그림자를 인식하도록 한다.	부정 감정인지 회피 이미지 탐색
	현재 일기	최근에 작성한 자신의 일기 중 의미 있다고 생각되는 페이지를 선정하여 장면을 이미지화하게 한다. 현재 자신의 모습을 재점검하도록 한다.	잃어버린 자아탐색 존재 자각
		최근에 작성한 자신의 일기 중 치료 자료로써 사용하고 싶지 않은 페이지를 선정하여 장면을 이미지화하게 한다. 직면을 통해 그림자를 인식하도록 한다.	부정 자아인지 존재 자각

그림자엿보기 모델 일기 기법 예시 1

적용 모델 *(기법)*	IT매뉴얼 : 그림자엿보기 모델*(일기 기법→과거 일기)*	
증상 개선 목표	ⒸⒺⓇⒶⓉ : 과거 미해결 상황 인식	
설명	과거 자신의 일기 중 특정 감정과 연결된 페이지를 선정하여 사용함으로써 미해결 감정 또는 대상을 체험하고 그것이 현재에 미치는 영향을 인식하게 한다.	
준비물	내담자가 선정한 과거 일기 복사 페이지, 일기장, 기본 재료*(A4용지, 필기구 등)*	
진행 과정	열기	각자 편안한 공간으로 이동하여 명상음악을 들으며 몸과 마음, 감정을 정화하게 한다.
	만나기	1. 내담자가 자신이 준비해 온 일기를 소리 내지 않고 읽으며 머릿속에 장면을 이미지화하게 한다. 2. 이미지화된 장면에 대해 설명한 후, 그 속에 있는 자신을 바라보며 느껴지는 것에 대해 이야기하게 한다. 3. 반대로 과거 속의 내가 되어 현재의 자신을 바라보면서 느껴지는 점을 말하게 한다.
	닫기	예술체험에서 경험한 자신 및 타인에 대한 새로운 인지를 자각하고 통찰하게 한다.
	적용하기	진행 과정에서 관찰한 내담자의 반응을 기반으로 예술체험이 긍정적 현실 접목 및 훈련이 되도록 화두를 준다.
유의사항	*내담자가 선택하지 않은 일기의 내용으로 동일하게 진행 가능하며, 이때 내담자는 직면하고 싶지 않은 감정과 대상을 의식화할 수 있다.*	

그림자엿보기 모델 일기 기법 예시 2

적용 모델 *(기법)*	IT매뉴얼 : 그림자엿보기 모델*(일기 기법→현재 일기)*	
증상 개선 목표	CⒺRⒶⓉ : 실존 자각	
설명	최근 작성한 일기 중 의미 있는 부분을 활용하여 현재의 자기 모습을 재점검하게 한다.	
준비물	내담자 스스로 선정한 최근의 일기 페이지, 일기장, 기본 재료*(A4용지, 필기구 등)*	
진행 과정	열기	각자 편안한 공간으로 가서 명상음악을 들으며 몸과 마음, 감정을 정화하게 한다.
	만나기	1. 내담자에게 자신이 준비해 온 일기를 소리 내지 않고 읽게 한다. 2. 가장 마음에 드는 문장을 장면으로 만들어 떠올리게 한다. 3. 장면을 선택한 이유에 대해 묻고 현재 자기의 상황과 다른 점과 그에 대한 이유를 말하게 한다. 4. 현재 자신의 입장에서 과거 일기 속의 나에게 편지를 쓰게 한다.
	닫기	예술체험에서 경험한 자신 및 타인에 대한 새로운 인지를 자각하고 통찰하게 한다.
	적용하기	진행 과정에서 관찰한 내담자의 반응을 기반으로 예술체험이 긍정적 현실 접목 및 훈련이 되도록 화두를 준다.
유의사항	*내담자가 선택하지 않은 일기의 내용으로 진행 가능하며, 이때 내담자는 직면하고 싶지 않은 감정과 대상을 의식화하여 '현재의 나'를 바라볼 수 있다.*	

5) 마음낙서 기법*Doodling Technique*

마음낙서 기법은 무의식이 가장 잘 반영되어 나타나는 투사의 속성이 강한 매체이다. 따라서 내담자가 과거와 현재 자신의 무의식 속 이슈가 무엇인지 의식화하는 데 좋은 도구가 된다. 일기기법과 마찬가지로 과거와 현재를 기준하여 내담자가 선정하거나 기피하는 낙서를 치료사가 치료 목적에 맞게 선택하여 사용할 수 있다.

그림자엿보기모델 마음낙서 기법

<table>
<tr><th>기법</th><th>분류</th><th>설명</th><th>목표</th></tr>
<tr><td rowspan="4">마음
낙서</td><td rowspan="2">과거
낙서</td><td>과거에 작성한 자신의 낙서 중 특정 감정과 연결된 부분을 선정하여 무의식을 탐색하도록 한다.</td><td>재경험
욕구 표출</td></tr>
<tr><td>과거에 작성한 자신의 낙서 중 치료 자료로써 사용하고 싶지 않은 부분을 선정하여 무의식을 탐색하도록 한다.</td><td>부정 정서
무의식 탐색</td></tr>
<tr><td rowspan="2">현재
낙서</td><td>최근에 작성한 자신의 낙서 중 의미 있다고 생각되는 부분을 선정하여 현재의 의식구조를 탐색하도록 한다.</td><td>애착 자각과
인지</td></tr>
<tr><td>최근에 작성한 자신의 낙서 중 치료 자료로써 사용하고 싶지 않은 부분을 선정하여 현재의 의식구조를 탐색하도록 한다.</td><td>회피 감정 인지
존재 자각</td></tr>
</table>

그림자엿보기 모델 마음낙서 기법 예시 1

적용 모델 *(기법)*	IT매뉴얼 : 그림자엿보기 모델*(마음낙서 기법→과거 낙서)*	
증상 개선 목표	©ⒺRⒶT : 내면 심리상태 의식화	
설명	과거 자신이 작성한 낙서를 통해 자신의 무의식적 흐름을 파악하고 의식화하게 한다.	
준비물	내담자 과거 마음낙서, 기본 재료*(A4용지, 필기구 등)*	
진행 과정	열기	자리에 앉아 각자 마음낙서를 보여 주고 어떤 내용들이 있는지 소개하게 한다.
	만나기	1. 낙서 중 하나의 단어를 선택한 후 연상되는 단어들로 이루어진 마인드맵을 작성하게 한다. 2. 선택한 단어와 완성된 마인드맵을 소개하게 한다. 3. 마인드맵에 나온 단어와 관련된 대상과 감정에 대하여 설명하게 한다.
	닫기	예술체험에서 경험한 자신 및 타인에 대한 새로운 인지를 자각하고 통찰하게 한다.
	적용하기	진행 과정에서 관찰한 내담자의 반응을 기반으로 예술체험이 긍정적 현실 접목 및 훈련이 되도록 화두를 준다.
유의사항	*내담자가 선택하지 않은 낙서의 내용으로 진행도 가능하며, 내담자는 직면하고 싶지 않은 감정과 대상을 의식화할 수 있다.*	

그림자엿보기 모델 마음낙서 기법 예시 2

<table>
<tr><td>적용 모델
(기법)</td><td colspan="2">IT매뉴얼 : 그림자엿보기 모델*(마음낙서 기법→현재 낙서)*</td></tr>
<tr><td>증상 개선 목표</td><td colspan="2">ⒸⒺRⒶT : 인지 변화, 애착 자각</td></tr>
<tr><td>설명</td><td colspan="2">최근 작성한 낙서의 핵심 단어를 다양한 방식으로 표현하는 과정을 통해 현재 자신의 애착 감정을 자각하게 한다.</td></tr>
<tr><td>준비물</td><td colspan="2">내담자 최근 마음낙서, 8절 도화지, 기본 재료*(A4용지, 필기구 등)*</td></tr>
<tr><td rowspan="4">진행 과정</td><td>열기</td><td>편안한 공간에 앉아서 몸과 마음, 감정을 이완하게 한다.</td></tr>
<tr><td>만나기</td><td>1. 준비한 마음낙서에 나타나 있는 핵심 단어를 다양한 글씨체로 적게 한다.
2. 희망트리를 그린 후 나무에 말풍선을 부착하게 한다.
3. 집단에게 각자 자신의 것을 소개하게 한 후에, 선호하는 말풍선을 선택하도록 하고 그 이유에 대하여 말하게 한다.</td></tr>
<tr><td>닫기</td><td>예술체험에서 경험한 자신 및 타인에 대한 새로운 인지를 자각하고 통찰하게 한다.</td></tr>
<tr><td>적용하기</td><td>진행 과정에서 관찰한 내담자의 반응을 기반으로 예술체험이 긍정적 현실 접목 및 훈련이 되도록 화두를 준다.</td></tr>
<tr><td>유의사항</td><td colspan="2">*낙서가 없을 경우 치료공간에서 낙서를 할 수 있도록 유도한다. 단, 내담자의 무의식이 낙서에 반영되는 것을 방해하지 않도록 하기 위해 낙서를 통해 어떤 활동이 이루어질 것인지 사전에 알리지 않고 자연스럽게 진행한다.*</td></tr>
</table>

6) 깨우기 기법*Awakening of Body Technique*

깨우기 기법에는 신체 깨우기와 마음 깨우기 그리고 정신 깨우기가 있으며, 자신의 그림자를 순차적으로 엿볼 수 있도록 구성되어 있다. 이 기법은 자신의 몸을 통해서 자각하는 음과 양의 실체를 동영상이라는 객관적인 자료를 기반으로 인지하게 된다. 각성기법이기 때문에 제시된 과정의 순서와 구조화를 가능한 지키도록 권유한다. 모든 인간은 자기 몸의 소유주로서 수반되는 고통을 안고 살아간다. 신체와 마음 그리고 정신의 몸에 대한 이해와 수용을 바탕으로 고안된 깨우기 기법은 자기인지를 통해서 카타르시스를 유도하는 특화된 매뉴얼이다.

그림자엿보기 모델 깨우기 기법

기법	분류	설명	목표
깨우기 기법	신체 깨우기	신체의 몸에 대한 정서와 상처를 자유롭게 표현하게 한다.	몸의 감정인지
	신체 엿보기	영상을 통하여 신체의 몸에 대한 정서와 상처를 알아채고 이완하여 카타르시스를 경험하게 한다.	몸의 자각과 정화
	마음 깨우기	마음에 대한 감정과 고통을 자유롭게 표현하게 한다.	마음의 감정인지
	마음 엿보기	영상을 통하여 마음에 대한 감정과 고통을 알아채고 이완하여 카타르시스를 경험하게 한다.	마음의 자각과 정화
	정신 깨우기	인간의 의식 속에 잠재된 영혼에 대한 공포와 두려움 등을 표현하게 한다.	정신의 감정인지
	정신 엿보기	영상을 통하여 인간의 의식 속에 잠재된 영혼에 대한 공포와 두려움 등을 알아채고 이완하여 카타르시스를 경험하게 한다.	정신의 자각과 정화

깨우기 기법은 강력한 분노 또는 저항이 동반될 수 있는 작업이기 때문에 내담자가 안전하게 체험하도록 신중하게 적용하여야 한다. 이 기법은 주로 가장 안전한 시기인 치료 중반 또는 종결과 가까운 회기에 사용하는 것이 바람직하다. 장기적 치료를 받은 내담자가 행동상의 뚜렷한 변화가 필요할 때 적용하면 치료 효과를 증진하는 데 효

율적이다. 총 회기는 최소 6회기를 한 세트로 설계하여 진행하도록 하며, 신체와 마음 그리고 정신으로 각 2회기씩 구성하여 자기탐색을 할 수 있도록 한다. 이와 같은 목적을 달성하기 위하여 6회기 전 과정의 동영상 촬영이 요구되고, 각 회기의 체험 과정은 50분 내외 정도 분량으로 편집되어야 한다.

각 단계를 거치며 내담자는 회기 과정에서 또는 세션을 마치고 일상으로 돌아와서도 다양한 심리적 변화를 체험하게 된다. 따라서 6회기 종결 후 내담자가 원인을 발견할 수 있도록 자기분석을 위한 시간을 마련한다. 단 자기탐색 시기는 내담자의 특성에 따라 다르며, 빠른 경우는 2회기 후에도 곧바로 이루어지기도 한다. 자기탐색까지의 과정을 통해 내담자는 증상을 유발한 근원을 발견하고 고통과 분노 등의 부정적 자아를 수용하고 긍정적 자아로 거듭나는 변화를 하게 된다. '내담자는 마침내 고통 속에서 자신을 수용하고 새로운 사고 패턴으로 감정을 디자인하는 다른 존재로 변형'된다.

신체 깨우기 Awakening of Physical Body는 치료공간을 네 개의 공간으로 나눈 후 각 공간을 각기 다른 색의 조명 또는 선으로 표시한다. 내담자의 연령 및 증상에 따라서 공간에 대한 글 표식을 하면 진행에 도움을 줄 수 있다. 매 회기에 내담자들에게 공간이 갖는 특성과 그 공간 안에서 해야 할 일을 사전에 알려준 후, 각 공간에 보조치료사를 배치하여 내담자들의 표현을 이끌어 내면 더 효과적이다. 지문을 짧게 주어서 빠르게 진행하면 신체의 역동을 극대화할 수 있다.

신체 깨우기(1~2회기)

회기	활동 및 발달 단계
1회기	내담자가 치료 세션에서 활동하는 상황을 촬영한다. 치료사는 내담자 내면에 새롭게 인지가 필요한 부분들이 드러날 수 있도록 의도적으로 촬영한다.
2회기	1회기에서 촬영한 영상을 보여 주고 이로 인해 내담자는 의도치 않게 자신의 부정적인 면의 목격자가 된다. 특히 자신뿐 아니라 다른 사람에게도 공개되었다는 사실에 내담자의 부정, 분노, 수치 등의 부정적 감정과 강한 저항이 증폭될 수 있다.

그림자엿보기 모델 깨우기 기법 예시

<table>
<tr><td>적용 모델
(기법)</td><td colspan="2">IT매뉴얼 : 그림자엿보기 모델*(깨우기 기법→신체 깨우기)*</td></tr>
<tr><td>증상 개선 목표</td><td colspan="2">ⒸⒺRⒶⓉ : 몸의 감정 읽기</td></tr>
<tr><td>설명</td><td colspan="2">신체 움직임과 소리내기를 통해서 감정과 정서를 알아차리게 한다.</td></tr>
<tr><td>준비물</td><td colspan="2">카메라, 네 가지 조명*(빨강, 파랑, 노랑, 초록)*, 공간 지시 표식</td></tr>
<tr><td rowspan="4">진행 과정</td><td>열기</td><td>각 공간의 상징성을 몸이 충분히 기억할 수 있도록 오감을 깨우는 지문을 주어서 공간을 탐색하게 한다.</td></tr>
<tr><td>만나기</td><td>1. 공간 1부터 4까지 표식*(공간 1: 빨리 움직이기, 공간 2: 걸으면서 지속적으로 의미 없는 노래, 말, 방언 등 소리내기, 공간 3: 직선으로 움직이기, 공간 4: 느리게 움직이기)*에 따라 움직이게 한다. 약 1~3분마다 공간의 상징을 말하는 지문을 주어 움직이게 한다.
2. 반복 실행하다 보면 내담자들은 한 공간에 머무르게 되고 그런 현상이 보일 때 집단을 '동작 그만'이라는 지문을 주어 정지하게 한다.
3. '공간 이동'이라는 지문을 주어 같은 공간의 집단끼리 다음 방으로 이동하게 한다. 집단원이 다음 공간으로 이동하면 '시체 자세' 지문을 주다가 다시 '공간 이동' 지문을 반복적으로 실행하게 한다.
4. 집단이 충분하게 공간 체험이 끝나면 지문을 주어 각 공간에서 안전하게 빠져 나오게 한다.</td></tr>
<tr><td>닫기</td><td>각자 몸이 체험한 공간에서의 신체 및 장기 등의 감정과 정서를 알아차리게 한다.</td></tr>
<tr><td>적용하기</td><td>진행 과정에서 관찰한 내담자의 반응을 기반으로 예술체험이 긍정적 현실 접목 및 훈련이 되도록 화두를 준다.</td></tr>
<tr><td>유의사항</td><td colspan="2">*치료사가 지시적 방법으로 진행하나 내담자들은 비지시적으로 느끼도록 표현에 유의한다.*
신체 엿보기 회기를 위하여 동영상 촬영을 한다.</td></tr>
</table>

신체 엿보기*Self-reflection of Physical Body*는 신체 깨우기 회기의 전 과정을 세 대의 카메라로 촬영한 영상을 약 50분 분량으로 편집하여 준비한다.

그림자엿보기 모델 깨우기 기법 예시

적용 모델 *(기법)*	IT매뉴얼 : 그림자엿보기 모델*(깨우기 기법→신체 엿보기)*	
증상 개선 목표	ⒸⒺⓇⒶT : 몸의 자각과 정화	
설명	영상을 통하여 신체의 몸에 대한 정서와 상처를 알아채고 이완하여 카타르시스를 경험하게 한다.	
준비물	TV, 컴퓨터, 신체 깨우기 회기 편집 영상, 카메라	
진행 과정	열기	신체 깨우기 회기 동영상을 관찰하게 한다.
	만나기	1. 내담자가 자발적으로 각자의 행동과 언어 표현에 대하여 주의 깊게 바라보게 한다. 2. 조각기법을 통하여 2인칭 또는 3인칭으로 자신의 이미지와 대화하게 한다. 3. 변화하고 싶은 이미지로 조각을 바꾸어서 표현한 후에 발전된 모습을 칭찬 또는 격려하게 한다.
	닫기	새롭게 발견한 몸의 감정에 대하여 말하게 한다.
	적용하기	진행 과정에서 관찰한 내담자의 반응을 기반으로 예술체험이 긍정적 현실 접목 및 훈련이 되도록 화두를 준다.
유의사항	*내담자의 행동 특성과 개성들을 세밀하게 관찰할 수 있도록 클로즈업 샷과 풀샷의 정도를 적절히 안배하여 50분으로 편집한 영상을 준비한다(다음 회기를 위하여 자기 분노에 빠져서 저항을 보이는 내담자가 있다면, 집단원들의 의식적 · 무의식적 포착하여 촬영한다).*	

마음 깨우기*Awakening of Mind*는 바쁜 현대인의 마음속 감정과 고통을 알아채고 이완하여 카타르시스를 경험하게 한다. 먼저 치료공간을 네 개로 분할하여 가족의 방, 연인의 방, 우정의 방 그리고 보이지 않는 방으로 진행한다. 일반적으로 가족과 연인 그리고 우정의 방은 각자의 의식 안에 구축된 실존 이미지인데 반해, 보이지 않는 방은 책임과 의무 그리고 역할 등이 사라진 자기만의 가상의 공간이다. 이 과정은 실존과 가상의 공간 체험을 통해 내담자들은 현실의 속박에서 벗어나 자유로움을 체험할 수 있다.

관계의 방은 보이지 않는 방*역할 없음*을 제외하고 가족의 방*자식, 엄마, 아빠 등*, 연인의 방*남자친구, 여자친구 등*, 우정의 방*절친, 짝궁, 소꿉친구 등*에서는 역할로서의 내담자를 관찰하는데에 목적이 있다. 각 방에서는 슬픔, 공포, 분노, 기쁨 등이 자연스럽게 표출되는 체험이 가능하여 내면 감정 해소에 도움이 된다.

마음 깨우기*(3~4회기)*

회기	활동 및 발달 단계
3회기	내담자는 2회기의 강한 정서적 충격의 영향으로 부정적인 행동을 의식적으로 통제하며 자신의 행동을 부정하거나 숨기는 단계에 돌입한다.
4회기	3회기 촬영 영상을 보며 의도적으로 부정적 행동을 감추는 자신의 모습을 인지하게 된다. 감추려 하는 자신의 모습과 행동을 인지하면서 2회기에서 느꼈던 저항보다 더 강한 저항이 발현될 수 있다.

그림자엿보기모델 깨우기 기법 예시

<table>
<tr><td>적용 모델
(기법)</td><td colspan="2">IT매뉴얼 : 그림자엿보기 모델(깨우기 기법→마음 깨우기)</td></tr>
<tr><td>증상 개선 목표</td><td colspan="2">ⒸⒺRⒶT : 마음의 감정 읽기</td></tr>
<tr><td>설명</td><td colspan="2">마음에 대한 감정과 고통을 자유롭게 표현하게 한다.</td></tr>
<tr><td>준비물</td><td colspan="2">카메라, 신체 엿보기 회기 편집 영상, 각 방의 상징물 4개</td></tr>
<tr><td rowspan="4">진행 과정</td><td>열기</td><td>신체 엿보기 회기 동영상을 관찰하게 한다.</td></tr>
<tr><td>만나기</td><td>1. 즉흥적으로 빠르게 반응하도록 소리와 움직임에 의미를 부여하지 않고 지문을 바꾸어 자유롭게 행동하게 한다.
2. 각 방의 상징성(가족의 방, 연인의 방, 우정의 방, 보이지 않는 방)을 인지하게 하고, 원하는 방의 역할로 가게 한다.
3. 1~3분 정도 각 방에 자유로이 머무르게 한 후에 움직임을 멈추도록 '동작 그만'이란 지문을 준다.
4. '공간 이동'이란 지문을 주어 내담자들을 빠르게 움직이게 한다. 집단원이 4개의 공간을 충분히 체험하도록 한 후에 '시체 자세' 지문을 주어 잠시 눕게 하였다가 약 1~3분 정도 지난 후에 '공간 이동' 지문을 주어 반복적으로 움직이게 한다.</td></tr>
<tr><td>닫기</td><td>마음이 주로 선택했던 공간의 감정이 무엇이었는지 생각해 보고 그 이유를 말하게 한다. 체험한 각 공간에서의 감정과 정서를 알아차리게 한다.</td></tr>
<tr><td>적용하기</td><td>진행 과정에서 관찰한 내담자의 반응을 기반으로 예술체험이 긍정적 현실 접목 및 훈련이 되도록 화두를 준다.</td></tr>
<tr><td>유의사항</td><td colspan="2">설정된 슬픔, 공포, 분노, 기쁨 등의 감정이 충분히 표출되도록 다양한 연극 장치를 사용할 때에 몰입이 깨지지 않도록 유의해야 한다. 소품은 즉흥적인 사용이 가능한 가면, 모자, 천 등을 사용할 수 있다(다음 회기를 위하여 동영상 촬영을 한다).</td></tr>
</table>

마음 엿보기*Self-reflection of Mind*회기를 위하여 마음 깨우기 회기 촬영영상물 편집본을 준비한다. 이 영상물 관찰은 자신을 인지하는 과정에서 강한 저항과 분노가 발생할 수 있으므로 치료사는 내담자의 감정에 균형 있고 객관적인 태도를 유지하여야 한다.

그림자엿보기 모델 깨우기 기법 예시

적용 모델 *(기법)*	IT매뉴얼 : 그림자엿보기 모델*(깨우기 기법→마음 엿보기)*	
증상 개선 목표	©E®AT : 마음의 자각과 정화	
설명	영상을 통하여 마음에 대한 감정과 고통을 알아채고 이완하여 카타르시스를 경험하게 한다.	
준비물	TV, 컴퓨터, 마음 깨우기 회기 편집 영상	
진행 과정	열기	마음 깨우기 회기 동영상을 관찰하게 한다.
	만나기	1. 자발적으로 각자의 행동과 언어 표현에 대하여 소감을 말하게 한다. 2. 조각기법을 통하여 자신의 이미지와 2인칭 또는 3인칭으로 대화를 하게 한다. 3. 변화하고 싶은 이미지로 조각을 바꾸거나 점토 기법으로 형상화한 후에 칭찬 또는 격려를 한다.
	닫기	대집단의 경우에는 둘이서 짝을 지어 표현하게 하고, 소집단의 경우에는 한 명씩 돌아가면서 변화된 자신의 감정을 표현하도록 한다.
	적용하기	진행 과정에서 관찰한 내담자의 반응을 기반으로 예술체험이 긍정적 현실 접목 및 훈련이 되도록 화두를 준다.
유의사항	*마음 깨우기 전체 회기를 내담자의 행동 특성과 개성들을 세밀하게 관찰할 수 있도록 클로즈업 샷과 풀샷의 정도를 적절히 안배하여 50분으로 편집 영상을 준비한다.*	

정신 깨우기*Awakening of Spiritual Body*는 인간의 의식 속에 잠재되어 있는 근원적인 공포와 두려움 등을 인식하고 현실과 우주를 연계하는 특별한 과정이다. 영혼의 세계에 대한 알아차림을 통해 정신의 이해와 카타르시스 체험도 가능하다. 각 방은 천상의 방, 지옥의 방, 현실의 방 그리고 보이지 않는 방으로 구분하여 진행한다. 일반적으로 천상과 지옥, 현실의 방은 각자의 의식세계 안에 이미지가 구축되어 있는 데 반해서 보이지 않는 방은 과거에 대한 죄책감과 현실의 불안함 그리고 미래에 대한 욕망 등이 없는 '무無'의 세계로서 가상의 공간이다. 이를 통해 내담자들이 완전한 자유를 체험하도록 설계되었다.

정신 깨우기*(5~6회기)*

회기	활동 및 발달 단계
5회기	내담자는 감추기 노력을 포기하고 자신의 긍정적인 모습을 찾으려는 시도를 시작하게 된다.
6회기	5회기의 영상을 보며 어두운 면과 긍정적인 면이 의식적으로 균형을 이루게 된다. 특히 6회기에서는 본 회기를 촬영하여 회기 말미에 공유함으로써 인지 효과를 강화한다. 이때 치료사는 영상에서 내담자의 노력과 인지가 드러나는 부분을 짚어 줌으로써 내담자가 인지를 강화할 수 있도록 돕는다.

그림자엿보기 모델 깨우기 기법 예시

적용 모델 *(기법)*		IT매뉴얼 : 그림자엿보기 모델*(깨우기 기법→정신 깨우기)*
증상 개선 목표		ⒸⒺRⒶⓉ : 정신의 감정 읽기
설명		인간의 의식 속에 잠재된 영혼에 대한 공포와 두려움 등을 표현하게 한다.
준비물		카메라, 마음 엿보기 회기 편집 영상, 각 방의 상징물 4개
진행 과정	열기	마음 엿보기 회기 동영상을 관찰하게 한다.
	만나기	1. 네 개로 설정된 각 공간*천상의 방, 현실의 방, 지옥의 방, 보이지 않는 방*을 인지하게 하고, 원하는 방으로 이동하게 한다. 2. 1~3분 정도 각 방에 자유로이 머무르게 한 후에, 하고 싶은 말, 행동, 노래, 방언, 춤 등을 하고 3분 정도 후에 '동작 그만'이란 지문을 주어 정지하게 한다. 3. 진행자가 '공간 이동'이란 지문을 주어 내담자들을 빠르게 이동시킨 후 2번과 동일하게 진행한다. 4. 집단원이 네 개의 공간을 충분히 체험하도록 한 후 가장 마음에 드는 공간으로 이동하게 한다. 5. 가장 마음에 드는 공간에 머물며 그곳을 탐색하게 한다.
	닫기	영혼이 주로 선택했던 공간의 감정이 무엇이었는지 생각해 보고 그 이유를 말하게 한다. 체험을 통하여 의식적 · 무의식적 체험을 자각하게 하고 두려움과 공포가 어디서부터 오는지 알아차리게 한다.
	적용하기	진행 과정에서 관찰한 내담자의 반응을 기반으로 예술체험이 긍정적 현실 접목 및 훈련이 되도록 화두를 준다.
유의사항		*보이지 않는 방은 '공간에 있는 자신의 모습이 노출되지 않는다.'는 지문을 주어 설명한다. 치료사는 지시적 방법으로 진행하나 내담자들이 비지시적으로 느끼고 자발적으로 움직이도록 표현에 유의한다(정신 엿보기 회기를 위하여 동영상 촬영을 한다).*

정신 엿보기*Self-reflection of Spiritual Body*회기를 위하여 치료사는 정신 깨우기 회기의 전 과정을 담은 촬영 편집본을 준비한다.

그림자엿보기 모델 깨우기 기법 예시

적용 모델 *(기법)*	IT매뉴얼 : 그림자엿보기 모델*(깨우기 기법→정신 엿보기)*	
증상 개선 목표	ⓒⒺRⒶT : 정신의 자각과 정화	
설명	영상을 통하여 인간의 의식 속에 잠재된 영혼에 대한 공포와 두려움 등을 알아채고 이완하여 카타르시스를 경험하게 한다.	
준비물	TV, 컴퓨터, 정신 깨우기 회기 편집 영상, 카메라	
진행 과정	열기	정신 깨우기 회기 동영상을 관찰하게 한다.
	만나기	1. 자발적으로 각자의 행동과 언어 표현에 대하여 소감을 말하게 한다. 2. 조각기법을 통하여 자신의 이미지와 2인칭 또는 3인칭으로 대화를 하게 한다. 3. 변화하고 싶은 이미지로 조각을 바꾸거나 점토 기법으로 형상화한 후에 칭찬 또는 격려를 한다.
	닫기	대집단의 경우에는 둘이서 짝을 지어 표현하게 하고, 소집단의 경우에는 한 명씩 돌아가면서 변화된 자신의 감정을 표현하도록 한다.
	적용하기	진행 과정에서 관찰한 내담자의 반응을 기반으로 예술체험이 긍정적 현실 접목 및 훈련이 되도록 화두를 준다.
유의사항	*내담자의 행동 특성과 개성들을 세밀하게 관찰할 수 있도록 클로즈업 샷과 풀샷의 정도를 적절히 배분하여 50분 분량으로 편집한 영상을 준비한다(자기 분노에 빠져서 저항을 보이는 내담자가 있다면 집단원들의 의식적 · 무의식적 반응들을 포착하여 촬영한다).*	

그림자엿보기 모델은 내담자가 자기분석을 하는 데에 도움을 주기 위한 도구로 그들이 흔히 보일 수 있는 다양한 증상을 제시해 준다.

내담자의 심리적 성향 및 증상

<table>
<tr><td>외적 요소</td><td>얼굴</td><td>키, 몸무게, 얼굴형, 옷차림, 헤어, 화장, 걸음걸이 등</td></tr>
<tr><td rowspan="4">내적 요소</td><td>성격</td><td>외향적, 내성적, 적극적, 소극적, 사교적, 독립적, 의존적, 남성적, 여성적, 중성적, 현실적, 비현실적, 능동적, 수동적, 이중인격적, 자기희생적, 도덕적, 이기적, 주관적, 객관적, 낙관적, 낙천적, 비관적, 부정적, 외설적, 관능적, 고립적, 복합적, 매력적, 투시적, 해학적, 지적, 유동적, 순응적, 도시적, 원시적, 성공지향적, 자기중심적, 배타적, 냉소적, 자기방어적, 개방적, 순종적, 융통적, 추진력, 친화력, 당당함, 도도함, 명량함, 쾌활함, 현명함, 솔직함, 차분함, 순박함, 예민한, 단순함 등</td></tr>
<tr><td>성향</td><td>애교형, 내숭형, 배려형, 품행방정형, 배신형, 교주형, 호기심형, 무기력형, 나르시스형, 몽상가형, 범죄형, 은둔형, 젠틀형, 마마보이형, 호감형, 비호감형, 백치형, 완벽주의형, 사치형, 과시형, 뚱딴지형, 박학다식형, 변덕형, 거절결핍형, 집착형, 표리부동형, 유아형, 고리타분형, 우유부단형, 양성애, 동성애, 천재성, 소유욕, 무소유욕 등</td></tr>
<tr><td>습관</td><td>눈 깜박임, 머리 긁적임, 고개 기울임, 코 만짐, 턱 들기, 머리 흔들기, 다리 떨기, 테이블 두드리기 등</td></tr>
<tr><td>심리 상태</td><td>엔젤 콤플렉스Angel Complex, 피터팬증후군Peterpan Complex, 새디스트Sadist, 오이디푸스 콤플렉스Oedipus Complex, 엘렉트라 콤플렉스Electra Complex, 브라더 콤플렉스Brother Complex, 마조히스트Masochist, 관음증, 노출증, 결벽증, 도벽, 신경과민, 피해망상, 과대망상, 대인기피, 주변 의식, 주의산만, 자격지심, 자아도취, 자가당착, 자아정체, 과거 집착, 현실도피 등</td></tr>
<tr><td>사회적 요소</td><td colspan="2">직업, 지위, 교우 관계, 교육 정도, 종교, 경제 수준, 기타 취미 및 활동 사항 등</td></tr>
</table>

7. 힐링드라마 모델*Healing Drama Model*

'힐링드라마 모델'은 개인의 심리치료를 목적으로 이루어지는 다양한 형태의 창작과 극작 그리고 예술 제작 행위를 기반으로 내면을 공개하는 힐링 의식을 의미한다. IT매뉴얼의 힐링드라마 모델은 '트라우마무대'와 '매직무대'라는 두 가지 유형으로 나뉜다. 이 유형들은 모두 과거와 현재 그리고 미래의 한 시점에 초점을 맞추어 창작할 수 있으나 다루고자 하는 소재에서 차이를 보인다. 내담자는 영상, 연극, 문학 등의 예술매체를 선택하여 창작 과정에 참여할 수 있으며, 마지막 날 자신의 이야기를 공개하는 '표현자*expresser*'가 된다. 표현자의 힐링 의식에는 그것을 '보는자*seeker*' 그리고 치료사가 함께한다. 표현자가 공개를 마치면 치료사는 후속세션인 '내면닫기'를 진행하여 노출된 문제점들을 내담자 스스로 해결하도록 현장에서 화두를 준다.

표현자(내담자)는 다수의 보는자들(참여자) 앞에서 발표를 통하여 내면열기를 하기 때문에 후속세션에서 이루어지는 내면닫기는 힐링드라마의 핵심 요소이다. 특히 '자전 히스토리를 바탕으로 극화'되는 예술창작체험의 경우, 기억의 변형이 목적이기 때문에 공연 또는 발표 시 불특정 다수의 일반인 또는 관객은 참여시키지 않는 것을 원칙으로 한다. 그리고 공개 후에는 표현자와 보는자들이 함께하는 치료사의 후속세션이 반드시 뒤따라야 한다. 만약 자신의 내면을 열었는데, 그것을 바라본 이들과 정서적 공감대를 이루지 못한다면 또 다른 상처를 받을 수 있기 때문이다. 따라서 표현자의 내면닫기를 충분히 함으로써 개인 및 집단의 치료 효과의 극대화를 꾀할 수 있다.

힐링드라마모델은 역할 모델과도 밀접하게 연결되어 있다. 특히 조커 기법 중 권력자 또는 주술사 역할을 적용할 경우, 아서 야노프*Arthur Janov*의 프라이멀 스크림 요법*Primal Scream Therapy*과 같은 충격요법의 기능을 나타낸다. 다만, 힐링드라마모델의 조커 기법이 감정 배설이라는 목적을 위하여 과거와 현재 그리고 미래로 시공을 초월하는 기회를 제공한다는 점에서는 차이가 있다. 특히 극 체험이 끝난 후 그 속에서 격렬하게 반응했던 기억의 순간들이 자각되도록 돕는 인지 프로그램 '내면닫기'가 후속세션으로 진행되는 점은 힐링드라마모델만의 특성이라 할 수 있다.

IT매뉴얼의 옴카 과정은 힐링드라마모델에서도 예외 없이 적용된다. 내담자가 격렬한 행동과 외침으로 감정 배설을 하게 되면 자칫 후속세션에서 허탈감에 빠질 수 있기 때문에 극 중에서 현실로 빠져나오도록 충분한 시간을 주어 마음을 안정시켜야 한다. 인지적인 측면에서 이 과정은 내담자가 분출하는 강렬한 표현은 현실을 살아내고자 하는 외침이고 의지임을 스스로 자각하게 해주는 순기능적 역할을 한다. 힐링드라마 모델에서 내담자의 담대한 표현은 그가 자신의 존재를 세상에 알리고 싶은 신호이자 존재의 확인 과정이기도 하다.

"나만을 위한 공간에서 다수의 동조자와 함께 나를 말하고, 나를 표현하고, 나를 받아들이는 과정은 생각만 해도 감격스럽다!" 이 말은 힐링드라마 모델을 경험한 수많은 표현자들과 보는자들이 공통으로 이야기한 체험담의 일부분이다. 내담자는 힐링드라마 모델 안에서 자기 자신인 동시에 그가 표현하는 역할이 된다. 그는 태어나 처음으로 자신만의 무대 위에서 살고, 웃고 그리고 존재의 확인을 위해서 울부짖는다. 흐느끼거나 우는 동안 그는 자신의 웃음과 눈물의 의미와 직면하게 된다. 바로 그 지점이 내담자가 힐링드라마를 통해서 '내 안의 나를 깨우는' 만남의 시간이자 재탄생의 순간이다.

1) 트라우마무대*Trauma Stage*

트라우마무대는 내담자가 자신의 개인 히스토리를 극화하여 표현하는 다큐드라마의 성격을 가지며, 신체와 마음 그리고 정서에 내재된 개인의 트라우마를 재구성하여 표현한다. 따라서 치료사는 극화 과정에서 내담자의 내면에 직접 접근하기 때문에 저항이 나타날 가능성이 있다는 점에 항상 유의하여야 한다.

개인이 한 인격체로서 구사하는 말과 행동은 가정과 사회에 미치는 영향이 매우 크다. 그리고 가족관계나 교우관계, 종교관, 가치관 그리고 경제 수준 등 다양한 요인은 개인의 이미지를 형성하는 데 영향을 미친다. 그러한 이유에서 내담자 개인의 역사 분석은 스스로 내면을 직면하는 또 하나의 도구가 된다. 특히 그림자엿보기 모델에서 제시하는 개인 역사 분석은 발달 시기별로 개인의 역사를 분석하는 틀로써 내담자가 스스로를 객관적으로 분석하고 이슈를 찾도록 돕는다.

다음에 소개할 트라우마 상황 분석 도표와 개인 역사 분석의 틀은 내담자가 힐링드라마를 준비하는 과정에서 내면 탐색에 도움을 준다. 아래에 제시한 세 가지 틀은 힐링 드라마 모델의 트라우마무대와 매직무대에 적용할 경우, 육하원칙에 의거해 이슈를 구체적인 상황으로 극화하는 데 기여하여 등장인물을 분석하고 창조하기에 효과적이다.

내담자의 트라우마 상황 분석

<table>
<tr><td rowspan="4">누가</td><td rowspan="2">외적 요소</td><td>키</td><td>체중</td><td>머리모양</td><td>의상</td><td>장신구</td></tr>
<tr><td></td><td></td><td></td><td></td><td></td></tr>
<tr><td rowspan="2">내적 요소</td><td>성향</td><td>성격</td><td>심리상태</td><td>언어적 특성</td><td>행동적 특성</td></tr>
<tr><td></td><td></td><td></td><td></td><td></td></tr>
<tr><td>언제</td><td colspan="6">시대(년, 월, 일, 시)</td></tr>
<tr><td>어디서</td><td colspan="6">공간을 둘러싼 주변 환경(예: 도심 속 한옥 집, 아파트 카페 등)</td></tr>
<tr><td>무엇을</td><td colspan="6">사건</td></tr>
<tr><td>어떻게</td><td colspan="6">행위</td></tr>
<tr><td>왜</td><td colspan="6">원인</td></tr>
</table>

(Hong, 1994, p. 17)

내담자 개인 역사 분석

시기	가족 관계	교우 관계	학력	직업	경제 수준	가치관	종교	취미 및 특기
유아기								
유년기								
청소년기								
성년기								

2) 매직무대*Magic Stage*

매직무대는 '만약에 내가*Magic If*'를 적용하여 허구와 상상의 세계 그리고 타인의 체험으로 소재가 확대되는 것이 특징이다. 따라서 내담자가 체험하지 못하였던 다양한 상황과 캐릭터를 경험함으로써 인격체의 변형이 가능하도록 돕는다. 특히 트라우마 무대에 저항을 나타내는 내담자의 경우, 매직무대로 전환하면 저항을 줄일 수 있어서 진행이 용이하다. 이 기법은 자존감이 낮은 내담자의 경우나 소극적 성향 및 현실 부정을 보이는 내담자들에게도 효과적으로 적용할 수 있다.

IT매뉴얼의 매직무대는 축제를 하는 인간의 본성에 준거한다. 이 기법의 목적은 내담자들에게 표현의 욕구를 충족시켜 줌으로써 체험을 통한 자기 욕구 배설 및 탐색에 있다. 현대인의 축제는 그 자체의 기능을 상실한 지 오래이다. 미국의 신학자 하비 콕스*Harvey Cox*는 인간은 본질적으로 "사고하는 인간일 뿐만 아니라 놀이하는 인간, 축제하는 인간, 환상적인 인간"이라고 말하며, 축제를 억눌려 있거나 간과된 감정 표현이 가능하도록 사회적으로 허용된 기회를 제공하는 의식으로 보았다. 그것은 인간이 이성적 사고와 유희적 본성 사이를 넘나들면서 인식의 지평을 확대하는 경험을 제공하기 때문일 것이다. 특히 우리가 축제에서 하는 가면 놀이나 변장 체험은 억압된 현실의 사회구조로부터 환상으로 들어갈 수 있는 탈출구이다. 이 비상구는 우리에게 현란한 춤과 과감한 노출을 용인하는 3차원의 공간에서 무한한 해방감을 느낄 수 있게 한다. 특히 놀이는 지적 발달과 정신교육을 필요로 하는 모든 인간에게 특별한 역할을 수행하기도 한다. 그와 같은 점에서 힐링드라마모델의 매직무대는 잃어버린 현대인의 축제를 대신할 수 있는 특별한 체험의 장이다.

무대 위에서 내담자는 자신의 트라우마를 '한 조각'씩 토해 내면서 허구를 구축하며 현실에서는 경험하지 못했던 세상을 체험하게 된다. 사실과 허구 그리고 자신과 배역 사이에 놓인 모호한 영역들은 환상과 현실의 경계에서 혼돈을 창조한다. 그러한 혼돈의 찰나를 통해서 굳게 믿어 왔던 자아상이 깨어지고, 인식의 전환으로 연결된다. 표현자는 배역 인물로서 자신이 창조한 스토리의 클라이맥스를 연기할 때에, '변화하는 자신'을 바라보면서 환희와 희열에 빠진다. 이 특별한 체험은 오직 통합예술치료 매직 무대에서 가능하다.

무대 위에서 행위하는 자는 '표현자'로, 그것을 바라보는 자는 '보는자'로 칭하며 이들 두 그룹은 치료 과정에서 각각 중요한 역할을 수행한다. 표현자는 자신의 문제를 해결하고자 예술의 형식을 빌려 표현하는 내담자이고, 그 상황을 목격하는 보는자 역시 표현자를 통하여 자신의 문제를 탐구하는 자이다. 때로 이들은 보는자도 표현자가 만든 극 속으로 투입되는 예비 표현자가 되기도 하고, 표현자도 또 다른 표현자가 만든 극 속으로 투입되거나 보는자가 되기도 한다. 따라서 이들 모두는 집단 공감 의식을 통하여 자기치유를 수행한다. 보는자는 관찰자인 동시에 목격자가 되어 무대의 상황을 제3의 눈으로 바라보면서 동일시 효과 또는 소외 효과를 경험하기 때문이다.

감정의 동일시 효과는 '몰입을 통해 공감과 동조가 일어나는 현상'으로 이해될 수 있다. 이러한 동질화 현상은 유전 이외의 방법으로 문화가 전달된다는 진화생물학자 리처드 도킨스*Richard Dawkins*의 밈*Meme* 이론과도 유사하다. 그는 예술, 건축, 아이디어, 패션 등의 문화 현상이 유전보다는 모방의 과정을 통해서 한 사람의 뇌에서 다른 사람의 뇌로 전수된다고 보았다. 이와 같은 밈의 개념은 이전까지의 뇌 과학, 언어의 기원, 종교 그리고 섹스 등에 대한 개념을 새롭게 하였다. 인간은 죽을 때까지 타인의 생각과 몸짓을 끊임없이 모방한다고 한다. 도킨스는 모방의 뜻이 담긴 그리스어 'Mimeme'에서 Meme이라는 용어를 취하여 생물학과 사회학 그리고 인지과학을 융합하여 마음과 문화에 새롭게 접근하는 밈 과학을 이슈화시켰다는 점에서 사회신경과학의 연구에 기여했다고 본다. 이들은 인간의 신경세포가 타인의 행동을 보기만 해도 자신이 직접 그와 같은 행동을 할 때와 똑같은 반응을 나타낸다는 "거울 뉴런*Mirror Neurons*" 이론을 주장하였는데 이는 동일시 효과를 뒷받침하는 좋은 근거라 할 수 있다(Brodie, 2010).

반면 소외 효과는 심적 거리감을 통한 객관적인 분석과 통찰을 할 수 있는 심적 반응으로 인지적 측면에서 '다름을 깨달아 치료 세션 중 인식의 변화를 촉발'할 수 있는 계기를 마련해 준다. 1950년대에 심리학자 앨버트 엘리스*Albert Ellis*와 정신과 의사 아론 벡*Aaron T. Beck*은 우울증 같은 바람직하지 못한 정신 상태가 삶과 세계에 대한 그릇된 생각 인지에서 비롯된다는 이론을 바탕으로 인지치료 모델을 시행하였다. 환자와 심층적인 대화를 나누면서 비논리적이거나 부적절한 믿음을 체계적으로 찾아내 '교정'하는 것이 핵심인 이 이론은 환자가 긍정 모방을 통해서 행복지수를 향상시킨다(Brodie, 2010)는 것이다.

우리는 일상에서 다름을 느끼는 순간 거부감이 들고 비판하게 된다. 하지만 치료 세션에서는 지켜보는 자의 역할을 하는 것이 실제 자기 체험 여부와 무관하게 지켜보는 상황과 인물들의 특징을 통해 '나를 반추해 보는 반면교사*反面教師* 의 효과'가 일어난다. 이것이 집단 치료 세션이 지닌 힘이다. 치료 과정에서 참여자는 묵시적으로 서로의 아픔을 격려하고, 공감하고, 공유하고자 하기 때문에 이는 곧 힐링 에너지의 근원이 된다. 마치 교회를 가는 사람들이 "신은 있다."라는 것을 이미 공유한 것처럼 말이다. 이 빌리브 시스템은 의사가 병을 낫게 해 줄 것이라고 믿는 환자에게는 플라시보 효과로 인하여 치료의 효과가 어느 정도 작용하는 것과 같은 이치다. 즉, 예술치료에서도 치료 세션에서 어떤 상황이 벌어지든 나와 타인이 다르다는 것을 전제한 참여자들은 수용하고 동조할 준비가 되어 있다는 것이다. 간혹 예외의 내담자도 있지만, 이 경우에도 치료사의 역량으로 집단의 역동을 잘 살린다면 집단예술치료의 효과를 극대화할 수 있을 것이다.

힐링드라마 모델의 진행 과정은 1단계로 내담자의 '이슈를 결정'한다. 2단계에는 '장면의 이미지를 구축'하고 극화에 필요한 소품 등의 담당을 팀원들 간에 결정하여 충분한 시간과 토론을 거친 후, 3단계에 비로소 예술작품의 1인 제작자가 되도록 한다. 이슈의 제공자는 가능한 자신의 역할을 맡아 직접 연기하는 역할 모델의 '자아 기법'을 사용할 것을 권장한다. 물론 내담자의 성향에 따라 역할 모델에 제시된 다양한 기법을 적용하는 것도 가능하지만, 감정 배설 측면에서는 자아 기법 적용을 통한 미해결 감정의 배설 효과가 나타날 수 있도록 가이드하는 것이 좋다.

힐링드라마 모델은 발표뿐 아니라 극화를 위한 구성 및 제작 과정과 그 후속세션에서도 자각과 인지가 일어난다. 또한 그와 같은 심리 변화는 순차적으로 공연 이후까지 지속되기 때문에 이슈 제공자가 자발적으로 무대에 섰을 때 그 효과가 극대화된다는 점에 유의해야 한다.

내담자가 이슈를 공유하고 장면을 이미지화하였다면 힐링드라마 구성표를 기록하며 공개를 위한 작업을 진행한다. 힐링드라마의 시놉시스*장면의 줄거리*는 육하원칙에 따라 작성하되 분량은 자율적으로 할 수 있다. 내담자에 따라 그림, 동작, 음악, 방언 등 창의적인 활용이 가능하기 때문에 도움이 필요할 경우 멘토를 제공한다.

유의할 점은 이슈의 초점을 잃지 않기 위해서 장면별 장치*소도구, 소품, 의상, 조명 등*를 최소화하여 사용하는 것이 좋다. 과도한 소품의 활용은 내담자의 내면 탐색을 저해하여 치료 효과를 반감시킬 수 있기 때문에 상징적으로 사용하도록 돕는다. 이러한 상징적 표현은 대인공포증, 또는 자기 이슈의 비밀을 고수하는 내담자에게도 적용 가능하다는 장점이 있다. 간혹 초보치료사와 내담자가 화려한 무대장치를 보여 줘야 한다는 욕구에 빠지는 경우가 있다. 과다한 표현 욕구는 자신의 감정을 증폭시켜 정화*purge* 하는 매직무대의 목적에 반하는 결과를 낳을 수 있다. 매직무대는 감정의 정화를 목적으로 내담자의 억압된 감정과 욕구를 포장 없이 원초적으로 표현하는 것이 목적이기 때문이다. 특히 내담자의 감정이 증폭된 상태에서 과도한 장치와 소품을 활용하면 부상의 위험도 따르고 자유로운 움직임을 저해할 수도 있다. 따라서 장치는 가능한 사용하지 않을 것을 권장하나, 필요하다면 몰입을 돕는 소도구 하나 정도를 사용하도록 한다.

그러나 음향의 경우는 다르다. 가령, 표현자가 비명을 지르거나 격렬한 표현이 어렵다면 음향이 그것을 대신해 줄 수 있으며, 내담자의 수치를 숨겨 주는 안전한 도구가 되기도 한다. 특히 내담자가 표현에 어려움을 겪는다면 음향이나 조명을 활용하는 것도 대안이 될 수 있다.

치료사는 내담자의 표현 욕구를 파악하여 자발적인 극구성을 침해하지 않는 선에서 극화를 위한 다양한 방법을 사용하도록 돕는다. 특히 무대를 위한 준비는 치료사의 가이드에 따라 진행되지만 지시적인 제안은 이슈 제공자의 이미지 구축에 방해가 될 수도 있다. 스스로 찾아가는 과정이 치료의 핵심이므로 이슈를 내놓은 사람이 기획자, 연출자 그리고 표현자가 되어 무대를 만들어 가면서 성취감과 자존감을 향상시킬 수 있어야 한다. 이점이 바로 힐링드라마와 일반 상업 작품의 차이점이다.

힐링드라마 모델 단계별 진행 과정

단계	설명
1	사전 세션에서 떠오른 각자의 미해결 과제를 공유하게 한다. 비슷한 이슈를 가진 사람끼리 팀을 이루어 '표현자'가 되게 한다.
2	선정된 이슈를 장면 이미지화 틀에 적어서 장면별로 주 감정을 공유하게 한다.
3	힐링드라마모델 구성표에 장소와 등장인물을 극화하여 기록하게 한다.
4	치료사 또는 멘토가 극화 작업을 돕는다.
5	표현자가 극화된 이야기를 '보는자' 들에게 공개하게 한다.
6	치료사는 표현자와 보는자를 위한 후속세션 내면닫기를 진행한다.

힐링드라마 모델 장면 이미지화 작성 사례

이미지	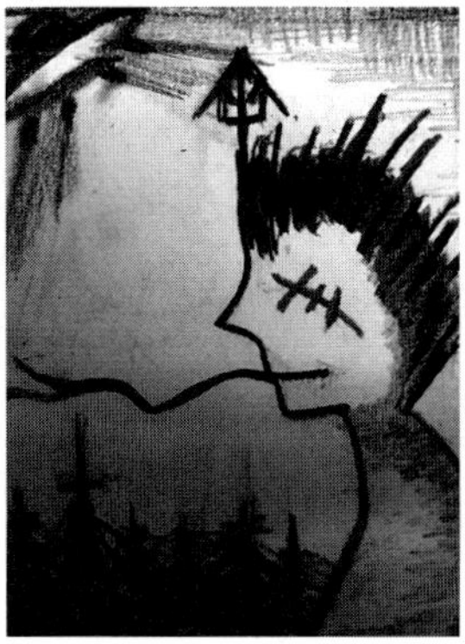		
상황	보고 싶지 않은 것들이 환영처럼 따라 다닌다.	거짓말을 하는 그를 용서할 수가 없다.	너의 이야기를 '비밀 나무'에 묻고 싶다.
주된 감정	고통	절망감/배신감	해방감

힐링드라마 모델 구성 표 예시

제목	누가 그녀를 보았나?			
장면	장소	등장인물	장면 줄거리	장치
1	거리	여자	거리에서 환영을 보는 여자	거리 소음
2	라이브 카페	여자	카페로 들어가던 여자의 시야에 취기에 엉킨 남녀의 뒷모습이 들어온다	음악
3	공원	여자 고양이	허탈하게 마지막 잎새를 응시하던 여자가, 낯선 고양이와 눈빛을 교환한다	바람 소리

힐링드라마 모델 발표는 준비 작업을 마친 다음 회기에 진행한다. 이 과정은 제작에 참여하는 팀원들과 내담자가 원만하게 표현자의 역할을 할 수 있도록 안전하게 돕는 것이 관건이다. 발표에 어려움이 있는 소극적인 표현자(내담자)에게는 치료사가 이완 작업을 선행하여 안정감을 준다면 큰 도움이 될 것이다.

내면닫기는 공개가 완료된 후에 후속세션으로 진행하며, 표현자(내담자)가 안정을 취하도록 의자에 앉히는 등의 방법으로 극에서 빠져나오게 한다. '표현자(내담자)가 심리적으로 자신의 이슈'를 떠나 현실로 복귀하는 자기인지의 과정이기 때문이다. 치료사는 이 과정을 표현자(내담자)는 물론 보는자들도 표현자(내담자)의 이슈를 목격자로서 공감을 나누는 데에 초점을 맞추어 진행한다. 때로 표현자(내담자)가 무대체험 과정에서 새로운 이슈를 떠올렸다면, 적절한 치료적 처치를 하여야 한다. 이 모델은 표현자(내담자)가 무대에서 이상심리 반응을 일으킬 수 있으므로 치료사는 많은 임상 경험을 쌓은 후에 안전하게 사용할 것을 권장한다.

상호보완적 통합예술치료팀 운영 체계 *Collaborative System of Arts Therapists*

다양한 예술매체를 사용하는 통합예술치료는 타 단일 예술치료와는 달리 치료사가 팀으로 활동하며 상호보완적으로 운영된다. 이들의 역할체계는 크게 슈퍼바이저를 주축으로 임상 팀장 그리고 치료사와 보조치료사가 한 팀으로 이루어져 있다. 보조치료사가 도입된 이유는 매체의 통합적용을 원활하게 수행하기 위한 목적에 있다. 특히 다양한 도구를 사용하는 미술, 음악, 영화/사진, 연극 등의 매체는 보조치료사의 역할

이 중요하다.

그러나 치료사의 개입이 커질 때 내담자의 자율성이 떨어지는 점에 유의하여 가능한 개입을 적게 하는 것이 바람직하다. 따라서 내담자가 과정 안에서 자신의 이야기를 충분히 표현할 수 있도록 치료사는 '그림자'처럼 존재하기를 제안한다. 여기서 그림자의 의미는 내담자가 예술체험을 하는 동안 자발적인 표현을 할 수 있도록 치료사는 내담자의 에너지 흐름을 방해하지 않도록 해야 한다는 의미이다.

통합예술치료팀 운영 체계

구분	자격	기능 및 역할
슈퍼바이저	슈퍼바이저 자격연수 및 자격시험 통과자	치료사 개인 문제 상담 내담자 분석 및 매뉴얼 상담 슈퍼바이지 분석 및 평가
임상 팀장	임상 팀장 자격연수 및 자격시험 통과자	치료팀 점검 및 관리 슈퍼바이저에게 임상 문제 보고 사례 콘퍼런스 관리 동료 슈퍼비전 관리 치료사 임상수행평가
치료사	치료사 자격연수 및 1급 자격시험 통과자	치료 목표 및 치료프로그램 설계 프로그램 구성 및 진행 임상일지 작성 사례 콘퍼런스 참여 동료 슈퍼비전 참여
보조치료사	치료사 자격연수 및 2급 자격시험 통과자	공간 세팅 및 치료도구 준비 세션 조력자(*관찰, 기록 등*) 역할 세션 촉진자(*역할보조, 매체, 활동시연 등*) 역할

1. 임상 절차*Clinical Procedures*

임상 절차는 치료사들의 맡은바 수행 업무에 따라 조직적이고 체계적인 운영 관리가 필요하다. 특히 임상 팀장과 치료사들이 함께 참여하는 사례 콘퍼런스는 동료 슈퍼비전을 통하여 내담자에 대한 정보를 교류하고 임상일지 검토 및 사례 개념화에 도움이 된다. 또한 매체의 사용과 개발을 할 수 있는 시간을 공유함으로써 통합예술치료사로서의 역량을 증진할 수 있도록 조직화되어 있다.

IT매뉴얼의 임상 절차는 치료사가 초기 면담을 통하여 내담자의 주 호소 문제를 이해하고 진단을 바탕으로 치료 계획을 수립하면서 시작된다. 진단을 바탕으로 프로그램을 설계하고 임상 팀장에게 치료의 목표와 매체 활용의 적법성에 대하여 점검을 받는다. 논의를 마친 후 임상을 시작하며, 진행 중의 문제는 임상 팀장에게 보고하고 슈퍼바이저에게 개인 상담을 통하여 해결한다.

IT매뉴얼 임상 절차

초기 면담	프로그램 설계	치료팀 구성	임상 진행
증상 분석	임상 팀장 슈퍼비전	사례 콘퍼런스 진행	임상 일지 작성
주 호소 진단	*프로그램 설계 치료팀 적절성 논의*	*보조치료사와 내담자 정보 임상 진행 공유*	*치료사 진행 일지 보조치료사 관찰 일지*

2. 치료사 임상수행평가*Clinical Skill Assessment*

임상수행평가는 임상 팀장이 치료프로그램을 설계하고 개입한 치료사와 보조치료사를 대상으로 역할 수행능력을 점검한다. 평가의 기준은 가장 먼저 내담자가 자발적으로 치료에 참여할 수 있도록 다양하고 적합한 예술매체를 적용하여 효율적으로 통합하였는지가 기본이 된다. 그밖에 전문가적 태도와 내담자와의 라포 등 치료사로서의 인성과 세션진행 기술 전반을 분석한다. 다각적인 면에서 이루어진 평가 결과는 치료사의 역량 강화 훈련 및 교육을 위한 분석 자료로 활용된다. 이 평가의 목적은 무엇보다 내담자가 치료사에게 적절한 치료를 제공받고 있는지 점검할 수 있는 객관적 자료가 되도록 돕는 데 의미가 있다. 치료사는 임상 팀장의 임상수행평가에 동의할 수 있어야 하며 마찰이 있거나 이해가 다를 경우에는 반드시 슈퍼바이저에게 슈퍼비전을 받아서 의견을 조율하고 역량을 강화한다.

임상수행평가

슈퍼바이지 성명		슈퍼바이저 성명	

치료사의 임상수행 능력을 1~5의 척도로 평가해 주세요*(1=낮은 점수/5=높은 점수)*.

Ⅰ. 임상수행 태도

No.	질 문	점 수				
		1	2	3	4	5
1	치료사의 윤리를 준수한다*(시간, 비밀유지 등)*.					
2	신뢰받는 옷차림을 착용한다.					
3	전문성이 있다.					
4	공감력이 있다.					
5	창의적이다.					
6	협동적이다.					
7	리더십이 있다.					
8	정리정돈을 한다.					

Ⅱ. 슈퍼비전

No.	질 문	점 수				
		1	2	3	4	5
1	슈퍼비전을 반영하여 일지를 작성한다.					
2	진행 과정을 언어적으로 충분히 설명한다.					
3	전이와 역전이를 이해하고 탐구함으로써 치료 과정에 미치는 영향을 이해한다.					
4	슈퍼바이저의 조언을 잘 수용하며, 이를 다음 임상에 적용한다.					
5	자기 성찰적이다.					
6	자신의 한계에 대하여 인정한다.					

임상수행평가

Ⅲ. 이론과 임상의 통합 능력

No.	질문	점수				
		1	2	3	4	5
1	내담자의 핵심 문제를 이해한다.					
2	치료 목표에 맞게 세션을 구성한다.					
3	목표에 맞는 회기를 진행한다.					
4	치료도구들을 적절히 사용한다.					
5	적용하기에 대한 화두를 효과적으로 준다.					
6	집단역동을 이해한다.					

Ⅳ. 통합예술치료 기술

No.	질문	점수				
		1	2	3	4	5
1	IT진단 및 평가 기술이 있다.					
2	내담자의 특성과 치료 목표에 따라 적절하게 예술 매체를 조합하여 통합적으로 진행한다.					
3	몸(*신체 · 마음 · 정신*)의 균형과 조화를 고려하여 기법을 활용한다.					
4	비지시적 방법으로 세션을 진행한다.					

Ⅴ. 전문가적 태도

No.	질문	점수				
		1	2	3	4	5
1	내담자의 핵심 문제를 이해한다.					
2	치료 목표에 맞게 세션을 구성한다.					
3	목표에 맞는 회기를 진행한다.					

3. 치료사 윤리*Ethics for Arts Therapists*

치료사는 내담자에게 치료행위에 대한 사전 동의를 얻어야 하며, 개인정보에 대한 비밀 보장 및 치료사 윤리를 지켜야 한다. 특히 치료 세션이 종료된 이후에도 개별적으로 불필요한 만남 등을 금하는 것을 원칙으로 한다. 그밖에 치료사가 유념해야 하는 사항들은 다음과 같다.

1) 비밀 보장의 원칙*Confidentiality*

치료사의 가장 기본적인 자세로 초기 진단은 물론 세션 진행 과정 전반에 거쳐 획득한 내담자의 정보를 외부와 공유하는 것을 금하는 원칙이다. 이는 치료사가 내담자를 위하여 담당 슈퍼바이저와 치료팀에게 슈퍼비전 받을 경우만 제외하고 동료 치료사에게도 적용된다. 매우 드물게 법적인 근거로 자료가 요청되는 경우와 내담자 신변의 위험이 예상될 경우는 예외이다.

2) 치료사의 옷차림*Professional Attire*

다양한 예술매체를 잘 활용할 수 있도록 움직임이 용이한 의복을 착용한다. 색상과 디자인 역시 신뢰감과 정서적 안정감을 주도록 하여 전문성을 훼손받지 않도록 한다. 특히 여성의 경우 노출을 삼가고 장신구를 하지 않는 것이 바람직하다. 때로 임상현장에서 치료사의 귀걸이나 목걸이 그리고 넥타이로 인하여 목을 졸리거나 귀가 찢어지는 사례가 일어나기도 한다. 의상을 포함하여 과도한 화장과 네일아트, 향수 등도 내담자의 시선과 집중을 분산시킬 수 있음에 유의한다.

3) 신체 접촉*Physical Contact*

내담자와의 라포 형성은 치료 효과에 지대한 영향을 준다. 때로 초보치료사들이 라포 형성을 위하여 내담자에게 지나친 신체 접촉을 하게 될 경우, 그들은 오히려 방어적으로 반응할 수도 있다. 독거 및 치매 내담자와 같이 고독감을 호소하거나, 세션의 진행을 위하여 부득이 신체 접촉이 필요할 때에도 가능한 닿는 면적을 최소화한다.

4) 역할 수행*Role Functioning*

내담자와 치료사는 치료를 목적으로 한 특별한 관계이므로 일정한 정서적 · 심리적 · 물리적 거리 유지가 필요하다. 그 균형이 깨질 경우, 심리적 밀착으로 인해 치료사는 내담자의 문제를 객관적으로 바라볼 수 없게 되고 치료에 부정적 영향을 미칠 수 있다. 나아가 과도한 친절도 오해를 불러일으키고 내담자의 의존성을 키울 수 있음에 유의한다.

5) 연구동의*Informed Consent*

치료사는 자신이 수행한 치료 세션이 학술연구의 목적 등으로 활용 가능성이 있는 경우에 반드시 내담자에게 사전 동의를 구하여야 한다. 나아가 내담자의 동의가 이루어진 임상사례라 하더라도 내담자의 익명성을 보장하고 유추 가능한 정보는 비밀 보장의 원칙을 준수하여야 한다. 특히 세션의 결과물로 나온 공동 작업 스케치, 글, 공연 등과 관련하여서도 저작권 문제가 따를 수 있음으로 필요시 사용동의서를 받아서 보관하여야 한다.

연구 동의서

성명		법정 대리인 *(14세 미만)*	

본인은 귀 기관의 예술치료 및 교육 프로그램에 참여를 희망하며, 개인 정보 활용에 대하여 다음과 같이 의견을 표합니다.

▣ 개인 정보 사용 동의 항목

1. 개인 정보*(개인, 가족, 집단, 진단명 등)*
2. 교육 및 행사 과정의 자료*(창작물, 녹취, 녹화 등)*
3. 활용 분야*(논문, 교재, 출판, 전시, 홍보, 기타 예술 활동 등)*
4. 모든 자료 사용은 가명으로 기재되며, 수집된 정보는 비밀 보장 원칙
5. 기관명*(○○○○대학, ○○○○협회, ○○○○학회)*

※ 모든 저작물은 예술치료를 주관한 해당 기관에 귀속됩니다.

개인 정보 사용에 동의하십니까?	□ 동의	□ 동의하지 않음

※ 만 14세 미만 아동 또는 법적 의사결정 능력이 없는 자는 법정 대리인이 작성 바랍니다.

개인 정보 사용에 동의하십니까?	□ 동의	□ 동의하지 않음
법정 대리인	*(자필 서명)*	
법정 대리인 연락처		
당사자와의 관계		

※ 상기 내용에 대한 설명을 충분히 들었습니까? □ 예 □ 아니요

년 월 일

4. 치료 세션 진행의 팁*Tips for Facilitating Sessions*

통합예술치료의 열기와 닫기 그리고 적용하기 과정은 각 과정마다 목표를 달성할 수 있는 치료사의 역량이 요구된다. 특히 열기 과정에서는 지난 회기의 체험이 현실에서 어떻게 반영되었으며, 그로 인해 어떤 변화가 일어났는지에 대한 내담자의 인지를 촉진하는 작업이 필요하다. 집단치료의 경우 모든 내담자를 개별적으로 다루기 어려울 때는 집단 원 중 큰 변화가 일어난 내담자를 모델로 하여 다른 내담자의 인지변화를 유도할 수도 있다. 그래서 다른 집단 원의 변화에 비춰 자신을 돌아보도록 인지를 이끌어낸다.

닫기 과정은 내담자가 열기와 만나기 과정에서 보인 반응을 스스로 인지하여 통찰하게 하는 과정이다. 열기, 만나기와 달리 이 과정은 치료사가 내담자에게 회기 중에 느낀 상황인지, 감정인지, 표현인지 등을 구체화하여 기억하게 함으로써 그 자신과 스스로 직면하게 한다. 이를 위하여 치료사는 열기와 만나기 과정에서 보이는 내담자의 의식적 · 무의적인 반응을 면밀히 관찰할 필요가 있다. 그중에서 의미 있는 반응들을 분석하면 내담자의 진단도 가능하다. 치료사는 이러한 1차적 진단의 내용을 토대로 닫기 과정에서 내담자에게 질문을 함으로써 분석의 신뢰도를 높일 수 있다. 유의할 점은 내담자에게 "오늘 어땠나요?"와 같은 막연한 질문을 하는 것은 경계하여야 한다. 제1치료공간에서 세션을 마무리하는 닫기 과정의 기능을 고려하여 내담자가 구체적으로 어떤 체험 과정에서 무엇을 인지하였는지에 대한 치료사의 질문으로 회기를 마치는 것이 효과적이다.

적용하기는 치료의 중요한 과정인 동시에 치료의 목적 달성을 위한 훈련이며 지속성에도 가장 큰 영향을 미친다. 또한 내담자가 만나기 과정에서 획득한 체험의 인지를, 현실에서 어떻게 적용하고 반영할 수 있을지 자기화하는 과정이기도 하다. 치료사가 닫기와 적용하기 과정을 효과적으로 운영한다면 기존의 일부 타 단일 예술치료에서 문제점으로 제기되고 있는 치료 효과의 지속성 문제를 해결하는 대안이 될 수 있을 것으로 기대한다. 이 과정에서 내담자의 말과 비언어적 표현이 일치하는지에 대한 분석은 필수적이다. 종종 내담자는 상황 및 행동에 대한 정확한 인지가 결여되어 자신의 발언이나 행동을 기억하지 못하거나 왜곡하는 경우가 있기 때문에 치료사는 그것을 내담자가 인지할 수 있도록 하여야 한다.

일반적으로 치료 세션이 중반부에 접어들면 내담자들은 제1치료공간 안에서는 원활한 활동을 할 수 있게 된다. 그러나 내담자들은 치료사가 있는 제1치료공간을 벗어나는 순간, 모든 활동에 심리적 어려움을 느낄 수 있다. 이때 치료사는 적용하기 과정의 화두를 활용하여 내담자의 변화를 유도할 수 있다. 또한 내담자가 사소한 것이라도 일상에서 실천할 수 있도록 현실 접목을 시도함으로써 치료공간의 확장 효과를 거둘 수 있다. 치료사는 적용하기의 수행 여부를 다음 회기에 반드시 확인하여 내담자의 변화를 관찰하고, 희망적인 암시를 주어야 한다. 적용하기 과정은 내담자가 제2치료공간 또는 제3치료공간에서 수행한 정보를 수집하여 다음 회기를 위한 치료 방향의 설계에 반영한다.

1) 치료사의 역량*Therapist Competence*

통합예술치료사는 세션 중에 내담자가 예술체험을 가능한 많이 할 수 있도록 시간과 공간을 제공하는 것이 무엇보다 중요하다. 이는 치료사와 내담자 간의 불필요한 감정이입을 줄이고 심리적 거리를 유지시켜 치료에 큰 도움이 된다.

세션의 운영자로서 치료사는 다양한 돌발 상황을 직면하게 된다. 따라서 예방에 만전을 기하고 사건이 발생했을 경우, 현명하게 대처하는 것도 치료사의 중요한 자질이다. 앞서 다면적 치료공간에서 예를 들었던(p. 60) '에너지 볼 주고받기' 활동 중, 한 내담자가 볼에 집착하여 전달을 거부한다고 가정해 보자. 치료사들은 다양한 방법으로 그 상황에 대처하려 할 것이다. 어떤 치료사는 볼을 전달하지 않는 이유를 파악하고자 질문부터 할 것이다. 이와 같은 질문은 내담자의 반응을 인지 상태로 유도하므로 치료의 흐름을 단절시킬 수 있어 적절하지 않을 수도 있다. 또 다른 치료사는 에너지 볼을 분할하여 나눠 줄 수도 있을 것이다. 이 경우는 치료의 흐름을 이어갈 수 있겠으나 다른 내담자들이 공평하지 않다는 불만을 토로하거나 또는 볼을 전달하지 않고 소유하려고 할 수도 있다. 치료사가 창의성을 발휘한다면 '에너지 볼을 복제'하는 방법으로 진행하는 것도 치료적 대처가 될 수 있을 것이다. 이처럼 치료사는 즉흥적으로 창의성을 발휘하여 치료의 흐름을 유지시킬 수 있는 역량이 필요하다.

만나기 과정에서 치료사가 '에너지 볼 주고받기'를 진행한 후 닫기 과정으로 이어간다면 대부분의 내담자는 에너지 볼을 받은 후에 느꼈던 신체 변화에 대해 말할 것이다. 치료사는 내담자가 "엄마 품처럼 따뜻했어요.", "주고 싶지 않았어요."와 같이 말할 때 신체 감정의 다양한 변화를 인지하도록 개입하는 것이 중요하다. 닫기 과정에서는 예술체험이 인지되도록 하는 것도 목적 중의 하나이므로 때로 왜 주고 싶지 않았는지 물어볼 수도 있을 것이다. 만약 내담자로부터 "빼앗기기 싫었어요."라는 답을 듣는다면 치료사는 "당신의 기분을 알아차려서 내가 볼 하나를 더 복제했지요."라고 공감할 수 있는 즉흥 화법을 사용하여 신뢰도를 높일 수 있다.

일반적으로 돌발 상황은 치료사와 내담자 간, 내담자와 내담자 간의 상황으로 나누어 생각할 수 있다. 특히 치료사와 내담자 간의 돌발 상황은 폭행, 폭언, 충동적 성행위, 내담자 이탈 등의 형태로 나타날 수 있다. 돌발 상황 시 치료사는 내담자와 분리한 후에 신속하게 보조치료사의 도움을 받아서 기관 관리자가 적절한 조치를 취하도록 한다. 대응 과정에서 물리적 행동을 최소화하여 내담자의 신체 손상 등 추가 문제에 유의하고, 기관 관리자가 오는 동안에 내담자 이탈이 발생하지 않도록 안정시킨다. 문제를 치료사가 단독으로 해결하거나, 해당 내담자와 단 둘이 특정 장소로 이동하는 것은 오해의 소지가 있기 때문에 관리자의 관리하에 모든 상황이 정리되도록 한다. 상황 종료 후에는 관련 내용을 보고서로 작성하여 기관에 전달하는 등 문서 보관에 유의한다.

내담자 간 돌발 상황은 폭행, 폭언, 충동적 성행위, 왕따 등의 형태로 발생할 수 있다. 이 경우에도 신속하게 당사자들을 분리시키고 기관 관리자에게 알려 상황을 정리하도록 한다. 해당 내담자의 집단 참여 여부와 집단 유지에 관하여는 기관과 상의하여 결정하며, 관련된 모든 과정도 문서로 기록하여 보관한다. 돌발 상황 대처 매뉴얼은 내담자 보호와 치료집단의 유지뿐 아니라 치료사 자신의 보호를 위해서도 매우 중요하다. 이러한 대처 매뉴얼을 통한 위기관리는 치료사에 대한 신뢰를 유지시키며 집단이 안전하게 치료 과정을 마무리하는 데에 관건이 된다.

분석 능력 또한 치료사의 중요한 자질 중 하나이다. 치료사는 다양한 환경에서 각기 다른 성향과 증상의 내담자를 만나게 된다. 특히 집단인 경우는 치료 시간과 공간이 제한적이기 때문에 내담자를 정확히 분석하는 것이 중요하다. 통합예술치료에서는 각각의 내담자에게 필요한 소 목표를 파악하여 해당 단계에서 선별한 내담자를 집중적으로 다뤄 주고 집단의 역동을 통하여 나머지 내담자의 증상을 다뤄 준다. 따라서 통합예술치료사는 예술에 대한 이해를 기반으로 심리학과 상담학 그리고 인류학, 철학, 종교 등 인간과 유관한 다양한 학문에 대한 이해가 있어야 한다. 인간에 대한 이해와 사랑은 치료에서 가장 중요한 지침이자 전부이다.

그러나 사랑이나 이해만으로 치료가 되는 것은 아니다. 치료사는 내담자가 예술체험에 몰입할 수 있는 치료적 언어를 구사할 수 있어야 한다. 치료사가 사용하는 높임말은 내담자에게 존중받고 있음을 느끼게 하지만 "하셨습니까?"와 같은 극존칭은 지양하는 것이 좋다. 또한 비속어 사용을 금하고, 필요한 경우 전문 용어를 사용하여 치료사의 전문성을 높인다. 단, 지나치게 어려운 전문 용어의 사용은 내담자를 위축되게 할 수 있다는 점과 언어를 구사하는 데 있어 내담자의 지식수준을 고려해야 함을 잊지 않아야 한다. 세션에서 정보 전달을 위한 기법의 설명 등은 가능한 간단명료하게 하되 내담자의 에너지에 맞는 성량을 사용한다. 치료사의 목소리가 너무 작으면 내담자에게 신뢰를 잃을 수 있으며, 너무 크면 불안과 저항 등의 방어가 일어날 수 있다.

내담자는 자신의 트라우마에 매여 있다가 예술체험을 하는 동안 '내면으로의 여행의 시간을 향유'한다. 따라서 치료사의 언어는 내담자에게 예술체험에 몰입을 돕는 특별한 도구로 이해되어야 한다. 내담자는 사고와 행동의 패턴이 습관화되어 있어서 지나간 시간만큼의 수정 기간이 필요하다. 이와 같은 이유에서 치료사는 제한된 치료조건을 통해 치료 효과를 창출하고 유지할 수 있는 역량을 발휘하여야 한다. 때로 치료사는 내담자의 인지에 변화가 일어나는 시점이 치료의 완성이라고 이해하는 경우가 있다. 하지만 치료 환경에서 내담자가 인지한다는 것은 생각 그 이상의 의미를 갖지 않는다. 내담자가 자신의 입을 통해 스스로를 분석하는 것은 그의 습관과 생각을 행동으로 옮기기 위한 시발점이며, 이것을 유도해 내는 것이 치료사의 역량 중 가장 중요하다. 따라서 치료사는 내담자의 말에만 의존하지 않고 의식 또는 무의식적인 행동을 통하여 표출되는 몸짓언어에도 귀를 기울여야 한다.

초기 면담지

<table>
<tr><td>성명</td><td></td><td>연락처</td><td colspan="2"></td></tr>
<tr><td>성별/나이</td><td></td><td>이메일</td><td colspan="2"></td></tr>
<tr><td>주소</td><td colspan="4"></td></tr>
<tr><td>진단명/기관</td><td colspan="4"></td></tr>
<tr><td>복용약/기관</td><td colspan="4"></td></tr>
<tr><td>주 호소 문제</td><td colspan="4"></td></tr>
<tr><td>예술치료경험</td><td colspan="4">□ 무 □ 유(언제 : 어디서 :)</td></tr>
<tr><td rowspan="2">성격</td><td>□ 내성적</td><td>□ 외향적</td><td>□ 적극적</td><td>□ 자기중심적</td></tr>
<tr><td colspan="4">□ 기타 :</td></tr>
<tr><td rowspan="5">개인 역사</td><td>유아기</td><td colspan="3"></td></tr>
<tr><td>아동기</td><td colspan="3"></td></tr>
<tr><td>청소년기</td><td colspan="3"></td></tr>
<tr><td>청년기</td><td colspan="3"></td></tr>
<tr><td>중년기</td><td colspan="3"></td></tr>
<tr><td rowspan="4">가족사항</td><td>관계</td><td>성별</td><td>연령</td><td>친밀도</td></tr>
<tr><td></td><td></td><td></td><td></td></tr>
<tr><td></td><td></td><td></td><td></td></tr>
<tr><td></td><td></td><td></td><td></td></tr>
<tr><td rowspan="2">심리검사</td><td colspan="4">□ 롤 다이어그램 검사 □ 게임놀이 검사 □ 몸 인식 검사</td></tr>
<tr><td colspan="4">□ 지문수행 검사 □ 자의식 검사 □ 직업수행카드 검사</td></tr>
<tr><td>선호 매체</td><td></td><td>예상 치료기간</td><td colspan="2"></td></tr>
<tr><td>면담자</td><td></td><td>면담 일자</td><td colspan="2"></td></tr>
</table>

2) 내면열기와 도구 사용*Opening Mind and Usages of Tools*

통합예술치료에서는 예술매체를 통합적용하기 때문에 다양한 소품과 도구의 사용을 전제로 한다. 그러나 치료도구의 사용이 연령과 증상에 부적합할 경우 내담자에게 신뢰감을 떨어뜨릴 수 있다. 만약 열기 과정에서 도구를 사용하던 내담자가 긴장과 스트레스를 느낀다면 자발성이 감소할 수 있다. 이러한 문제를 보완하기 위해 IT매뉴얼의 열기 과정에서는 이슈에 집중할 수 있도록 연상을 촉진하는 간단한 동작이나 대화를 권장하기도 한다. 치료사는 도구를 사용하지 않고 간단한 지문을 통해 내담자의 상상력을 촉진하면 내면열기가 용이한 반면, 소품 및 도구를 지나치게 사용하면 치료의 방향을 상실할 수 있음에 유의한다.

치료사에게 있어 새롭고 다양한 매체를 사용하고자 하는 시도는 분명 의미가 있다. 그러나 치료사 자신에게도 낯선 도구이거나 같은 회기에 너무 많은 매체의 활용은 치료적 개입에 어려움을 준다. 또한 치료사가 매체 자체에 몰입하여 내담자에 대한 분석을 소홀히 하면 치료 과정이 단순 예술체험에 그칠 수 있다. 또한 지나친 도구의 활용은 내담자의 저항을 야기하는 요인이 되기도 한다. 내담자의 저항은 활동 참여 거부와 대화 단절 그리고 불신 등으로 나타나기 때문에 치료사는 저항을 최소화하기 위하여 사전에 내담자의 인지능력, 연령, 증상, 종교에 대한 정보를 분석하여 도구 활용을 계획하여야 한다.

먼저 인지능력에 따른 도구 활용에 대해 살펴보자. 인지능력이 높은 내담자에게 치료 초반에 단순한 공놀이나 즉흥 연주, 게임 기법 등을 활용하는 것은 바람직하지 않다. 지나치게 쉬운 활동은 내담자에게 유치하다는 느낌을 들게 하여 치료사에 대한 전문성을 훼손할 수 있다. 반대로 인지능력이 부족한 내담자, 예컨대 치매 환자나 지적장애인에게는 단순한 예술체험일수록 좋은 치료적 효과를 나타낼 수 있다.

도구의 활용은 내담자의 증상에 따라서도 달라져야 한다. 대표적으로 눈 맞추기, 2인 1조 게임과 같은 교감 활동은 대인기피증 및 우울증 환자의 저항을 유발할 수 있다. 앞서 말한 활동이 그들에게도 효과적이 되려면 충분한 예술체험이 선행되어야 한다. 마지막으로 내담자의 종교적 저항도 고려되어야 할 주요 요소이다. 심리치료에 흔히 사용되는 허브향과 명상 음악 그리고 전통의식 등은 특정 종교를 가진 내담자에게 거부감을 유발하는 요인이 되므로 각별한 주의가 요망된다.

3) 라포 형성과 집단역동*Building Rapport and Group Dynamics*

예술치료에 있어 라포는 치료사와 내담자 간의 신뢰 및 친근감을 나타내는 의미로서 치료나 교육을 전제로 사용된다. 라포 형성으로 두 집단 간의 친밀감이 증진될수록 신뢰도가 향상되어 내담자는 자신의 정보를 공개할 가능성이 커진다. 이러한 내담자의 자기 개방을 치료 과정에 반영함으로써 치료 효과를 높일 수 있기에 라포의 형성 또한 중요한 치료사 역량이 된다. 내담자 개인뿐만 아니라 내담자 집단과의 라포는 치료사가 총 회기 동안 집단을 리드해가는 역할을 수행하는 데 결정적인 영향을 미친다. 특히 공통 이슈를 가진 내담자들의 집단역동을 이용하면 라포를 진단에까지 확장하고, 집단 에너지를 극대화하여 세션의 목표를 달성하는 데 활용할 수 있다. 특히 자발성이 약한 내담자가 있다면 집단의 역동을 활용하는 것이 효과적인 대안이 될 수 있다. 그에게 너무 직접적으로 참여를 강요한다면 저항을 불러와서 치료가 중단될 가능성이 높아진다. 이런 경우 활동에 적극적인 내담자를 집단의 리더로 활용하는 것이 해결책이 될 수 있다.

치료사는 내담자들의 성격 차이를 이해하여 집단의 역동을 관리할 수 있어야 한다. 하나의 집단 안에는 적극적 내담자와 소극적 내담자 그리고 분위기를 해치는 내담자가 함께 있을 수 있다. 치료사가 이 집단의 역동을 살려서 가장 적극적인 내담자를 집단의 리더로 삼아서, 강한 저항으로 집단의 분위기를 해치는 내담자를 잘 관리하면 역동 유지에 도움이 될 수도 있다. 또한 새로운 내담자가 집단에 참여하였을 때는 역동이 큰 기존의 내담자에게 새 내담자를 돕는 멘토 역할을 부여함으로써 성취감이나 자부심을 느끼게 할 수도 있다.

통합예술치료에서 신체활동은 집단역동을 통해서 내담자의 신체를 이완하고 부정감정을 발산하게 돕는 유용한 기법이다. 치료사는 보다 효과적인 신체활동을 위해 몇 가지 유의사항을 기억해야 한다. 먼저 신체활동은 공간의 크기에 영향을 많이 받는 활동이므로 치료에 앞서 공간이 협소하지 않은지 확인한다. 신체활동은 효과적이나, 내담자에 따라 운용에 주의를 기울일 필요가 있다. 먼저 신체에 대한 트라우마, 예컨대 신체적 학대나 성폭행 경험 또는 신체 콤플렉스를 가진 내담자에게는 가벼운 신체 접촉도 큰 충격이 될 수 있다. 따라서 치료사는 신체활동에 앞서 내담자에게 신체활동이 불편할 시 참여하지 않아도 됨을 안내한다.

4) 몰입과 치료 효과*Flow and Therapy Effect*

통합예술치료 회기 진행 중에 각 과정*열기, 만나기, 닫기, 적용하기* 마다 '나눔*sharing*'을 하는 것은 바람직하지 않다. 그 이유는 열기와 만나기 그리고 닫기의 과정이 보이지 않는 이미지로 상호 연결되어 기능하기 때문이다. 치료가 시작되는 열기 과정은 내담자에게 흥미 유발을 일으키지만, 실제로는 만나기 과정을 위한 준비 단계로써의 기능이 더욱 중요하다. 그리고 만나기 과정에서의 예술체험을 통하여 닫기 과정의 핵심 기능인 인지와 변화 욕구를 확인함으로써 적용하기 과정의 현실 접목 기능으로 연결되어 있다. 이처럼 통합예술치료의 모든 과정은 기능적으로 연결되어 있어서 한 회기가 마무리될 때까지 강력하게 몰입을 유도하는 것이 바람직하다. 만약 세션 중간에 나눔을 갖게 되면 내담자의 인지활동이 작동하여 본 활동으로의 몰입을 저해하는 등 치료의 흐름을 단절시키므로 특히 유의하여야 한다. 주지하고 있듯이 통합예술치료에서는 내담자가 자신의 고통스러운 현실과 감정으로부터 분리되어, 즐거운 예술체험의 시간이 길어질수록 긍정적으로 보기 때문이다. 따라서 내담자의 몰입을 유도하는 치료사의 비지시적인 운영 기술은 무엇보다 중요하다.

치료공간에서 치료사의 위치와 대응 또한 중요한 운영 기술의 하나이다. 예를 들어, 지각한 내담자가 있을 경우 그를 맞이하는 과정에서 집단의 에너지를 깨뜨릴 수도 있다. 치료사와 보조치료사는 이미 참여 중인 내담자들이 영향을 받지 않도록 지각한 내담자를 자연스럽게 세션에 몰입시키고 집단의 에너지를 증진시켜 나가야 한다. 결론적으로 내담자가 즐거움을 느끼는 가운데 인지의 변화를 발생시키는 '몰입의 과정'은 매우 중요한 치료조건임을 잊지 말자.

5) 저항과 역할 모델*Resistance and Role Model*

일반적으로 저항은 따르거나 굽히지 않고 맞서 겨루거나 버티는 것을 의미하나 이 책에서는 내담자가 세션 참여에 거부 반응을 보이는 모든 경우를 뜻한다. 특히 역할 모델은 내담자의 인지변화를 위하여 매우 효과적이나 치료사가 모델 적용에 미숙하면 저항을 불러오기도 한다. 역할 모델의 각 기법에 따라 저항의 변수도 다르게 나타난다. 예를 들어, 관찰 기법은 저항이 일어날 위험이 가장 낮으며 즉흥역할극이 익숙하지 않은 내담자도 부담 없이 참여할 수 있는 기법이다. 반대로 타인 기법은 내담자가 체험할 대상이 누구냐에 따라 저항의 정도가 달라지기는 하나, 저항이 일어나기 가장 쉬운 기법이다. 만약 내담자가 체험할 대상과 심한 갈등을 겪고 있거나 적대적 관계를 맺고 있을 경우, 그는 상대 역할이 되어 행동하기를 강력하게 거부할 것이다. 또한 자아 기법도 자기 자신을 직면해야 한다는 점에서 내담자에게 부담이 될 수 있다. 치료사는 각 기법의 차이를 이해하고, 내담자가 즉흥역할극에 점진적으로 적응할 수 있도록 잘 운용하여야 한다.

먼저, 가장 저항이 적은 관찰 기법으로 내담자의 거부감을 줄이고, 캐릭터나 가상의 인물을 연기할 수 있는 조커 기법으로 극적 상황에 익숙해지게 한 뒤에 자아 기법과 타인 기법 순으로 적용한다면 내담자의 저항을 효과적으로 줄일 수 있을 것이다. 또한 내담자가 인지능력이 부족하거나 심한 트라우마를 가지고 있는 경우는 역할 분리에 어려움을 겪을 수 있다. 역할 분리가 제대로 이루어지지 않을 때, 내담자는 상황을 주관적으로 받아들여 인지왜곡을 일으킬 수 있다. 치료사는 내담자의 자연스러운 역할 분리를 도와 내담자가 자신을 객관화할 수 있도록 유도해야 한다.

자아 기법은 역할 모델의 가장 기본이 되는 기법으로 내담자가 자신의 이슈 혹은 트라우마 상황을 다루기 위한 극을 구성하고 그 속에 등장하는 자기 역할을 직접 연행함으로써 내담자의 자기이해를 돕는 데 효과적으로 쓰인다. 자아 기법에서 저항이 생기는 경우는 다음의 표와 같다.

기법명	심리상태
자아 기법	나의 상처를 남에게 보이고 싶지 않을 때 처음 의도와는 다르게 지나치게 몰입되어 감정 조절이 힘든 경우 자신이 다루고자 하는 스토리대로 진행이 안 될 때 스토리가 다르게 진행된 경우 상황이 너무 똑같이 이루어져 자신의 잘못을 인지하게 되는 경우

타인과의 소통, 공감능력과 문제해결능력을 향상시키는데 의의가 있는 타인 기법은 이야기 속에 등장하는 타인의 역할을 내담자가 맡게 된다. 이 기법은 내담자에게 갈등 상대 역할, 타인 역할, 롤 모델 역할을 선택하게 하여 진행하기 때문에 갈등에 직접적으로 관련된 인물을 경험하는 과정에서 저항이 나타날 수 있으며, 다음과 같은 경우이다.

기법명	심리상태
타인 기법	상대 역할 캐릭터 자체가 싫어서 존재만으로도 거부감이 생기는 경우 상대 역할을 하고 있는 도중 내 역할을 하고 있는 사람의 모습을 보고 자신의 잘못된 점이나 모순을 발견하게 되는 경우

관찰 기법은 내담자가 제3자의 입장에서 자신이 겪었던 상황을 관찰하도록 하는 기법이다. 이를 통해 내담자는 밀착된 상황과 분리되어 객관적인 입장으로 자신을 되돌아보고 문제 해결방안도 모색할 수 있게 된다. 제3자의 입장에서 관찰하면서 심리적 거리가 형성된 상태로 상황을 판단할 수 있기 때문에 역할 모델의 기법 중에서 저항이 가장 작은 기법이다.

조커 기법은 현실에 기반한 가상 상황의 역할 체험을 통하여 내담자는 멘토, 권력자, 캐릭터, 주술사가 되어 존재 욕구를 충족하며 인지를 변형한다. 평소 억압된 환경으로 인한 내적 트라우마가 있는 내담자에게 주술사나 권력자 같은 특수 역할 체험은 강렬한 감정 표출을 가능하게 한다.

6) 회기의 시작과 종결*Beginning & Termination of Sessions*

통합예술치료의 초반부는 라포 형성을 목표로 즐거움과 친밀감을 지향하고 웃음카타르시스를 유도해야 한다고 하였다. 내담자가 초반부부터 지나친 현실 직시나 자기몰입을 할 경우 치료 상황을 부담스럽게 느껴 참여율이 저하될 수 있기 때문이다. 특히 내담자에게 자신의 현재 이미지를 별칭으로 짓게 할 경우 부정적이고 자기 비하적일 확률이 높다. 치료사는 내담자가 별칭으로 '되고 싶은 것', '닮고 싶은 연예인'과 같은 긍정적이고 희망적인 것을 떠올릴 수 있도록 유도하는 것이 좋다.

종결 회기는 내담자들이 가정과 사회로 돌아가기 전 심리적 준비를 하는 단계이다. 내담자가 자존감을 향상시키고 긍정적인 감정으로 치료를 종결할 수 있도록 치료사는 유의해야 한다. 때문에 종결 회기에는 자신감 향상에 효과적인 왕의 의자 기법이나 나의 우주 기법 등 종결 파티 성격의 활동이 바람직하다. 회기의 종결은 집단과의 이별인 동시에 내담자가 변형된 주체로서 독립을 시작하는 과정이다. 하지만 분리로 인한 슬픈 감정이 발생하기 때문에 이를 잘 수습할 수 있도록 도와서 치료 과정의 경험을 현실에 적용할 수 있도록 새로운 가능성을 제시하는 것이 무엇보다 중요하다. 종결 과정은 다양한 방식을 통해 진행될 수 있다. 일반적으로 포옹, 악수 등 내담자와 의논하에 희망하는 방식의 세리머니로 마무리하는 것도 좋다. 그러나 세리머니를 강요하여 진행하는 것은 바람직하지 못하다. 줄을 서서 일률적으로 포옹이나 악수를 하는 행위 등은 작위적으로 내담자의 감정 표현을 제한할 수 있음에 유의한다. 종결 회기는 내담자가 집단에게 남아 있는 감정을 충분히 표현하도록 비지시적인 운영이 효과적이다.

선물 교환하기도 좋은 방법이 될 수 있다. 한 예로, 각자 5년 후 희망하는 자신의 모습을 그리게 하고 집단이 돌아가며 각자의 그림에 선물을 주게 하였다. 내담자들은 전 회기를 통해 각기 다른 형태로 개개인의 이슈에 대해 공감하였던 기억을 되살려 선물을 할 것이다. 선물 그리기를 마치면 치료사는 내담자에게 자신을 개방한 결과에 대한 선물이기 때문에 소중한 것이라는 지문을 주어 내담자의 '내면열기 행위'에 칭찬을 들려준다. 그러나 선물 교환하기는 내담자의 연령과 특성에 맞춰 변형하는 것이 바람직하다. 집단의 연령이 노년층인 경우, 5년 뒤 미래의 모습을 그리는 것은 적절치 못하다. 이 경우에는 인생에서 가장 마음에 들었던 시기 또는 가장 희망에 차 있던 시기 등으로 변형하여 적용하여야 한다.

또한 종결 과정이 이별의 과정으로 인식되지 않도록 유의한다. 통합예술치료에서 종결은 이별을 준비할 수 있게 돕는 이별여행과 같다고 하였다. 치료 과정에 함께 했던 참여자로서 서로의 행복을 도모하는 즐거운 이별을 만드는 과정에 중점을 두어서 진행한다면 의미 있는 종결로써 내담자에게 행복한 기억을 선물할 수 있을 것이다. 특히 내담자 간의 예술체험과 활동의 변화에 대한 인식을 나누며 자신의 변형을 확인하는 시간을 제공하여야 한다. 이와 같은 진행은 통합예술치료의 목적이 '변형'에 있다는 점에서 의미가 크다.

마지막으로, 치료사가 내담자들에게 감사의 마음을 표현하는 것도 바람직하다. 그리고 치료를 통한 만남은 치료사와 내담자 모두에게 매우 중요한 만남이었음을 인지시킨다. 감사의 표현은 치료사가 행한 치료행위가 긍정적으로 기억되어 내담자의 삶에 새로운 가능성으로 인식되도록 돕는 기능을 한다. 이처럼 전체 치료 과정을 정리하는 종결 과정은 내담자가 현실에 안정적으로 회귀할 수 있도록 돕는 중요한 치료 절차이다.

한국예술치료교수협의회

IT진단 및 평가*IT Diagnostic Tool & Evaluation*

예술치료 임상현장에서 내담자의 신체 · 심리 · 사회적 특성을 진단하기 위한 방법으로 흔히 간단한 사전 면담과 함께 설문조사를 활용한다. 하지만 설문지는 내담자의 인지를 바탕으로 하기에 의식적 · 무의식적 방어기제가 정보의 왜곡을 불러오는 등 치료사가 과학적인 정보를 얻기에 제한적이다. 때로 내담자는 자신의 문제를 자각하기보다 투사하기 때문에 이를 보완하기 위하여 그들의 의식적 · 무의식적 행위의 분석을 통한 치료사의 진단이 필요하다. 따라서 치료사는 내담자의 호소에 의존하기보다 전문적 진단도구를 사용하여야 한다.

치료사는 내담자가 즐겁고 유연한 환경에서 자발적으로 검사에 참여하여, 올바른 치료 목적과 방향을 설정할 수 있도록 내담자의 주 호소 문제를 '정확히' 진단하여야 한다. 필자는 이러한 필요를 반영하여 내담자의 이슈 및 문제들을 진단하고 변화를 측정할 수 있는 수행 중심의 통합예술치료 진단 검사*IT진단법*를 개발하였다. 현재 개발된 검사법은 IT진단 및 평가뿐만 아니라 치료 기법으로도 활용 가능하도록 고안하였다. 특히 수행 검사법들은 문답형식이 아니기 때문에 내담자가 평가받는다는 사실을 알 수 없어 검사에 대한 거부 반응을 일으키지 않는 장점이 있다. 또한 치료사의 필요에 따라 유기적으로 회기 중반부에도 검사를 시행하여 점검할 수 있어서 내담자의 발전 과정을 치료에 반영할 수 있으며, 어떤 변화가 일어났는지 육안으로도 측정 가능하다는 특성이 있다.

이 장에서는 'IT진단법'으로 역할 이해와 수행평가 진단을 위한 '롤 다이어그램 검사*Role Diagram Test: IT-RDT*', 유쾌하고 즐거운 '게임놀이 검사*Game Play Test: IT-GPT*', 초기 면담 시에 내담자 및 치료사용으로 사용하는 '몸 인식 검사*Three Types of Body Test: IT-TBT*', 약식으로 내담자를 진단할 수 있는 '지문수행 검사*Following Direction Test: IT-FDT*'와 자기 및 타인 인식 정도를 진단하는 '자의식 검사*Self-consciousness Test: IT-SCT*' 마지막으로 '직업수행카드 검사*Functioning of Role Card Test: IT-FRT*'를 소개한다.

1. 롤 다이어그램 검사*Role Diagram Test: IT-RDT*

롤 다이어그램 검사는 내담자가 인식하는 역할의 기본 이해와 수행 정도를 전달하는 검사이다. 역할 인식을 알아보기 위한 '롤 다이어그램' 개발 연구는 2014년 1월 15일 시작으로 같은 해 4월까지 약 3개월간 통합예술연구소 소속 연구원 8명이 전 연령층을 대상으로 설문조사를 실시하였다. 역할 친밀도를 알아보기 위한 '역할 친밀도 검사지'도 함께 사용하였으며 설문 대상자의 인생주기를 에릭슨의 심리사회적 발달단계의 기준에 따라 다음과 같이 8단계로 분류하여 분석하였다.

역할 인식조사 발달단계별 설문 응답 현황

발달단계 성별	영아기 *(0~15개월)*	걸음마기 *(16~30개월)*	유아기 *(30개월~6세)*	아동기 *(7~12세)*	청소년기 *(13~18세)*	청년기 *(19~35세)*	중년기 *(36~60세)*	노년기 *(61세 이후)*
남자	27명	59명	35명	49명	47명	112명	67명	47명
여자	24명	54명	43명	57명	43명	75명	58명	29명

진행은 나와 상대방, 서로를 향한 화살표로 구성된 IT진단을 위한 검사지를 준비한다. 먼저 내담자에게 자유롭게 상대방을 정하게 하여 상호 간에 해야 할 일들, 의무, 책임, 권리를 탐색하게 한다. 화살표 모양의 빈칸에는 서로에게 해야 할 일을 단어로 적게 한다. 롤 다이어그램 검사지는 모양과 종이 크기에 따라서 답변에 변수가 있으므로 제시된 표준양식을 사용한다.

평가는 내담자의 표현에 나타난 역할 인식 수준을 기준으로 진단한다. 역할 인식 분류 기준표를 참고하여 검사 과정 전반에 나타난 비언어적 표현을 관찰하여 종합적으로 질적 분석을 한다. 대체로 역할 인식 수준이 높을수록 적응적이며 역할 수행능력도 높은 편이다. 반면 역할 인식 수준이 낮으면 상대방과 갈등을 겪을 수 있으며 역할 수행에도 어려움을 겪을 수 있다.

롤 다이어그램 검사는 회기 구조 '옴카'의 열기 과정에서 실시하는 것이 적절하다. 치료사는 열기 과정에서 내담자의 역할 인식 정도를 파악하여 진단한다. 만나기 과정에서는 진단을 반영한 예술체험을 유도하고, 닫기와 적용하기 과정에서는 내담자가 기존 역할에 대한 인식의 변화를 자각하여 현실에서 변화된 역할을 수행하도록 치료 세션을 구성한다.

롤 다이어그램 검사

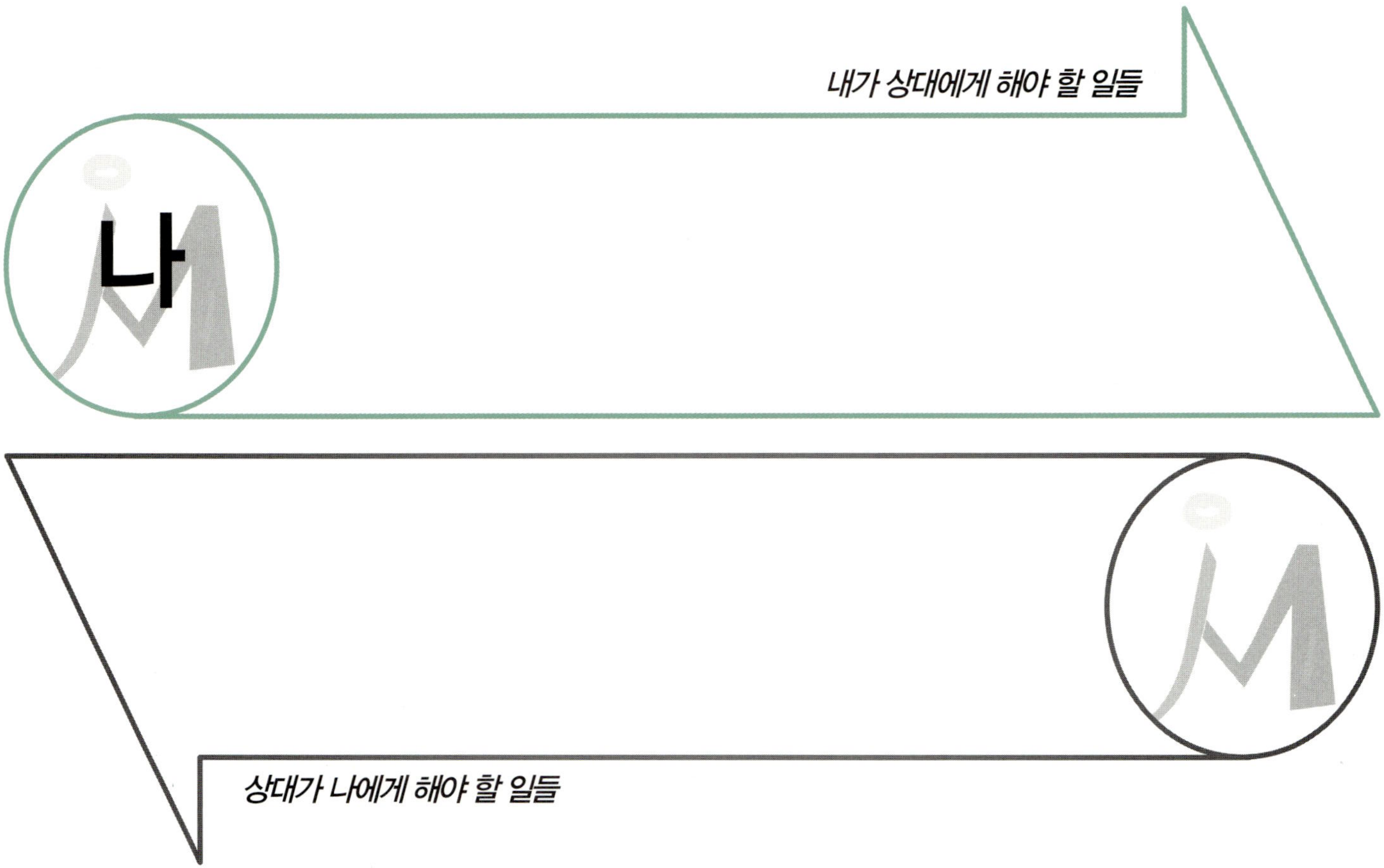

역할 친밀도 설문지

날짜	년 월 일	비고		
소속		나이		성별
가족 사항	관계	연령	친밀도(O) 나쁨 좋음	동거 여부(O/X)
	부		1 2 3 4 5	
	모		1 2 3 4 5	
	형/오빠		1 2 3 4 5	
	누나/언니		1 2 3 4 5	
	동생(남/여)		1 2 3 4 5	
	기타( )		1 2 3 4 5	

역할 친밀도 설문지(기혼자용)

날짜	년 월 일	비고		
소속		나이		성별
가족 사항	관계	연령	친밀도(O) 나쁨 좋음	동거 여부(O/X)
	부		1 2 3 4 5	
	모		1 2 3 4 5	
	배우자		1 2 3 4 5	
	아들		1 2 3 4 5	
	딸		1 2 3 4 5	
	기타( )		1 2 3 4 5	

역할 친밀도 설문지 응답에 나타난 공통 단어 및 세부 역할 수행 결과를 알아보고자 카테고리 별로 응답자들의 답변을 통해 추출한 공통 중심 단어들은 다음과 같다.

롤 다이어그램 평가 기준표 〈내가 아버지에게(*청소년기*)〉

상위 역할	하위 역할	구체적 역할 수행		
		남		여
감정 *(정서)*	관심	관심, 배려		대화, 격려
	친밀감	대화, 배려, 이해, 믿어 주기, 친밀해지기		대화, 믿어 주기, 긍정 표현, 친밀해지기
	사랑	육체	사랑, 뽀뽀, 안마	안마, 애정표현
		언어	감사, 건강 챙기기	감사, 연락하기
신체 *(행동)*	건강	육체		건강한 성장
		정서	예의, 성실한 태도	독서
	심부름	도와주기		도와주기
	효도	효도, 존경, 학업 성과, 성공, 보답, 존경, 용돈, 돌봄, 배려, 이해, 건강 챙기기, 공손함, 아빠가 원하는 것		효도, 학업 성과, 공손함, 존경, 지지, 믿음 주기, 기쁘게 하기, 보답, 배려, 선물, 긍정 표현, 순종
미분류	기타			

롤 다이어그램 평가 기준표 〈아버지가 나에게*(청소년기)*〉

<table>
<tr><th rowspan="2">상위 역할</th><th rowspan="2">하위 역할</th><th colspan="3">구체적 역할 수행</th></tr>
<tr><th colspan="2">남</th><th>여</th></tr>
<tr><td rowspan="6">감정
(정서)</td><td>관심</td><td colspan="2">관심, 자상한 태도</td><td>관심, 격려, 대화</td></tr>
<tr><td>친밀감</td><td colspan="2">대화, 친밀해지기, 함께 시간 보내기</td><td>대화, 공감, 자상한 태도, 친밀해지기, 함께 시간 보내기</td></tr>
<tr><td rowspan="2">사랑</td><td>육체</td><td>사랑, 뽀뽀, 양육</td><td>사랑, 자상한 태도, 신뢰 표현</td></tr>
<tr><td>언어</td><td></td><td>믿어 주기, 칭찬, 격려</td></tr>
<tr><td>안정감</td><td colspan="2">존중, 이해, 돌봄, 자상한 태도, 부의 건강, 믿어 주기</td><td>돌봄, 의지의 대상, 존중, 지지, 조언, 믿어 주기, 행복한 가정, 부의 건강, 부정적 감정 표현 줄이기</td></tr>
<tr><td>놀이</td><td colspan="2">함께 놀기</td><td>함께 놀기</td></tr>
<tr><td rowspan="4">신체
(행동)</td><td>가사</td><td colspan="2"></td><td></td></tr>
<tr><td>식사</td><td colspan="2">식사</td><td>식사, 간식</td></tr>
<tr><td>교육</td><td colspan="2">롤 모델, 삶의 지표, 인성교육, 학업 지원, 진로상담</td><td>학업 지원, 인성교육</td></tr>
<tr><td>경제</td><td colspan="2">생활 지원, 용돈, 학비 지원</td><td>생활 지원, 물품 지원, 용돈, 안정된 수입, 장래 지원</td></tr>
<tr><td>미분류</td><td>기타</td><td colspan="2">의무, 욕구 수용</td><td></td></tr>
</table>

롤 다이어그램 평가 기준표 〈내가 어머니에게*(청소년기)*〉

상위 역할	하위 역할	구체적 역할 수행		
		남		여
감정 *(정서)*	관심	관심, 이해		대화, 안부, 지지 표현
	친밀감	함께 시간 보내기, 친밀해지기		진심 표현, 대화, 친밀해지기
	사랑	육체	사랑, 포옹, 자상한 태도	안마. 애정표현
		언어		감사
신체 *(행동)*	건강	육체	건강하기	식사
		정서		독서
	심부름	가사 돕기		가사 돕기
	효도	효도, 존경, 보답, 학업성과, 걱정 끼치지 않기, 도와주기, 엄마가 원하는 것		효도, 보답, 공경, 감사, 성실한 태도, 학업 성과, 긍정 표현, 관심 표현, 순종, 지지, 격려, 약속 지키기, 걱정 끼치지 않기
미분류	기타			

롤 다이어그램 평가 기준표 〈어머니가 나에게(*청소년기*)〉

<table>
<tr><th rowspan="2">상위 역할</th><th rowspan="2">하위 역할</th><th colspan="3">구체적 역할 수행</th></tr>
<tr><th colspan="2">남</th><th>여</th></tr>
<tr><td rowspan="6">감정
(정서)</td><td>관심</td><td colspan="2">관심, 잘해 주기</td><td>관심, 격려, 이해, 연락하기</td></tr>
<tr><td>친밀감</td><td colspan="2">대화</td><td>지지, 공감, 친밀해지기</td></tr>
<tr><td rowspan="2">사랑</td><td>육체</td><td>애정표현, 포옹, 양육</td><td>사랑, 돌봄, 격려</td></tr>
<tr><td>언어</td><td></td><td>칭찬, 격려</td></tr>
<tr><td>안정감</td><td colspan="2">믿어 주기, 자상한 태도, 돌봄, 모의 건강, 간섭 줄이기, 도와주기</td><td>격려, 돌봄, 위로, 상담, 지지, 경청, 존중, 모의 건강, 행복한 가정, 믿어 주기, 약속 지키기, 간섭 줄이기, 압박하지 않기, 부정적 감정 표현 줄이기, 도와주기, 일찍 귀가하기</td></tr>
<tr><td>놀이</td><td colspan="2"></td><td>함께 놀기, 맘껏 놀게 해 주기</td></tr>
<tr><td rowspan="4">신체
(행동)</td><td>가사</td><td colspan="2">가사, 빨래</td><td>청소</td></tr>
<tr><td>식사</td><td colspan="2">식사</td><td>식사, 간식</td></tr>
<tr><td>교육</td><td colspan="2">지지, 관심, 학업 지원, 인성교육, 도와주기</td><td>인성교육, 학업 지원</td></tr>
<tr><td>경제</td><td colspan="2">생활 지원, 물품 지원, 용돈, 장래 지원, 안정적 수입</td><td>생활 지원, 안정적 수입, 용돈</td></tr>
<tr><td>미분류</td><td>기타</td><td colspan="2">의무, 욕구 수용</td><td></td></tr>
</table>

2. 게임놀이 검사*Game Play Test: IT-GPT*

이 검사법은 게임을 하는 동안에 치료사가 내담자를 진단하는 검사이다. 활동이 끝난 후 체험에 대한 느낌을 내담자가 스스로 표현하며 객관적인 분석 과정을 거쳐 검사의 신뢰도를 높인다. 특히 내담자 자신이 어떤 역할을 맡았을 때 무엇을 느꼈는지, 그리고 그렇게 느낀 이유에 대해 말을 할 때, 치료사는 내담자의 무의식적 반응을 표현하도록 이끌어낼 수 있다. 그 결과 치료사는 면담이나 인지적 검사를 통하여 나타나지 않은 내담자의 잠재의식, 투사의 원인, 저항의 이유 등을 다각적으로 분석할 수 있다. '게임놀이 검사'에는 '리더십 게임 검사', '블라인드 게임 검사', '부탁해요 게임 검사', '아이컨택 게임 검사'가 있다.

1) 리더십 게임 검사*Leadership Game Test: IT-LPT*

리더십게임 검사는 내담자에게 리더와 팔로워가 되어 각 역할을 수행하도록 하는 일련의 과정을 객관적으로 관찰하여 진단한다. 검사를 통하여 사회적 수직관계에서 내담자의 대인관계 능력과 역할 이해 그리고 수행능력 등을 파악할 수 있다. 특별한 도구 없이 다양한 연령대의 내담자에게 활용할 수 있으며, 게임이 진행되는 동안 자연스럽게 라포 형성을 꾀할 수 있는 이점이 있다.

진행은 내담자를 두 명씩 짝지어 각각 리더와 팔로워 역할을 결정하게 한다. 서로 마주 보고 선 상태에서 리더가 한쪽 팔을 앞으로 뻗어 손바닥을 팔로워의 얼굴 앞에 가져가도록 한다. 이때 치료사는 리더의 손바닥과 팔로워의 얼굴 간 간격을 반드시 30cm로 유지하도록 안내한다. 리더가 '위잉' 등과 같은 다양한 효과음을 내며 팔을 자유롭게 움직이면 팔로워는 손바닥을 보며 따라 움직인다. 리더는 팔뿐만 아니라 위치를 이동해 가며 움직일 수 있고, 팔로워는 간격을 유지하며 따라가야 한다. 역할을 충분히 경험할 수 있는 시간을 제공하고 일정 시간이 지나면 반드시 역할을 바꿔서 같은 방법으로 진행한다. 필요한 경우 다른 사람과도 짝을 이루어 과정을 반복한다.

평가는 유사 환경의 사회적 수직관계에서의 역할 이해와 수행능력을 기준으로 진단한다. 내담자가 게임에서 보이는 리더와 팔로워 역할의 수행 양상은 그들의 사회적 일상과 연결되어 해석된다. 예컨대, 리더 역할을 하는 사람이 따라오는 상대에 대한 배려 없이 돌발적 또는 일방적으로 움직이는 사람이라면 관계에서 권위적이고 독단적인 성향일 가능성이 높다. 반대로 따라오는 상대의 상태를 확인하는 사람은 일상에서 타인을 배려하고 소통하며 이끄는 성향일 가능성이 높다.

치료사는 외적 수행 태도와 더불어 눈 맞춤 등 비언어적 표현 양식과 같은 내적 요소를 모두 고려하여 종합적으로 내담자의 상태를 진단하는 것이 바람직하다. 특히 신체적 · 인지적 장애가 있는 집단의 경우에는 이를 충분히 고려하여 검사를 하도록 한다.

리더십 게임 검사 평가 기준표

역할	수행 정도	수행 유형	진단 및 평가
리더	적절	배려와 조화	상대가 잘 따라올 수 있도록 리더십을 발휘하는 유형. 자기결정권을 갖고 개방과 수용을 적절히 활용하여 조화로운 대인관계 형성
	부적절	자기감정 몰두	타인을 배려하지 않는 자기중심적 성향으로 팔로워를 힘들게 하는 유형. 강한 자기애, 과잉보호 등
		과도한 책임감	자기감정을 억압하고 상대의 감정에 지나치게 밀착하는 유형. 외적 수행은 원활하나 내면에 부정적 감정 내재
		소극적 수행	대인관계 위축 또는 대인기피, 사회 부적응과 관계 갈등 소극적 성격 유형. 자신감 결여, 집중력 저하, 남녀 성 의식에 대한 왜곡된 인식 등
		수행 불가	이기적이거나 리더에 의한 피해 의식 또는 평가에 대해 두려움을 보이는 유형. 방어기제, 표현 불능, 신체 또는 지능 결함, 책임 회피 등
팔로워	적절	자발성 신뢰감	리더에 대한 신뢰감을 가지고 자발적으로 순응하는 태도를 보이는 유형. 상대에 대한 배려심을 갖고 원만한 사회관계 형성
	부적절	자기감정 몰두	상대에 대한 이해 및 관찰을 하지 않는 자기중심적 유형. 소통 부재, 감정 조절 장애, 몽상가 등
		압박감 의무감	지나친 의무감으로 인한 압박감을 느끼는 유형. 고착된 사고, 상사 또는 연장자에 대한 부정적 감정 적체 등
		소극적 수행	대인관계 위축 또는 사회 부적응과 관계 갈등을 보이는 유형. 소극적 성격, 집중력 저하, 높은 자존감, 과잉보호 등
		수행 불가	팔로워에 의한 지나친 피해 의식 및 비교 의식을 보이는 유형. 방어기제, 표현 불능, 신체 또는 지능 결함, 평가에 대해 두려움, 높거나 낮은 자존감, 대인기피 및 공포 등

2) 블라인드 게임 검사*Blind Game Test: IT-BGT*

블라인드 게임 검사는 안내자의 역할을 수행하는 모습을 객관적으로 관찰하여 내담자의 정서 및 행동의 표출 방법과 표현 능력을 분석한다. 리더십 게임 검사가 사회적 관계에서의 역할 수행을 분석하기에 적절하였다면, 블라인드 게임 검사는 부부 또는 가족 간의 갈등을 겪는 내담자들의 가족관계에서 책임과 의무 그리고 역할의 이해를 평가하는 데 도움이 된다. 이 검사법은 신뢰감 형성과 역할 및 관계 증진을 위한 치료기법으로도 적용 가능하다.

진행은 내담자를 두 명씩 짝지은 후 나란히 서게 한다. 치료사는 둘 중 눈을 감는 사람과 안내하는 사람을 정하도록 안내한다. 먼저, 역할이 정해지면 안내자가 눈 감은 사람을 이끌고 자유롭게 돌아다니며 치료공간을 탐색할 수 있다고 말한다. 그리고 안내자에게 안전에 유의하도록 당부한다. 역할을 충분히 경험할 수 있는 시간을 제공하고 일정 시간이 지나면 역할을 바꿔서 진행한다. 필요한 경우 짝을 바꾸는 과정을 반복하여 진행한다. 이 과정에서 내담자가 모든 파트너에게 같은 감정과 에너지를 사용하는지, 차별적인지 자세히 관찰하고 진단하여 치료 세션에 반영한다.

평가는 내담자가 게임을 하는 동안 치료사는 눈 감은 자와 안내자의 역할을 기본적으로 즐기는지 어떤지를 관찰하여 관계 맺기에 대한 욕구를 진단한다. 그리고 치료사가 활동이 끝난 후 가장 어려웠던 것이나 수월했던 것 또는 두 가지 모두 어렵거나 수월했는지에 대한 질문을 던진다. 리더십 게임 검사와 마찬가지로 내담자들은 질문을 통해 스스로 답을 하는 과정에서 자신의 문제점을 자각하기도 한다. 만일 필요 때문에 상대를 바꿔 가며 진행하였다면, 내담자 집단의 성격에 따라 누가 안내하였을 때 안정감을 느꼈으며, 그 이유가 무엇인지 질문할 수도 있다. 이렇게 내담자가 답을 찾아가는 과정에서 치료사는 관계의 문제를 파악할 수 있게 된다. 안내자가 상대에게 배려하는 것을 관찰함으로써 자신의 책임과 의무를 어떻게 수행하고 있는지 알 수 있으며, 눈 감은 자는 약자로서의 권리를 어떻게 표현하는지 평가할 수 있다. 검사 과정에서 집단 사이의 신뢰감을 회복하고 관계에 대한 편견이나 부정적 인식을 전환시키는 치료 효과도 가져온다.

3) 부탁해요 게임 검사*Please Game Test: IT-PGT*

부탁해요 게임 검사는 내담자가 대인관계에 있어 건강한 의식 구조로 되어 있는가에 대한 여부와 관계 적응 정도를 진단하는 데 효과적이다. 치료사는 내담자에게 평소에 가지고 싶었던 물건 등을 상대에게 부탁하게 하고, 진행 과정에서 그들의 사회적 대인관계 기술을 관찰하여 진단한다. 이 활동은 내담자가 호소하는 모든 문제와 직결될 때도 있다. 자신이 바라는 것을 요구하는 방법과 상대방의 부탁을 적절하게 수용하거나 거절하는 방법은 사회 통념상 허용되는 수준인지, 표현은 적절한지 관찰하여 진단한다. 이 검사는 수치심, 기피증, 트라우마, 낮은 자존감 등이 대인관계의 소통 부진에서 비롯된 것임을 내담자가 자각하도록 하여 문제 해결을 돕기도 한다. 임상에서 내담자에게 이러한 통찰이 일어나는 순간 자동으로 문제가 해결되는 경우가 종종 있다.

진행은 내담자를 두 명씩 짝지어 마주 보게 하여 부탁하는 자와 거절하는 자의 역할을 맡게 한다. 치료사는 부탁하는 자가 상대에게 특정한 요구를 모든 수단과 방법을 동원하여 성취하도록 안내하고, 상대는 거절하게 한다. 역할을 충분히 경험할 수 있는 시간을 제공한 후 역할을 바꿔 동일하게 진행하고, 필요한 경우 짝을 바꿔 같은 과정을 진행할 수도 있다.

평가는 사회적 관습에서 보편적인 기준을 근거로 내담자가 일상에서 주로 사용하는 소통 기술을 관찰하여 진단한다. 대부분의 내담자는 치료사의 제시에 따라 활동 과정에서 할 수 있는 최대한의 대화술과 처세술 또는 몸짓 등을 활용하여 자신의 요구가 수용되도록 노력하며, 거절할 때에는 완강하게 거절하는 태도를 취할 수 있다. 반면, 거절 결핍증 또는 기피증 등의 문제가 있는 내담자의 경우는 어떠한 방법으로든 부탁과 거절을 못할 수도 있을 것이다. 치료사는 이 모든 상황을 자세히 관찰하여 진단한다. 내담자가 부탁이나 거절하는 과정에서 주로 사용하는 표현 이외에 다른 방법을 적용하지 못할 때처럼 의사소통 기술이 부족한 것이 문제의 원인으로 분석될 때는 개선 훈련을 통한 캐릭터 바꾸기 역할 체험이 치료에 직접적인 도움이 된다.

만남과 헤어짐이 끝없이 반복되고 개인에게 요구되는 역할이 점점 다양해지는 현대사회에서 자기가 수행할 수 있는 한계를 넘어서는 요구를 거절할 수 있는 것은 건강한 사회인으로서 꼭 필요한 능력이다. 거절을 하지 못하는 사람은 삶의 우선순위를 판단하지 못하여 타인에 의해 끌려 다니게 된다. 거절 결핍증으로 인해서 자신에게 매우 중요한 일을 뒤로 밀어 놓기도 하는 흔히 "착한여자 콤플렉스" 또는 "오지랖 넓다."라고 표현하는 역할에 혼돈이 있는 사람들이 그런 유형들이다.

자기 주관이 분명하지 않으며, 자신을 인식하지 못하는 내담자의 정보는 치료에 매우 중요한 단서를 제공한다. 치료사는 이러한 진단 정보를 바탕으로 문제를 개선하도록 도와 내담자의 현실 적응력을 높일 수 있기 때문이다. 활용에 따라서 진단과 동시에 치료적 접근이 가능한 검사도구이자 치료기법이다.

4) 아이컨택 게임 검사*Eye Contact Game Test: IT-EGT*

아이컨택 게임 검사는 내담자의 집중력과 소통 능력 등을 진단하고 집단의 역동을 관찰하기에 매우 적합하다. 특히 개인이 표현할 수 있는 다양한 표현 양식을 최소화하고 '눈'이라는 극히 제한된 통로를 통해서만 소통하게 함으로써 평소 내담자의 다양한 표현 이면에 감춰진 문제들을 진단할 수 있다. 치료 회기에 접목할 경우 집중력 유도와 소통 증대 등을 통해 집단의식을 향상하는 치료적 기능도 수반한다.

진행은 다 함께 일정한 간격으로 원을 만들어 서게 한다. 치료사는 내담자 중 한 명을 지정하여 집단원 중 한 명과 눈을 마주치게 한다. 눈을 마주친 상태를 유지하며 그 집단원에게 다가가게 한다. 눈 맞춤을 받은 사람은 상대가 자기 자리에 도착하기 전에 다른 집단원과 눈을 마주친 후 그 자리로 이동하게 한다. 이와 같은 방법으로 모든 집단원이 자리 이동을 하게 한다. 치료사는 활동이 진행됨에 따라 속도가 날 수 있도록 유도하며 일정한 시간이 지나면 활동을 종료한다.

평가는 신체와 정신 기능 면에서 내담자의 집중력과 소통 능력, 대인기피 정도, 자존감 등을 진단할 수 있다. 개개인의 내적 심리상태에 대한 진단도 가능하다. 한 예로 눈 맞춤에 어려움을 보이는 내담자의 경우 강한 죄의식이나 분노 등이 내재되어 있을 가능성이 높다. 또한, 순간적으로 눈을 마주치며 이동해야 하는 즉흥 상황에서 무의식적으로 어떤 상대에게 향하는지를 통해 집단 내 밀착과 분리 관계를 파악할 수도 있다. 자리 이동이 많았던 사람은 그만큼 눈 맞춤이 많았으며, 집단에서 원만한 관계를 유지하고 있는 것으로 파악할 수 있다. 반면, 자리 이동이 전혀 없는 내담자의 경우에는 우울과 기피, 그리고 낮은 자존감 등의 증세와 함께 집단 내 관계에서 갈등을 겪고 있을 가능성이 높다.

이 검사는 제한된 소통 방법을 사용하게 하여 내담자의 정보들을 일부 차단함으로써 치료사는 내담자의 실제 문제를 파악하여 효과적이고 실질적인 치료 목표를 설정할 수 있다.

3. 몸 인식 검사*Three Types of Body Test: IT-TBT*

'몸 인식 검사'는 내담자의 신체와 마음 그리고 정신의 반응과 그에 대한 자기인식 정도를 파악하기 위하여 동일한 내용으로 치료사용 · 내담자용 검사지를 한 세트로 구성하였다. 이 검사는 내담자와 치료사가 같은 검사지를 작성함으로써 내담자가 의식적 · 무의식적으로 제공하는 왜곡된 자료를 여과하여, 자기인식 수준에 대하여 보다 정확한 진단이 가능하다. 단, 내담자용 검사지는 서술형 질문을 통해 내담자의 이해를 도우며 5점 척도 답안지를 통해 내담자가 자신의 상태를 더욱 자세히 표현할 수 있다.

이 검사법의 주요 개념은 우리의 몸을 세 종류로 보는 관점에서 출발하였다. 신체의 몸은 신체 외형뿐 아니라 그것을 존재하게 하는 신체 내적 메커니즘까지 모두 포함한다. 마음 또는 감정의 몸은 신체의 몸과 대응되는 개념으로써 정서를 포괄하며, 정신의 몸은 인지와 종교적 영역을 포함한 광의적 개념으로써 상호 유기적으로 밀착관계에 있다. 검사지를 구성하는 주요 내용은 다음과 같다.

몸 인식 검사지 구성

분류	신체의 몸	마음의 몸	정신의 몸
제목	신체표현 검사*IT-PBT*	감정표현 검사*IT-EBT*	정신표현 검사*IT-SBT*
하위 구성	5개	7개	6개
내담자용	서술형 질의 *(5점 척도 답안)*		
치료사용	단순 체크		

진행은 내담자가 편안하게 느낄 수 있는 공간에서 진행하되, 깊게 생각하지 않도록 안내한다. 검사 시간은 30분 내외로 내담자가 검사지를 작성하는 동안 치료사는 그의 언어적 · 비언어적 행동을 관찰하고 내담자가 체크한 목록을 종합하여 평가한다.

평가는 내담자와 치료사가 동일한 내용의 설문지를 작성하여 비교함으로써 종합적으로 이루어진다. 표시된 항목을 대조하며 동일 문항의 일치 여부를 확인하고, 일치도가 높을수록 내담자의 자기인식도가 높은 것으로 평가한다. 반면 불일치가 많은 경우, 내담자의 자기인식도가 낮거나 저항*의식적인 왜곡, 부정행동 제어 등*이 높은 것으로 진단할 수 있다.

신체표현 검사지(*IT–PBT 내담자용*)

※ 다음 각 문항에 대하여 √표를 해 주십시오.

1. 얼굴 표정	전혀 아니다	아니다	그저 그렇다	그렇다	매우 그렇다
1. 행복할 때 미소를 짓는다.					
2. 기쁘지 않을 때도 소리 내어 웃는다.					
3. 불쾌하거나 화가 날 때 얼굴을 찌푸린다.					
4. 어이가 없을 때 비웃는 표정을 짓는다.					
5. 감정을 표현하고 싶을 때 무표정하다.					
6. 불만이 있을 때 심술궂은 표정을 짓는다.					
7. 감정을 표현할 때 얼굴에 경련이 난다.					
8. 기타:					

2. 손짓	전혀 아니다	아니다	그저 그렇다	그렇다	매우 그렇다
1. 손짓을 많이 사용한다.					
2. 손을 뜯는다(*물기, 수전증 등*).					
3. 손이 경직된다.					
4. 공격적인 손짓을 사용한다.					
5. 방어적인 손짓을 사용한다.					
6. 반복적인 손짓을 사용한다.					
7. 애교적인 손짓을 사용한다.					
8. 기타:					

3. 걸음걸이	전혀 아니다	아니다	그저 그렇다	그렇다	매우 그렇다
1. 안짱걸음을 걷는다.					
2. 팔자걸음을 걷는다.					
3. 잰걸음을 걷는다.					
4. 큰 걸음을 걷는다.					
5. 비틀거리며 걷는다.					
6. 반듯하게 일자로 걷는다.					
7. 경직된 걸음*(옆걸음, 뒷걸음 등)*을 걷는다.					
8. 기타:					

4. 몸짓	전혀 아니다	아니다	그저 그렇다	그렇다	매우 그렇다
1. 때때로 몸이 떨린다.					
2. 습관적으로 고갯짓을 한다.					
3. 무심코 턱을 괸다.					
4. 습관적으로 고개를 숙인다.					
5. 상대를 외면하는 것에 익숙하다.					
6. 애교 있는 몸짓을 한다.					
7. 평소에 몸이 경직되어 있다.					
8. 기타:					

5. 태도	전혀 아니다	아니다	그저 그렇다	그렇다	매우 그렇다
1. 기본적인 예의*(시간, 옷차림 등)*를 지킨다.					
2. 말과 행동이 다를 때가 있다.					
3. 종종 나를 뽐내며 표현한다.					
4. 종종 비아냥대기도 한다.					
5. 평소에 비스듬히 기대어 앉는다.					
6. 새로운 상황을 접하는 것이 즐겁다.					
7. 기타:					

감정표현 검사지(IT–EBT 내담자용)

※ 다음 각 문항에 대하여 √표를 해 주십시오.

1. 기쁨		전혀 아니다	아니다	그저 그렇다	그렇다	매우 그렇다
감정	1. 평소에 행복하다.					
	2. 감동받을 때 기쁘다.					
	3. 사소한 일에도 흥미를 느낀다.					
	4. 옳은 일에 통쾌함을 느낀다.					
	5. 미래에 대해 희망을 가진다.					
	6. 일할 때 성취감을 느낀다.					
	7. 기쁨을 통제할 수 있다.					
반응	1. 행복할 때 웃는다.					
	2. 감동적일 때 눈물이 난다.					
	3. 기분이 나쁘면 경직된다.					
	4. 감사할 때 목이 멘다.					
	5. 기쁠 때 땀을 흘린다.					
	6. 기뻐서 흥분하면 통증을 느낀다.					
	7. 칭찬받을 때 과잉행동을 한다.					

2. 분노		전혀 아니다	아니다	그저 그렇다	그렇다	매우 그렇다
감정	1. 억울할 때 화가 난다.					
	2. 실수에 자책한다.					
	3. 왠지 불안하면 짜증이 난다.					
	4. 누군가 화를 내면 불안하다.					
	5. 속임을 당하면 복수하고 싶다.					
	6. 무시당하면 모욕감을 느낀다.					
	7. 분노를 통제할 수 있다.					
반응	1. 화가 날 때 웃는다.					
	2. 억울하면 눈물이 난다.					
	3. 기분이 나쁘면 경직된다.					
	4. 분노할 때 가슴이 답답해진다.					
	5. 실수하면 땀을 흘린다.					
	6. 수치스러울 때 통증을 느낀다.					
	7. 무시당하면 과잉행동을 한다.					

	3. 슬픔	전혀 아니다	아니다	그저 그렇다	그렇다	매우 그렇다
감정	1. 자주 우울감에 젖는다.					
	2. 매사에 서운함을 느낀다.					
	3. 과거 기억 때문에 괴롭다.					
	4. 억울하다고 느낄 때가 많다.					
	5. 내 맘을 몰라줄 때 원망스럽다.					
	6. 타인에게 쉽게 연민을 느낀다.					
	7. 슬픔을 느낄 때 통제할 수 있다.					
반응	1. 슬플 때 웃는다.					
	2. 억울하면 눈물이 난다.					
	3. 기분이 나쁘면 경직된다.					
	4. 속상하면 가슴이 답답하다.					
	5. 괴로울 때 땀을 흘린다.					
	6. 불쌍한 사람을 보면 가슴이 아프다.					
	7. 우울하면 과잉행동을 한다.					

4. 즐거움		전혀 아니다	아니다	그저 그렇다	그렇다	매우 그렇다
감정	1. 늘 기대를 갖고 생활한다.					
	2. 평소에 기분이 들 떠 있다.					
	3. 내가 한 일에 보람을 느낀다.					
	4. 일상에 만족을 느낀다.					
	5. 삶에 평안함을 느낀다.					
	6. 몸이 가볍게 느껴진다.					
	7. 즐거움을 통제할 수 있다.					
반응	1. 희망적일 때 웃는다.					
	2. 웃으면 눈물이 난다.					
	3. 즐거울 때 경직된다.					
	4. 평안할 때 불안하다.					
	5. 만족할 때 땀을 흘린다.					
	6. 좋을 때 통증을 느낀다.					
	7. 신이 나면 과잉행동을 한다.					

	5. 사랑	전혀 아니다	아니다	그저 그렇다	그렇다	매우 그렇다
감정	1. 좋아하는 것에 열정을 느낀다.					
	2. 좋아하는 사람에게 집착한다.					
	3. 사람에게 쉽게 호감을 갖는다.					
	4. 애정을 느끼는 대상이 있다.					
	5. 좋아하는 것을 보면 설렌다.					
	6. 그리움을 느낄 때가 있다.					
	7. 사랑의 감정을 통제한다.					
반응	1. 사랑을 느낄 때 웃는다.					
	2. 사랑받지 못하면 눈물이 난다.					
	3. 호감을 느낄 때 경직된다.					
	4. 그리울 때 가슴이 답답하다.					
	5. 좋아하는 사람을 보면 땀을 흘린다.					
	6. 사랑이 깊어지면 통증을 느낀다.					
	7. 집착할 때 과잉행동을 한다.					

6. 미움		전혀 아니다	아니다	그저 그렇다	그렇다	매우 그렇다
감정	1. 예의 없는 사람이 싫다.					
	2. 게으름뱅이가 얄밉다.					
	3. 거짓말쟁이를 증오한다.					
	4. 똑똑한 사람에게 질투를 느낀다.					
	5. 못생긴 사람을 경멸한다.					
	6. 무능한 사람이 짜증난다.					
	7. 미워하는 감정을 통제할 수 있다.					
반응	1. 미운 사람을 보면 웃는다.					
	2. 싫은 것을 참을 때 눈물이 난다.					
	3. 증오할 때 경직된다.					
	4. 원망스러울 때 가슴이 답답하다.					
	5. 혐오스러울 때 땀을 흘린다.					
	6. 배신감을 느낄 때 통증을 느낀다.					
	7. 미울 때 과잉행동을 한다.					

7. 욕구		전혀 아니다	아니다	그저 그렇다	그렇다	매우 그렇다
감정	1. 매력적일 때 성욕을 느낀다.					
	2. 경쟁에서 이겨야 한다.					
	3. 돈을 많이 벌고 싶다.					
	4. 어디든 소속되고 싶다.					
	5. 배가 불러도 음식을 보면 먹고 싶다.					
	6. 목표를 세우면 이루고야 만다.					
	7. 이목이 집중되어야 만족한다.					
반응	1. 욕구가 충족되면 웃는다.					
	2. 만족하면 눈물이 난다.					
	3. 목적을 이루면 경직된다.					
	4. 관심을 못 받으면 가슴이 답답하다.					
	5. 경쟁자를 보면 땀이 난다.					
	6. 욕구가 없을 때 통증을 느낀다.					
	7. 욕구가 좌절되면 과잉행동을 한다.					

정신표현 검사지(IT-SBT 내담자용)

※ 다음 각 문항에 대하여 √표를 해 주십시오.

1. 눈 맞춤	전혀 아니다	아니다	그저 그렇다	그렇다	매우 그렇다
1. 자주 시선을 회피한다.					
2. 눈이 마주치면 초점을 흐린다.					
3. 눈웃음을 짓는 게 편하다.					
4. 긴장하면 눈을 깜빡 거린다.					
5. 눈에 경련이 자주 일어난다.					
6. 의도적으로 눈 맞춤을 한다.					
7. 기타:					

2. 대화	전혀 아니다	아니다	그저 그렇다	그렇다	매우 그렇다
1. 말하는 게 어렵다*(유아적 표현 등)*.					
2. 대화를 회피*(무반응 · 동문서답 등)*할 때가 있다.					
3. 진실하지 못한 표현을 할 때가 있다.					
4. 과격한 표현*(비속어 · 비난 등)*을 사용한다.					
5. 상대방의 말을 잘 경청한다.					
6. 말을 강조하여 표현한다.					
7. 직설적인 표현을 주로 쓴다.					
8. 자연스럽게 나를 잘 소개한다.					
9. 기타:					

3. 대인관계 내적 능력	전혀 아니다	아니다	그저 그렇다	그렇다	매우 그렇다
1. 문제를 순발력 있게 대처한다.					
2. 즉흥적인 감정 · 변화에 편안하게 반응한다.					
3. 다양한 표현을 구사한다.					
4. 협동하여 문제를 해결한다.					
5. 사람들과 잘 교감한다.					
6. 상대에게 집중한다.					
7. 상대방의 감정을 잘 공감한다.					
8. 창의적으로 사고한다.					
9. 자발적으로 관계를 형성한다.					
10. 기타:					

4. 대인관계 외적 능력	전혀 아니다	아니다	그저 그렇다	그렇다	매우 그렇다
1. 대인관계에 있어 역할을 능동적으로 수행한다.					
2. 주도적으로 대인관계를 맺는다.					
3. 나를 적절히 개방한다.					
4. 대인관계에 필요한 예절을 지킨다.					
5. 잘 집중하지 못하고 산만하다.					
6. 집단의 의견을 조율하며 이끌어 간다.					
7. 기타:					

5. 자존감	전혀 아니다	아니다	그저 그렇다	그렇다	매우 그렇다
1. 현재의 모습에 만족한다.					
2. 결정을 쉽게 한다.					
3. 나를 잘 이해하고 있다.					
4. 현재의 관계에 만족한다.					
5. 사람들은 나의 의견을 잘 따른다.					
6. 주변의 사랑을 받고 있다.					
7. 새로운 관계 형성을 쉽게 한다.					
8. 맡은 일을 잘 수행한다고 평가받는다.					
9. 삶을 희망적으로 생각한다.					
10. 자신 있게 나의 생각을 표현한다.					
11. 기타:					

6. 역할 수행	전혀 아니다	아니다	그저 그렇다	그렇다	매우 그렇다
1. 역할을 잘 수행하고 있다.					
2. 역할 이해에 어려움(*왜곡 · 혼란 등*)이 있다.					
3. 나의 역할의 수는 적당하다.					
4. 역할은 최선을 다해 수행한다.					
5. 역할을 수행할 때는 공격적이 된다.					
6. 역할을 수행할 때 방어적이 된다.					
7. 역할을 과장 또는 미화한다.					
8. 역할이 주어지면 회피, 파괴 또는 거부한다.					
9. 상대방의 역할을 이해하고 협조한다.					
10. 기타:					

신체표현 검사지(IT-PBT 치료사용)

※ 다음 각 문항에 대하여 √표를 해 주십시오.

1. 얼굴 표정			
□미소	□웃음	□찌푸림	□비웃음
□무표정	□심술	□경련	
□기타:			

2. 손짓			
□과장 과다	□손 뜯기	□손경직	□공격적
□방어적	□반복	□애교	
□기타:			

3. 걸음걸이			
□안짱걸음	□팔자걸음	□잰걸음	□큰 걸음
□비틀걸음	□일자 걸음	□경직 걸음	
□기타:			

4. 몸짓			
□떨기	□고갯짓	□턱 괴기	□고개 숙임
□외면	□애교	□경직	
□기타:			

5. 태도			
□예의	□언행불일치	□뽐내기	□비아냥
□기대앉기	□개방		
□기타:			

감정표현 검사지(IT-EBT 치료사용)

※ 다음 각 문항에 대하여 √표를 해 주십시오.

1. 기쁨							
감정	□행복	□감동	□흥미	□통쾌	□희망	□성취	□감정 통제
반응	□웃음	□눈물	□경직	□목멤	□땀흘림	□통증	□과잉행동
2. 분노							
감정	□억울함	□자책	□불안	□화냄	□복수심	□모욕감	□감정 통제
반응	□웃음	□눈물	□경직	□답답함	□땀흘림	□통증	□과잉행동
3. 슬픔							
감정	□우울	□서운	□괴로움	□억울함	□원망	□연민	□감정 통제
반응	□웃음	□눈물	□경직	□답답함	□땀흘림	□통증	□과잉행동
4. 즐거움							
감정	□기대감	□들뜸	□보람됨	□만족	□평안	□가벼움	□감정 통제
반응	□웃음	□눈물	□경직	□불안	□땀흘림	□통증	□과잉행동
5. 사랑							
감정	□열정	□집착	□호감	□애정	□설렘	□그리움	□감정 통제
반응	□웃음	□눈물	□경직	□답답함	□땀흘림	□통증	□과잉행동
6. 미움							
감정	□괘씸	□얄미움	□짜증	□증오	□질투	□경멸	□감정 통제
반응	□웃음	□눈물	□경직	□답답함	□땀흘림	□통증	□과잉행동
7. 욕구							
감정	□성욕	□성취	□물욕	□소속욕	□식욕	□경쟁심	□과시
반응	□웃음	□눈물	□경직	□답답함	□땀흘림	□통증	□과잉행동

정신표현 검사지(IT-SBT 치료사용)

※ 다음 각 문항에 대하여 √표를 해 주십시오.

1. 눈 맞춤				
□시선회피	□초점 상실	□눈웃음	□눈 깜빡임	□눈 경련
□의도적 눈 맞춤				
□기타:				
2. 대화				
□불완전 문장	□대화 회피	□진실성	□과격표현	□경청
□반복 강조	□직접 표현			
□기타:				
3. 대인관계 내적 능력				
□순발력	□즉흥성	□상상력	□협동력	□교감력
□집중력	□공감력	□창의성	□자발성	
□기타:				
4. 대인관계 외적 능력				
□능동적	□주도적	□사교적	□예의	□주의산만
□리더십				
□기타:				
5. 자존감				
□자기수용	□자기결정력	□자기이해	□관계 만족	□리더십
□타인 신뢰	□타인 수용	□자기신뢰	□삶의 만족	□자기주장
□기타:				
6. 역할 수행				
□역할 수행	□역할 혼란	□역할의 수	□역할의 태도	□공격적
□방어적	□역할 과장	□역할 거부	□역할 협조	
□기타:				

4. 지문수행 검사*Following Direction Test: IT-FDT*

'지문수행 검사'는 내담자의 행동적 표현과 감정적 표현 그리고 사회적 표현능력을 진단하기 위하여 고안되었다. 치료사의 제시에 따라서 내담자 혼자 또는 두 사람이 파트너가 되어 주어진 상황을 수행하게 한다. 내담자의 반응을 관찰하며 긍정 반응과 부정 반응의 비율을 검사기록표에 표시하고 진단의 근거로 한다.

치료사가 제시하는 지문은 매우 일반적인 내용이기 때문에 내담자의 일상적 반응에 대한 진단이 가능하다. 특히 상황에 대처하는 내담자의 반응을 직접 관찰할 수 있으며 자기 보고식 검사에서 나타나는 내담자의 의식적 · 무의식적 정보 왜곡을 여과함으로써 객관적인 정보를 얻을 수 있다. 이 검사법은 별도의 도구를 사용하지 않아 시공간의 제약이 적고, 만나기 과정으로 자연스러운 연결이 용이하다.

지문 분류표

분류	행동적 표현*(1인/2인)*	감정적 표현*(1인/2인)*	사회적 표현*(1인/2인)*
1	앉는다/앉힌다	웃는다/웃게 한다	칭찬한다/칭찬하게 한다
2	눕는다/눕힌다	운다/울게 한다	축하한다/축하하게 한다
3	일어난다/일으킨다	화낸다/화내게 한다	애교 떤다/애교 떨게 한다
4	걷는다/걷게 한다	소리친다/소리치게 한다	꾸중하다/꾸중하게 한다
5	기댄다/기대게 한다	비웃는다/비웃게 한다	부탁한다/부탁하게 한다
6	만진다/만지게 한다	미소 짓는다/미소짓게 한다	거절한다/거절하게 한다
7	쓰다듬다/쓰다듬게 한다	놀란다/놀라게 한다	자랑한다/자랑하게 한다

※. 지문은 내담자의 발달수준에 따라서 달리 제시할 수 있다.

진행은 치료사가 내담자 혼자 또는 두 사람이 짝을 이루게 한다. 치료사가 각 지문을 제시하여 내담자의 반응을 관찰하고, 긍정 반응과 부정 반응의 비율을 체크하여 진단기록표에 기록한다. 내담자 1인을 대상으로 할 경우, 지문을 자기 자신에게 수행하게 하여 진단한다. 구체적 진행 방법은 내담자가 행동으로 표현하거나 또는 말로 표현하게 할 수도 있다.

평가는 내담자가 혼자 지문을 수행할 경우, 자기인식과 자신을 대하는 태도를 자세히 관찰하여 행동과 감정 그리고 사회적 표현능력 등을 평가한다. 부정적 행동이 체크되는 지문이 많을수록 내담자의 표현능력이 낮은 것으로 해석할 수 있다. 해당 지문이 어느 분류에 포함되는지에 따라 내담자에게 치료가 필요한 부분으로 평가할 수 있다. 예를 들어, 낮은 표현능력의 내담자라도 상황인지 항목에 표시가 많이 됐다면 상황을 파악하고 이해하는 능력이 부족한 것이고, 정서불안이 많이 체크됐다면 불안한 정서로 인하여 표현능력이 부족한 것이다.

두 사람이 지문을 수행할 경우는 사회적 관계 속에서의 표현능력을 평가할 수 있다. 부정 반응의 비율이 높을수록 내담자의 행동 표현과 감정 표현 그리고 사회적 표현능력이 낮은 것으로 평가할 수 있으며, 특히 부정 행동의 비율이 높은 부분과 지문을 이해하는 데에 어려움을 느끼거나 반응이 낮은 경우 대인기피 또는 대인공포 등의 대인관계 문제 유형으로 평가할 수 있다. 이 경우에 역할 모델과 시간여행자모델의 왕의 의자 기법 등을 통한 치료로 연결하면 효과적이다.

검사기록표

※ 다음 각 문항에 대하여 √표를 해 주십시오.

1. 행동적 표현	행동 과잉	정서 불안	감정 조절	상황 인지	의사 소통
1. 앉는다/앉힌다					
2. 눕는다/눕힌다					
3. 일어난다/일으킨다					
4. 걷는다/걷게 한다					
5. 기댄다/기대게 한다					
6. 만진다/만지게 한다					
7. 쓰다듬다/쓰다듬게 한다					
8. 기타:					

2. 감정적 표현	행동 과잉	정서 불안	감정 조절	상황 인지	의사 소통
1. 웃는다/웃게 한다					
2. 운다/울게 한다					
3. 화낸다/화내게 한다					
4. 소리친다/소리치게 한다					
5. 비웃는다/비웃게 한다					
6. 미소 짓는다/미소짓게 한다					
7. 놀란다/놀라게 한다					
8. 기타:					

3. 사회적 표현	행동 과잉	정서 불안	감정 조절	상황 인지	의사 소통
1. 칭찬한다/칭찬하게 한다					
2. 축하한다/축하하게 한다					
3. 애교 떤다/애교 떨게 한다					
4. 꾸중한다/꾸중하게 한다					
5. 부탁한다/부탁하게 한다					
6. 거절한다/거절하게 한다					
7. 자랑한다/자랑하게 한다					
8. 기타:					

5. 자의식 검사*Self-consciousness Test: IT-SCT*

'자의식 검사'는 내담자에게 인칭 표현을 구사하게 하여 자존감, 타인에 대한 인지력, 내재된 감정, 감정 분리 등 내담자의 내면을 집중적으로 알 수 있다. 특히 언어 표현을 중심으로 한 검사이기 때문에 인지능력을 함께 살펴볼 수 있고 시공간적 제약에서 자유롭다는 이점이 있다.

자의식 검사

인칭	관점	진행
1인칭	자기 관점	"나는"이라는 표현을 사용하여 말하게 한다.
2인칭	상대적 관점	"당신은"이라는 표현을 사용하여 말하게 한다.
3인칭	관찰자적 관점	"그/그녀는"이라는 표현을 사용하여 말하게 한다.

진행은 치료사가 내담자의 자전 스토리를 재구성하여 즉흥 상황을 제시하고 1, 2, 3인칭을 사용하여 내담자의 감정이나 상황을 표현하게 한다. 앞의 도표를 참고로 하여 내담자에게 안내한다.

평가는 치료사가 내담자의 인칭 구사력을 통해 자존감 수준을 평가한다. 내담자가 각 인칭에 해당하는 적절한 표현을 구사할 수 있다면 건강한 수준의 자존감이나 인지력을 가졌는지도 점검하여 평가에 반영한다. 때로 자존감이 낮은 내담자는 자신과 타인의 감정을 적절히 분리하지 못할 수도 있다. 따라서 2인칭 구사가 매끄럽지 못하고, 3인칭 구사는 거의 불가능할 가능성이 높다. 또한, 감정을 분리하지 못하는 내담자는 2인칭을 사용하면서도 자신의 감정을 투사해 표현할 가능성이 높다. 이 경우에 심각한 분노가 내재하여 있을 가능성을 고려하여 평가하여야 한다. 특히 자존감이 매우 낮은 내담자의 경우도 1인칭을 구사하지 못할 수 있다. 이러한 반응을 통해서 치료사는 자기 부정 등 현재 내담자가 어떻게 자신을 인식하고 있는지 판단할 수 있다.

특히 3인칭 구사력은 타인에 대한 인지와 객관적 시점에 대한 해석 능력을 평가하는 데 많은 도움이 된다. 이와 같은 내담자는 타인의 존재에 대한 인식과 객관적인 시점에 대한 해석력이 낮다고 평가할 수 있다. 또한 치료사는 문제를 일으킨 원인 사건(트라우마, 치명적인 자존감의 손상 경험, 현재 느끼고 있는 극도의 불안 · 긴장 · 수치심 등의 부정적인 감정 상태)도 함께 종합적으로 분석하여 평가할 수 있다.

6. 직업수행카드 검사*Functioning of Role Card Test: IT-FRT*

'직업수행카드 검사'는 내담자의 의식적 · 무의식적 역할 인식을 진단하는 검사 도구이다. 먼저 이 검사법의 개념은 필자의 스승 로버트 랜디*Robert Landy*(2002)가 개발한 역할 프로파일에서 착안하여 왔음을 분명하게 밝혀 둔다. 그의 역할 프로파일은 그리스 비극부터 현대 연극 작품에 이르기까지 약 600여 대본 속 등장인물을 검토하여 반복적으로 등장하는 84가지의 역할 유형을 추출하고 인간의 주요 여섯 가지 영역인 신체, 인지, 정서, 사회, 정신, 예술에 따라 역할 유형 분류 체계를 완성하였다. 반면 통합예술치료에서는『한국직업사전』(2014)에 제시된 '한국직업분류별' 직업 구분을 참조하여 실제 우리나라에서 사용하고 있는 직업군을 바탕으로 정서를 반영한 역할체계를 구성하여 검사 도구로서의 신뢰도를 갖고자 하였다. 한국식 직업수행카드를 검사법으로 새롭게 고안한 이유는 랜디의 역할 프로파일이 외국 희곡을 바탕으로 분류된 역할체계로 되어 있어서 우리나라의 직업 및 역할 인식을 진단하기에 용어의 어려움이 있고 평가에 대한 논란 때문에 보완의 필요성이 있었기 때문이다.

앞에서 소개한 롤 다이어그램이 가정 내 역할에 중점을 둔 진단 검사라면, 직업수행카드는 시기 · 직업 · 수행 역할로 구성되어 있어 내담자의 사회적 역할 인식을 진단하는 데 용이하다. 또한 내담자 스스로 역할 직업과 수행기능을 선택하기에 자발적으로 진행되어 저항은 줄이면서 의식과 욕구 그리고 기능적 문제 등에 대한 신속하고 정확한 진단이 가능하다.

통합예술치료 IT매뉴얼의 직업수행카드는 내담자가 인식하고 있는 본인의 직업을 과거 · 현재 · 미래로 나눌 수 있도록 하였으며, 총 343개의 세부 직업군을 13개의 직종으로 그룹화하였다. 마지막으로 기능적 역할 카드는 신체와 마음 그리고 정신에 준거하여 각 영역별로 10개의 항목으로 되어 있다.

직업수행카드 구성

<table>
<tr><th>구분</th><th colspan="2">내용</th><th>진행</th></tr>
<tr><td rowspan="3">시기</td><td>과거</td><td>이었다</td><td rowspan="3">시기에 맞춰 기술하도록 안내함</td></tr>
<tr><td>현재</td><td>이다</td></tr>
<tr><td>미래</td><td>~가 되고 싶다</td></tr>
<tr><td>직업</td><td>직종</td><td>직업군</td><td>13개의 직종 카드 중 해당 시기의 자기 역할을 고르도록 안내함</td></tr>
<tr><td rowspan="3">기능 역할</td><td>신체 영역</td><td rowspan="3">기능적 역할</td><td rowspan="3">각 영역별 10개 항목 직종 카드에 대한 기능 카드를 선택하도록 안내함</td></tr>
<tr><td>마음 영역</td></tr>
<tr><td>정신 영역</td></tr>
</table>

직업수행카드 직종 및 직업군 분류

<table>
<tr><th>No.</th><th>직종</th><th>직업군</th></tr>
<tr><td>1</td><td>의료인
(16)</td><td>물리치료사, 작업치료사, 대체요법사, 예술치료사, 접골사, 전문의, 한의사, 치과의사, 수의사, 레지던트, 한약사, 약사, 간호사, 치과위생사, 임상병리사, 방사선사</td></tr>
<tr><td rowspan="2">2</td><td>문화
(31)</td><td>평론가, 번역가, 문화재 보존원, 동물조련사, 수족관 다이버, 연극 제작자, 영화제작자, 미술관장, 박물관장, 도서관장, 공연기획자, 영화제 프로그래머, 전시기획자, 행사 연출가, 방송콘텐츠 기획자, 기자, 논설위원, 아나운서, 리포터, 감독, 코치, 직업 운동선수, 심판, 프로게이머, 바둑 기사, 골프경기 진행자, 큐레이터, 학예사, 음반 제작 프로듀서, 광고기획자</td></tr>
<tr><td>예술인
(35)</td><td>방송작가, 소설가, 수필가, 시인, 화가, 조각가, 서예가, 사진작가, 만화가, 국악인, 지휘자, 작곡가, 연주가, 가수, 성악가, 무용가, 안무가, 디자이너, 시각디자이너, 웹디자이너, 감독, 조감독, PD, 촬영감독, 조명감독, 스크립터, 배우, 모델, 음향 및 녹음기사, 편집기사, 마술사, 곡예사, 건축가, 메이크업 아티스트, 분장사</td></tr>
</table>

〈계속〉

No.	직종	직업군
3	회사원 *(42)*	비서, 실장, 부장, 차장, 과장, 대리, 계장, 사원, 사무보조, 기업 대표이사, 기업 고위 임원, 회장, 부회장, 이사, 고문, 감사, 금융기관 감독원, 펀드매니저, 재무 설계사, 증권분석사, 주식투자 상담원, 개인 자산관리사, 보험 전문가, 보험사무원, 보험중개인, 보험금 심사원, 보험계약심사원, 세무회계사, 은행원, 감정평가사, 컴퓨터 하드웨어 엔지니어, 네트워크 시스템 개발자, 컴퓨터보안전문가, 컴퓨터 시스템 설계 및 분석가, 소프트웨어 프로그래머, 웹마스터, 웹 엔지니어, 게임기획자, 멀티미디어 기획자, 데이터베이스 개발자, 정보 시스템 운영자, 통신장비 설치기사
4	공무원 *(53)*	경찰관, 소방관, 교도관, 교육감, 국무총리, 국회의원, 군수, 노동조합 임원, 대법원장, 대통령, 도지사, 시장, 장관, 차관, 정당 고위 임원, 외교관, 정부기관 부서장, 정부 지방관서 기관장, 검찰청장, 경찰처장, 교도소장, 법원장, 소방서장, 보건소장, 우체국장, 전화국장, 통관사, 관세사, 판사, 검사, 변호사, 법무사, 변리사, 노무사, 대장, 중장, 소장, 준장, 대령, 중령, 소령, 대위, 중위, 소위, 준위, 원사, 상사, 중사, 하사, 병장, 상병, 일병, 이병
5	종교인 *(13)*	목사, 승려, 신부, 선교사, 수녀, 전도사, 권사, 집사, 장로, 수사, 비구니, 보살, 동승
6	교육인 *(13)*	연구원, 교수, 교사, 강사*(대학, 사교육)*, 장학관, 장학사, 교장, 교감, 대학교 총장, 대학교 학장, 유치원 원장, 사설학원 원장, 보육시설 원장
7	자영업자*(5)*	농부, 어부, 해녀, 광부, 개인사업자
8	요식업자*(7)*	제과제빵사, 초콜릿 공예사*(쇼콜라티에)*, 셰프, 조리사, 바텐더, 소믈리에, 바리스타
9	전문 서비스업자 *(56)*	연예인 매니저, 이용사, 미용사, 피부미용, 체형관리사, 건강관리사, 치과기공사, 안경사, 애완동물미용사, 애견조련사, 경호원, 코디네이터, 커플매니저, 웨딩플래너, 장례지도사, 여행 기획자, 여행 가이드, 승무원*(항공, 선박, 철도)*, 응원단, 호텔리어, 방송 모니터 요원, 통역가, 사서, 파티플래너, 쇼호스트, 원예사, 플로리스트, 레크리에이션 강사, 안전요원, 카지노 딜러, 골프장 캐디, 전기 · 전자기기 설치 및 수리원, 케이블 설치기사, 헤드헌터, 보석세공사, 악기제조사, 설계사, 건축 시공 기술자, 토목 기술자, 조경기술자, 도시교통 설계 전문가, 측량사, 지도 제작기술자, 미장공, 방수공, 단열공, 배관공, 양복사, 양장사, 패턴사, 재단사, 재봉사, 재화사, 부동산 중개인, 경매사, 부동산경매인

〈계속〉

No.	직종	직업군
10	일반 서비스업자 *(16)*	제약 영업원, 자동차 판매원, 상품 판매원, 통신서비스 판매원, 인터넷 판매원, 텔레마케터, 복권 판매원, 노점 판매원, 이동판매원, 방문판매원, 웹호스팅 기획사, 우편집배원, 취업알선원, 발렛파킹원, 콜센터 상담원, 설문조사원
11	운송업 *(21)*	항공기 조종사, 헬기조종사, 선장, 항해사, 도선사, 관제사, 기관차 기관사, 전동차 기관사, 철도신호원, 택시운전사, 버스 운전사, 화물차 운전사, 특수차 운전사, 대리운전사, 구급차 운전사, 기중기 조종사, 지게차 운전사, 크레인 조종사, 굴착기 조종사, 불도저 조종사, 역무원
12	단순노무자 *(15)*	청원경찰, 경비원, 환경미화원, 구두미화원, 가사도우미, 주차관리원, 가스관리원, 검표원, 건설 단순노무자, 아르바이트생, 홍보 도우미, 주유원, 매표원, 계산원, 배달원
13	복지인 *(20)*	간호조무사, 병원코디네이터, 간병인, 장애 아동 돌보미, 병원 보조원, 산후도우미, 정신질환 치료 도우미, 환자 이송원, 사회복지사, 직업재활사, 다문화언어지도사, 전문상담교사, 청소년지도사, 학습상담원, 직업상담사, 펀드레이저, 육아도우미, 심리상담사, 영양사, 시민단체 활동가

직업수행카드 검사는 직업 수행의 정도가 신체·마음·정신에 미치는 영향 등에 대하여 알아보고자 하였다. 최근 뇌 과학의 발달로 인하여 신체·마음·정신의 의미가 기존의 관념에 충격을 던지고 있으나 아직까지 그 단어들을 대체하여 설명할 만한 학문적 근거는 찾지 못하고 있어서, 먼저 이 검사법에서 사용한 용어 개념 정리부터 하고자 한다.

정신*Spirit* 이란 인지와 종교적 영역을 포괄하는 개념이다. 인지란 심리학적 개념으로, "자극을 받아들여 저장하고 인출"(표준국어대사전)하는 하위 개념으로 이해할 수 있다. 종교적 영역은 인간의 의식적 인지 과정 외에 인간을 이루는 우주적 개념을 의미하며, 이를 포괄적으로 이해함으로써 진단할 수 있는 문제의 범위가 확대되었다.

마음*Mind*이란 신체에 대응되는 개념으로 정서와 감정을 포괄한다. 심리학에서 정서란 "희로애락과 같이 일시적으로 급격히 일어나는 감정"을 의미하며, 감정은 "어떤 현상이나 일에 대하여 일어나는 마음이나 느끼는 기분"을 의미한다. 이처럼 심리학적 관점에서 정서와 감정은 일시적인 반응으로 이해할 수 있다. 그러나 마음은 이러한 일시적 반응으로서의 감정과 정서가 발전 과정을 거쳐 장기기억으로 축적되어 형성된 것으로 감정과 정서를 모두 포괄하는 광의의 개념이라 할 수 있다.

마지막으로 신체*Body*란 행동과 신경생물학적 메커니즘을 포괄한 개념이다. 심리학에서 "행동은 내적 또는 외적 자극에 대한 생물체의 반응을 통틀어 이르는 말"로 신체적 움직임을 일컫는다. 즉, 신체로부터 파생되는 하나의 기능으로 이해할 수 있다. 그러나 본 검사지에서 신체는 행동뿐 아니라 행동의 원인과 결과로 발생하는 신경생물학적 메커니즘을 포괄한 전체로서의 신체를 의미한다.

직업수행카드 기능적 역할 영역별 유형

NO.	신체 영역	마음 영역	정신 영역
1	장애	희생자	신
2	여성적	떳떳한 자	영웅
3	남성적	가해자	천사
4	아픈	억울한 자	비범인
5	무기력한	복수	현실주의자
6	건강한	부적응자	몽상가
7	아름다운	생존자	목격자
8	추한	겁쟁이	죄인
9	비만한	용서	악마
10	왜소한	현실 적응자	무신론자

진행은 통합예술치료의 다른 진단 검사와 병행이 가능하다. 필요 시 분석 과정에서 다른 검사 도구의 결과를 보조 수단으로 참고하여 해석할 수도 있다. 치료사는 직업수행카드의 분류를 마친 내담자로 하여금 자신이 놓은 카드를 직접 설명하게 하도록 하며, 이를 토대로 역할 모델이나 투사 모델을 통해 인지를 강화하도록 세션을 진행할 수 있다.

직업수행카드 진행 방법

단계	내용
준비	치료사는 진단카드가 섞여서 전달되지 않도록 시기-직업-신체-마음-정신의 순서로 준비한다. 준비물: 직업수행카드
진행 과정	1. 내담자에게 시기가 적힌 카드를 맨 윗줄에 나란히 놓도록 한다. 2. 직업카드를 전달하여 자신이 생각하는 과거 · 현재 · 미래 역할을 선택한 후 왼쪽 아래로 나열하게 한다. 3. 이후 신체와 마음 그리고 정신 영역의 카드를 차례대로 전달하여 각 시기별로 분류한 직업카드 옆에 나열하게 한다. 4. 선택한 카드를 스스로 설명하게 한다.
유의사항	선택할 수 있는 카드의 수는 제한이 없지만, 한 영역에서 두 개 이상의 카드를 선택할 경우 나란히 배치해 나가도록 한다.

평가는 내담자가 선택한 카드를 토대로 시기와 직업 그리고 기능적 역할 간의 관계에서 나타나는 욕구를 살펴보고 문제가 있는 시기의 특이 사항과 그가 역할에 대해 인식하는 기능적 측면을 평가한다. 수행적 역할 카드는 내담자의 세 가지 몸이 느끼는 역할 인식과 관련하여 내담자가 특정 영역을 집중하여 선택하였다면 해당 영역의 기능 문제왜곡 등를 분석할 수 있다. 부정적 역할과 긍정적 역할의 선택 비율을 통해 해당 역할에 대한 감정 이해 및 개별 영역과 영역 간 상호작용을 종합적으로 분석함으로써 내담자의 역할 인식에 대한 정성적 평가가 가능하다.

PART 4

IT매뉴얼 임상 적용 예시

Example of IT Manual Clinical Application

정신병리 유형별 매뉴얼*IT Manual by Symptoms*

이 장은 IT매뉴얼의 실제 적용을 돕기 위하여 예술치료 임상현장에서 만나게 되는 주요 심리장애인 우울장애, 불안장애, 외상 후 스트레스 장애*PTSD*, 주의력결핍 과잉행동장애*ADHD*, 자폐 스펙트럼 장애, 지적 장애, 조현병, 노인성 치매를 임상 대상으로 선별하여 살펴보고자 한다. 다음 예시에서는 장애 유형별로 IT매뉴얼이 어떻게 적용되는지 볼 수 있는 회기 진행 매뉴얼을 소개한다. 실제 프로그램의 설계는 치료사가 정신병리학적 이해를 바탕으로 해당 내담자의 호소 증상과 성향을 고려하여 IT매뉴얼을 적용하여야 한다. 치료의 최종 목표에 도달하기 위해서는 내담자의 '진단에 따른 하위 증상'들 중에서 예술치료를 통해 다룰 수 있는 요소들을 선정하여 회기 목표로 삼는다. 이 예시들은 동일한 장애유형의 경우에도 IT진단 및 내담자 증상 분석을 기반으로 재구성되어야 한다.

1. 우울장애*Depressive Disorder*

'우울장애'는 일반적으로 우울감을 주요 증상으로 하는 병리현상이다. DSM-5에 따르면 주요우울장애는 지속적인 우울 기분 및 흥미나 즐거움의 상실 등의 증상으로 인하여 사회적 또는 직업적 역할을 포함한 기능에 심각한 고통이나 손상을 초래하는 경우에 진단된다고 한다. 우울장애 내담자는 (좌절감, 죄책감, 공허, 고독, 무가치감 등) 불쾌하고 고통스러운 정서를 지속적으로 체험하며 (불면, 과다수면, 폭식, 불안정한 행동, 사회적 관계 단절 등) 정신과 신체 그리고 사회 영역에서 어려움을 겪고 있다.

우울장애 내담자 대상 IT매뉴얼의 적용은 예술체험을 통하여 우울감에서 벗어나 긍정적인 사고로 변화하도록 유도한다. 나아가 변화된 존재로 삶을 행복하게 영위할 수 있도록 하는 데 치료 목표를 둔다. 초반부에는 라포를 충분히 형성한 후 우울한 기분이 환기되도록 카타르시스 모델의 게임놀이 기법을 적용한다. 이때 내담자가 저항을 느끼지 않도록 가벼운 신체활동부터 시작하고 중반 이후에는 신체활동을 증가시켜 신체 에너지를 활성화한다. 감정표현 기법을 적용할 때는 긍정적인 정서체험이 충족된 후에 자기 칭찬 표현으로 연결시켜 손상된 자존감의 회복을 돕는다. 마찬가지로 투사 모델을 적용할 때도 내담자의 저항을 최소화하기 위하여 대중적이며 접근성이 용이한 감상 활동 중심의 영화/사진 · 문학매체를 활용하고, 점진적으로 직접적인 표현을 유도하는 음악 · 미술 · 무용/동작매체를 순차적으로 적용한다. 음악매체의 경우도 감상 활동부터 시작하여 즉흥연주, 몰입을 돕는 배경음악으로 표현 방법을 확장한다. 중반부에는 내담자가 자신의 모습을 있는 그대로 수용하고 사고 패턴을 변화시킬 수 있도록 그림자엿보기 모델을 적용하는 것이 효과적이다. 후반부에는 시간여행자 모델에서 왕의 의자 기법을 통하여 자존감을 증진시킨 후에 힐링드라마 모델을 적용함으로써 자신의 문제를 극복할 수 있도록 한다.

다음에 제시된 회기 구성은 우울장애 내담자를 대상으로 세라트*CERAT*에 기반을 두어 증상 개선 목표를 설정하고 초반부와 중반부에 적용할 수 있도록 설계한 프로그램의 예시이다.

우울장애 대상 예시 1

<table>
<tr><td>적용 모델
(기법)</td><td colspan="2">IT매뉴얼 : 역할 모델*(자아 기법, 타인 기법, 관찰 기법, 조커 기법)*, 투사 모델*(음악매체)*</td></tr>
<tr><td>증상 개선 목표</td><td colspan="2">©ERAT : 고독감 완화</td></tr>
<tr><td>설명</td><td colspan="2">긍정 인물에게 정서적 지지를 받음으로써 고독감이 완화되도록 돕는다.</td></tr>
<tr><td>준비물</td><td colspan="2">경쾌한 배경음악, 기본 재료*(A4용지, 필기구 등)*</td></tr>
<tr><td rowspan="4">진행 과정</td><td>열기</td><td>음악을 들으며 리듬에 맞춰 걷게 한다.</td></tr>
<tr><td>만나기</td><td>1. 자리에 앉아 자신의 '수호천사'를 떠올리게 한다.
2. 혼자여서 어려웠던 상황을 이야기하게 한다.
3. 이야기를 바탕으로 수호천사와 함께하는 즉흥역할극을 하게 한다.</td></tr>
<tr><td>닫기</td><td>예술체험에서 경험한 자신 및 타인에 대한 새로운 인지를 자각하고 통찰하게 한다.</td></tr>
<tr><td>적용하기</td><td>진행 과정에서 관찰한 내담자의 반응을 기반으로 예술체험이 긍정적 현실 접목 및 훈련이 되도록 화두를 준다.</td></tr>
<tr><td>유의사항</td><td colspan="2">*음원 및 오디오 시스템을 사전에 점검한다. 음악은 가사가 없는 것으로 선정한다. 눈을 감았을 때 불안도가 높은 내담자의 경우 눈을 뜨고 상상하게 할 수 있다.*</td></tr>
</table>

※ 동일 유형 장애의 경우도 반드시 IT진단을 기반으로 재구성 적용 요망.

우울장애 대상 예시 2

적용 모델 *(기법)*	IT매뉴얼 : 투사 모델*(연극매체, 영화/사진매체, 음악매체)*	
증상 개선 목표	ⓒⒺRAT : 존재감 향상, 정서적 안정감	
설명	사진을 통하여 내면의 정서순화와 존재감을 인식하도록 돕는다.	
준비물	다양한 풍경 사진, 편안한 배경음악, 기본 재료*(A4용지, 필기구 등)*	
진행 과정	열기	음악을 들으며 다양한 이미지의 사진 중 마음에 드는 것을 선택하게 한다.
	만나기	1. 자리에 앉아 사진의 이미지를 보며 이야기하게 한다. 2. 사진 속에 자신이 있다면 어떤 모습일지 상상하게 한다. 3. 그 모습을 조각상으로 표현하게 한다.
	닫기	예술체험에서 경험한 자신 및 타인에 대한 새로운 인지를 자각하고 통찰하게 한다.
	적용하기	진행 과정에서 관찰한 내담자의 반응을 기반으로 예술체험이 긍정적 현실 접목 및 훈련이 되도록 화두를 준다.
유의사항	*음원 및 오디오 시스템을 사전에 점검한다. 음악은 가사가 없는 것으로 선정한다.*	

※ 동일 유형 장애의 경우도 반드시 IT진단을 기반으로 재구성 적용 요망.

우울장애 대상 예시 3

적용 모델 *(기법)*		IT매뉴얼 : 역할 모델*(자아 기법, 타인 기법, 관찰 기법, 조커 기법)*, 투사 모델*(무용/동작 매체)*
증상 개선 목표		CE®AT : 역할 증진
설명		즉흥역할극을 통하여 소망을 탐색하고 역할을 강화하도록 돕는다.
준비물		기본 재료*(A4용지, 필기구 등)*
진행 과정	열기	치료사의 제시에 따라서 다양한 동작으로 걷게 한다.
	만나기	1. 자리에 앉아 버킷리스트를 작성하게 한다. 2. 작성한 목록을 이야기하게 한다. 3. 이야기를 바탕으로 즉흥역할극을 하게 한다.
	닫기	예술체험에서 경험한 자신 및 타인에 대한 새로운 인지를 자각하고 통찰하게 한다.
	적용하기	진행 과정에서 관찰한 내담자의 반응을 기반으로 예술체험이 긍정적 현실 접목 및 훈련이 되도록 화두를 준다.
유의사항		*내담자가 소망을 이루기 위하여 현재 수준에서 필요한 것이 무엇인지 구체화할 수 있게 한다.*

※ 동일 유형 장애의 경우도 반드시 IT진단을 기반으로 재구성 적용 요망.

2. 불안장애*Anxiety Disorder*

'불안장애'는 과도한 불안과 공포를 주된 증상으로 하는 병리현상이다. DSM-5에 따르면 극도의 공포와 불안 및 행동 장애의 특징을 지닌 질환들을 포함하며, 병적인 불안이 나타나는 양상에 따라 범불안장애, 특정공포증, 광장공포증, 사회불안장애, 공황장애, 분리불안장애, 선택적 무언증의 일곱 가지 하위 유형으로 구분된다. 불안장애 내담자는 보통 불쾌한 정서적 경험을 지속하며 특정 상황이나 대상을 직면하였을 때 불안이 가중된다. 흔히 불안정한 심리상태와 주의 집중의 어려움, 피로감, 두통, 복통, 불면 등의 신체적 증상으로 인하여 일상적인 삶에서 고통을 받는다.

불안장애 내담자 대상 IT매뉴얼은 웃음카타르시스 체험을 통하여 불안의 고통에서 벗어나도록 적용한다. 나아가 불안 통제 능력을 배양하여 일상 및 사회생활에서의 기능을 회복하는 데 치료 목표를 둔다. 초반부에는 명상과 카타르시스 모델의 게임놀이 기법을 적용하고, 투사 모델에서는 무용/동작매체를 활용하여 심신을 이완시킨다. 중반부는 가면아이 모델을 적용하여 내담자가 자신의 불안을 탐색하고 해결할 수 있게 한다. 이와 함께 시간여행자 모델의 나의 우주 기법을 적용하여 자신을 보호할 수 있는 안전한 공간을 스스로 디자인하고 자기효능감을 높여 준다. 후반부에는 시간여행자 모델 중 왕의 의자 기법을 적용하여 긍정적 자아상을 정립한 후에 힐링드라마 모델의 매직무대를 통하여 자신의 소망을 무대에서 실현함으로써 인격체의 변형이 가능하도록 유도한다. 또한 치료 과정을 돌아보며 앨범을 만들거나 다큐멘터리영상으로 제작하여 자신의 변형을 확인하는 종결 회기로 마무리할 수 있다.

다음에 제시된 회기 구성은 경증의 범불안장애 내담자를 대상으로 세라트*CERAT*에 기반을 두어 증상 개선 목표를 설정하고 중반부에 적용할 수 있도록 설계한 프로그램의 예시이다.

불안장애 대상 예시 1

적용 모델 *(기법)*	IT매뉴얼 : 투사 모델*(미술매체)*, 가면아이 모델*(가면제작 기법)*	
증상 개선 목표	ⒸⒺRAT : 불안감 완화	
설명	부정 정서를 시각화하여 긍정 정서로 전환함으로써 불안감을 완화시킨다.	
준비물	가면, 채색도구, 꾸미기 재료, 기본 재료*(A4용지, 필기구 등)*	
진행 과정	열기	치료사의 제시에 따라서 사색하며 걷게 한다.
	만나기	1. 사색 중 떠올랐던 부정 정서를 가면의 바깥쪽에 채색하게 한다. 2. 가면의 안쪽에 긍정 정서를 채색하게 한다. 3. 가면에 표현된 두 정서 간의 차이점에 대하여 탐색하고 현실에서는 가면의 양쪽 정서 중 어떤 변화를 희망하는지 이야기하게 한다.
	닫기	예술체험에서 경험한 자신 및 타인에 대한 새로운 인지를 자각하고 통찰하게 한다.
	적용하기	진행 과정에서 관찰한 내담자의 반응을 기반으로 예술체험이 긍정적 현실 접목 및 훈련이 되도록 화두를 준다.
유의사항	*열기 과정에서 내담자가 정서를 탐색할 수 있도록 특정한 상황 속으로 유도할 수도 있다.*	

※ 동일 유형 장애의 경우도 반드시 IT진단을 기반으로 재구성 적용 요망.

불안장애 대상 예시 2

적용 모델 *(기법)*	IT매뉴얼 : 카타르시스 모델*(게임놀이 기법)*, 역할 모델*(자아 기법, 타인 기법, 관찰 기법, 조커 기법)*	
증상 개선 목표	ⒸⒺⓇAT : 통제감 향상	
설명	부정 정서를 긍정 정서로 변화시키는 체험을 함으로써 몸이 기억하도록 돕는다.	
준비물	기본 재료*(A4용지, 필기구 등)*	
진행 과정	열기	두 명씩 짝을 지어 〈Go-Stop게임〉을 하게 한다.
	만나기	1. 자리에 앉아 게임 중 느꼈던 감정을 표현하게 한다. 2. 표현된 정서를 이야기로 극화하게 한다. 3. 이야기를 다시 긍정 정서로 재구성하고 즉흥역할극을 하게 한다.
	닫기	예술체험에서 경험한 자신 및 타인에 대한 새로운 인지를 자각하고 통찰하게 한다.
	적용하기	진행 과정에서 관찰한 내담자의 반응을 기반으로 예술체험이 긍정적 현실 접목 및 훈련이 되도록 화두를 준다.
유의사항	*극화된 이야기의 정서를 긍정적으로 변화시키는 과정을 통하여 정서 경험을 통제할 수 있는 체험이 되도록 한다.*	

※ 동일 유형 장애의 경우도 반드시 IT진단을 기반으로 재구성 적용 요망.

불안장애 대상 예시 3

적용 모델 *(기법)*	IT매뉴얼 : 투사 모델*(음악매체)*, 시간여행자 모델*(나의 우주 기법)*	
증상 개선 목표	CⒺⓇAT : 자기보호 강화	
설명	안전한 공간에서 희망 역할을 체험함으로써 자기보호를 강화하도록 돕는다.	
준비물	편안한 배경음악, 다양한 소품과 천, 마스킹테이프, 기본 재료*(A4용지, 필기구 등)*	
진행 과정	열기	음악을 들으며 편안하게 거닐다가 머무르고 싶은 공간으로 가게 한다.
	만나기	1. 마스킹테이프로 자신의 영역을 설정하게 한다. 2. 다양한 소품을 활용하여 공간을 디자인하게 한다. 3. 자신의 공간 안에서 희망하는 역할을 하게 한다.
	닫기	예술체험에서 경험한 자신 및 타인에 대한 새로운 인지를 자각하고 통찰하게 한다.
	적용하기	진행 과정에서 관찰한 내담자의 반응을 기반으로 예술체험이 긍정적 현실 접목 및 훈련이 되도록 화두를 준다.
유의사항	*음원 및 오디오 시스템을 사전에 점검한다. 음악은 가사가 없는 것으로 선정하여 공간탐색을 유도한다.*	

※ 동일 유형 장애의 경우도 반드시 IT진단을 기반으로 재구성 적용 요망.

3. 외상 후 스트레스 장애*Post Traumatic Stress Disorder*

'외상 후 스트레스 장애'*PTSD*는 충격적인 외상 사건을 겪은 후유증으로 부적응적 증상들이 재경험되는 병리현상이다. DSM-5에 의하면 실제 혹은 위협된 죽음, 중상해, 성적 침해와 같은 외상 사건에 노출되어 그와 관련된 자극에 대한 회피 및 인지적 또는 감정적 반응의 둔화 그리고 과도하게 증가된 각성이 한 달 이상 지속될 때 진단된다고 한다. PTSD 내담자는 불안, 분노, 수치, 우울감과 죄책감을 느끼며 주의 집중에 어려움, 수면 문제 등 정신적 · 신체적 문제를 동시에 경험할 뿐 아니라 사회적 갈등을 초래하기도 한다.

PTSD 내담자 대상 IT매뉴얼의 적용은 예술체험을 통해서 외상적 사건과 감정으로부터 사고를 분리시키면서 시작한다. 또한 긍정적인 정서를 경험하게 하여 외상으로 인한 경직된 사고체계를 유연하게 변화시키고, 사회적 역할을 회복하여 삶의 질을 향상시키는 데 치료 목적을 둔다. 초반부에는 명상을 통한 호흡훈련과 카타르시스 모델의 게임놀이 기법 그리고 투사 모델에서 음악, 무용/동작매체를 활용하여 긴장을 이완한다. 이때 신체 접촉이나 신체활동이 내담자의 심리적 외상을 자극하지 않도록 주의한다. 특히 치료공간과 치료사가 안전하다는 것을 느낄 수 있도록 공감적이고 지지적인 환경을 제공하여, 내담자 스스로 외상 사건을 탐색하고 감정을 노출할 수 있게 돕는다. 중반부는 몸에 저장된 트라우마를 배설한 후에 외상 경험과 일상적 경험을 분리시켜서 반응할 수 있도록 역할 모델을 적용한다. 이때 외상 사건을 직접적으로 다루는 것은 내담자의 저항을 일으킬 수 있기 때문에 기존의 이야기를 차용하여 간접적으로 다루게 한다. 내담자가 외상 사건에 대해서 자발적으로 이야기할 수 있게 되면, 그림자엿보기 모델을 적용하여 외상 사건을 자신의 삶에 수용하고 통합할 수 있도록 유도한다. 후반부에는 시간여행자 모델 중 왕의 의자 기법을 적용하여 손상된 자존감을 회복한다.

다음에 제시된 회기 구성은 PTSD 내담자를 대상으로 세라트*CERAT*에 기반을 두어 증상별 개선 목표를 설정하고 중반부에 적용할 수 있도록 설계한 프로그램의 예시이다.

PTSD 대상 예시 1

적용 모델 *(기법)*	IT매뉴얼 : 투사 모델*(미술매체, 음악매체)*	
증상 개선 목표	©ⒺRAT : 부정적 감정 정화*(자기 치유)*	
설명	신체 그리기를 통하여 몸에 각인된 부정 감정을 정화한다.	
준비물	편안한 배경음악, 전지, 채색도구, 기본 재료*(A4용지, 필기구 등)*	
진행 과정	열기	음악과 함께 심신을 이완시키고 자신의 신체를 자각하게 한다.
	만나기	1. 두 명씩 짝을 지어 상대방 몸의 윤곽을 전지에 그려주게 한다. 2. 부정적 감정이 느껴졌던 부위를 자신의 그림에 표현하게 한다. 3. 완성된 그림을 보며 몸의 정서를 이야기하게 한다. 4. 부정적 감정이 투영된 몸을 긍정 그림으로 덧그리게 한다.
	닫기	예술체험에서 경험한 자신 및 타인에 대한 새로운 인지를 자각하고 통찰하게 한다.
	적용하기	진행 과정에서 관찰한 내담자의 반응을 기반으로 예술체험이 긍정적 현실 접목 및 훈련이 되도록 화두를 준다.
유의사항	*음원 및 오디오 시스템을 사전에 점검한다. 음악은 가사가 없는 것으로 선정한다. 신체적 외상을 겪은 내담자들에게는 트라우마 상황이 해소되거나 재인식된 이후에 적용한다.*	

※ 동일 유형 장애의 경우도 반드시 IT진단을 기반으로 재구성 적용 요망.

PTSD 대상 예시 2

<table>
<tr><td>적용 모델
(기법)</td><td colspan="2">IT매뉴얼 : 카타르시스 모델(게임놀이 기법), 역할 모델(자아 기법, 타인 기법, 관찰 기법, 조커 기법)</td></tr>
<tr><td>증상 개선
목표</td><td colspan="2">CEⓇⒶT : 대인관계 능력 향상</td></tr>
<tr><td>설명</td><td colspan="2">다양한 의사표현을 훈련함으로써 대인관계 능력을 향상시킨다.</td></tr>
<tr><td>준비물</td><td colspan="2">기본 재료(A4용지, 필기구 등)</td></tr>
<tr><td rowspan="4">진행 과정</td><td>열기</td><td>두 명씩 짝을 지어 〈부탁해요 게임〉을 하게 한다.</td></tr>
<tr><td>만나기</td><td>1. 게임 중 떠오른 감정이나 실제 체험을 이야기하게 한다.
2. 이야기를 극화하여 즉흥역할극을 하게 한다.
3. 관찰 또는 조커기법으로 역할을 바꿔 긍정 정서로 체험하게 한다.</td></tr>
<tr><td>닫기</td><td>예술체험에서 경험한 자신 및 타인에 대한 새로운 인지를 자각하고 통찰하게 한다.</td></tr>
<tr><td>적용하기</td><td>진행 과정에서 관찰한 내담자의 반응을 기반으로 예술체험이 긍정적 현실 접목 및 훈련이 되도록 화두를 준다.</td></tr>
<tr><td>유의사항</td><td colspan="2">내담자가 자아 기법에 저항을 보일 경우 관찰 기법을 먼저 적용하여 운영하도록 한다.</td></tr>
</table>

※ 동일 유형 장애의 경우도 반드시 IT진단을 기반으로 재구성 적용 요망.

PTSD 대상 예시 3

적용 모델 *(기법)*	IT매뉴얼 : 카타르시스 모델*(감정표현 기법)*, 그림자엿보기 모델*(자화상 기법)*	
증상 개선 목표	©ⒺRⒶT : 자기이해와 수용	
설명	자화상을 통하여 자신의 그림자를 의식화함으로써 자기이해 및 수용을 돕는다.	
준비물	8절 도화지, 그리기 도구, 기본 재료*(A4용지, 필기구 등)*	
진행 과정	열기	도화지에 긍정 자화상을 그리게 한다.
	만나기	1. 두 명씩 짝을 지어 자화상 속 이미지를 칭찬하게 한다. 2. 마음에 와닿았던 칭찬을 떠올리며 경우에 따라 자화상을 수정 할 수 있게 한다. 3. 자화상과 마주 보고 대화하게 한다.
	닫기	예술체험에서 경험한 자신 및 타인에 대한 새로운 인지를 자각하고 통찰하게 한다.
	적용하기	진행 과정에서 관찰한 내담자의 반응을 기반으로 예술체험이 긍정적 현실 접목 및 훈련이 되도록 화두를 준다.
유의사항	*자화상을 인물로 형상화하도록 유도한다.*	

※ 동일 유형 장애의 경우도 반드시 IT진단을 기반으로 재구성 적용 요망.

4. 주의력결핍 과잉행동장애Attention Deficit / Hyperactivity Disorder

'주의력결핍 과잉행동장애'ADHD는 부주의한 행동 패턴이 지속되거나 충동적인 과잉행동을 주요 증상으로 하는 병리현상이다. DSM-5에 따르면 부주의 및 과잉행동과 충동성이 12세 이전에 시작되어 최소한 6개월 이상 지속되며 사회적 · 학업적 또는 직업적 기능에 손상이 있을 때 ADHD로 진단된다고 한다. ADHD 내담자는 일상에서 주의와 집중에 어려움을 보이며, 충동적이거나 과잉행동으로 인해 집단에 문제를 발생시키기 때문에 대인관계에 어려움을 경험한다. 또한 집단 내에서 지속적으로 부정적 평가와 거절을 경험하기 때문에 자존감이 낮고 부정적 감정이 적체되어 있다.

ADHD 대상 IT매뉴얼의 적용은 예술체험을 통해서 과잉 감정과 적체된 감정을 안전하게 해소시켜 내담자의 안정감을 도모한다. 나아가 다양한 사회적 관계를 직 · 간접적으로 체험함으로써 자신의 감정과 행동을 조절할 수 있는 기술을 훈련하며 대인관계 능력을 향상시키는 데 치료 목적을 둔다. 초반부에는 카타르시스 모델의 게임놀이 기법과 감정표현 기법을 적용하여 자발적인 표현과 움직임을 격려하면서 내담자의 장점을 지지한다. 점진적으로 긍정적인 상호작용을 촉진하여 감정 표현력과 교감 능력을 발달시킨다. 중반부는 사회 적응을 위하여 역할 모델을 적용하여 의사소통 능력 및 협동력을 향상시킨다. 후반부는 시간여행자 모델 중 나의 우주 기법을 적용하여 자신이 타인과 다를 수 있음과 타인에게 자신이 다르게 보일 수 있음을 인식시키는 것이 중요한 과제이다. 특히 아동의 경우, 제2치료공간인 가정에서 부모와의 관계를 개선하고 효과적인 의사소통이 가능하도록 돕고 제3치료공간인 학교로까지 확대하여 변화를 위한 훈련을 확장시킨다. 이를 통해서 ADHD 아동이 긍정적 자기상을 지니고 성장할 수 있게 한다.

다음에 제시된 회기 구성은 ADHD 아동을 대상으로 세라트CERAT에 기반을 두어 증상 개선 목표를 설정하고 초반부와 중반부에 적용할 수 있는 프로그램의 예시이다.

ADHD 대상 예시 1

적용 모델 *(기법)*	IT매뉴얼 : 카타르시스 모델*(게임놀이 기법)*, 투사 모델*(음악매체)*	
증상 개선 목표	©E®AT : 역할 증진	
설명	관계에서의 책임과 의무에 대한 이해를 바탕으로 신뢰감을 증진하도록 돕는다.	
준비물	음악, 기본 재료*(A4용지, 필기구 등)*	
진행 과정	열기	음악과 함께 치료공간을 천천히 탐색하게 한다.
	만나기	1. 두 명씩 짝을 지어 안내자와 눈 감은 자 역할을 정하게 한다. 2. 안내자는 눈 감은 자를 데리고 공간을 탐색하도록 한다. 3. 역할을 바꿔 체험하게 한다.
	닫기	예술체험에서 경험한 자신 및 타인에 대한 새로운 인지를 자각하고 통찰하게 한다.
	적용하기	진행 과정에서 관찰한 내담자의 반응을 기반으로 예술체험이 긍정적 현실 접목 및 훈련이 되도록 화두를 준다.
유의사항	*음원 및 오디오 시스템을 사전에 점검한다. 음악은 가사가 없는 것으로 선정하고 내담자가 안전하게 활동할 수 있도록 치료공간을 배치한다.*	

※ 동일 유형 장애의 경우도 반드시 IT진단을 기반으로 재구성 적용 요망.

ADHD 대상 예시 2

적용 모델 *(기법)*		IT매뉴얼 : 카타르시스 모델*(게임놀이 기법, 감정표현 기법)*, 투사 모델*(미술매체)*
증상 개선 목표		©E®ⒶT : 집단의식 함양
설명		집단 액션페인팅을 통하여 부정적 감정을 해소시키고, 집단의식이 강화되도록 돕는다.
준비물		액션페인팅 재료 및 도화지, 기본 재료*(A4용지, 필기구 등)*
진행 과정	열기	게임을 통하여 집단원을 두 팀으로 나눈다.
	만나기	1. 각 팀별로 주제를 정하여 벽에 부착된 도화지에 물감 적신 휴지를 던지게 한다. 2. 각 팀별로 구성원들이 작품 설명을 하게 한다. 3. 각 팀별로 큐레이터를 선정하여 작품을 소개하게 한다. 4. 작품을 감상하게 한다.
	닫기	예술체험에서 경험한 자신 및 타인에 대한 새로운 인지를 자각하고 통찰하게 한다.
	적용하기	진행 과정에서 관찰한 내담자의 반응을 기반으로 예술체험이 긍정적 현실 접목 및 훈련이 되도록 화두를 준다.
유의사항		*바닥에 물이 떨어지지 않도록 유의하여 미끄럼 등의 사고를 예방한다. 인체에 무해한 물감 재료를 사용하도록 한다.*

※ 동일 유형 장애의 경우도 반드시 IT진단을 기반으로 재구성 적용 요망.

ADHD 대상 예시 3

적용 모델 *(기법)*	IT매뉴얼 : 카타르시스 모델*(게임놀이 기법)*, 투사 모델*(연극매체, 미술매체)*	
증상 개선 목표	CEⓇⒶT : 현실 적응력 강화	
설명	마을만들기 공동작업으로 상호작용을 촉진함으로써 대인관계 기술을 훈련하도록 돕는다.	
준비물	천, 공, 전지, 그리기 도구, 기본 재료*(A4용지, 필기구 등)*	
진행 과정	열기	다함께 천을 잡고 공놀이를 하게 한다.
	만나기	1. 자리에 앉아 각자 자신이 살고 싶은 집을 전지에 그리게 한다. 2. 집에 사는 사람들의 역할을 소개하게 한다. 3. 함께 사는 이웃에게 필요한 것이 있는지 그림으로 그려주게 한다.
	닫기	예술체험에서 경험한 자신 및 타인에 대한 새로운 인지를 자각하고 통찰하게 한다.
	적용하기	진행 과정에서 관찰한 내담자의 반응을 기반으로 예술체험이 긍정적 현실 접목 및 훈련이 되도록 화두를 준다.
유의사항	*자유롭게 공놀이를 하다가 자발적으로 협동할 수 있도록 한다.*	

※ 동일 유형 장애의 경우도 반드시 IT진단을 기반으로 재구성 적용 요망.

5. 자폐 스펙트럼 장애Autism Spectrum Disorder

'자폐 스펙트럼 장애'는 언어적 · 비언어적 의사소통 기술의 결함을 주된 증상으로 하는 병리현상이다. DSM-5에 의하면 사회적 · 감정적 상호작용과 의사소통에서 지속적인 결함을 보이며, 제한된 관심과 상동증적 행동이 초기 발달 시기부터 나타나야 진단된다고 한다. 자폐 스펙트럼 장애 내담자들은 관계를 인식하고 이해하는 데 결함이 있기 때문에 사회적 관계와 활동이 제한적이며, 자신의 역할을 이해하고 수행하는 데 어려움이 있다. 그리고 과잉행동, 집중 곤란, 충동성, 공격성, 자해행동을 보인다. 아동은 분노발작을 포함한 행동이 나타나기도 하고 청소년기나 성인 초기에는 우울증을 동반하는 경우도 있다.

자폐 스펙트럼 장애 대상 IT매뉴얼 적용은 지적 수준과 사회적 적응 수준에 따라 다르지만, 예술체험을 통하여 다양한 감각활동과 신체활동을 자극함으로써 자아인식을 촉진한다. 나아가 사회적 관계를 체험하며 내담자의 수준에 맞는 역할을 찾고 수행할 수 있게 하여 삶을 풍요롭게 영위할 수 있도록 하는 데 치료 목적을 둔다. 초반부에는 카타르시스 모델의 게임놀이 기법과 감정표현 기법을 적용하여 자발적인 표현을 증가시키고 특이한 언어나 상동 행동을 감소시킨다. 이와 함께 자기감정과 타인의 감정을 이해하고 언어적인 의사소통 능력과 이해력을 높여 준다. 중반부는 투사 모델을 적용하여 언어적 자기 표현력과 상상력을 자극하고, 일상생활 적응을 위한 자조 기술과 사회성 기술의 발달을 위해 역할 모델을 적용하여 긍정적인 행동을 강화한다. 이때 내담자의 사회적 적응 수준이 낮을 경우는 사회적 행동을 경험하는 것이 치료 목표로 조정될 수 있다. 후반부는 상호 교감 등의 치료 효과를 공고히 하는 게임놀이 기법을 적용한다. 특히 내담자의 변화를 촉진하기 위해서 치료사는 일관된 눈 맞춤, 집중과 긍정적 관심, 따뜻한 수용을 통하여 신뢰관계를 유지하여야 한다.

다음에 제시된 회기 구성은 자폐 스펙트럼 3급 정도의 장애 아동이나 청소년을 대상으로 세라트CERAT에 기반을 두어 증상 개선 목표를 설정하고 중반부에 적용할 수 있도록 설계한 프로그램의 예시이다.

자폐 스펙트럼 장애 대상 예시 1

<table>
<tr><td>적용 모델
(기법)</td><td colspan="2">IT매뉴얼 : 역할 모델(자아 기법, 타인 기법, 관찰 기법, 조커 기법), 투사 모델(미술매체, 음악매체)</td></tr>
<tr><td>증상 개선
목표</td><td colspan="2">©E®AT : 자존감 향상(자기치유)</td></tr>
<tr><td>설명</td><td colspan="2">즉흥역할극을 통하여 자신의 욕구를 표현하고 충족함으로써 자존감이 향상되도록 돕는다.</td></tr>
<tr><td>준비물</td><td colspan="2">컬러점토, 기본 재료(A4용지, 필기구 등)</td></tr>
<tr><td rowspan="4">진행 과정</td><td>열기</td><td>원형으로 서서 생일 축하 노래를 부르게 한다.</td></tr>
<tr><td>만나기</td><td>1. 자리에 앉아 각자 받고 싶은 선물을 컬러점토로 만들게 한다.
2. 선물 받는 상황을 구성하여 선물 증정식을 하게 한다.
3. 선물을 받을 때의 감정과 받은 이유를 이야기하게 한다.</td></tr>
<tr><td>닫기</td><td>예술체험에서 경험한 자신 및 타인에 대한 새로운 인지를 자각하고 통찰하게 한다.</td></tr>
<tr><td>적용하기</td><td>진행 과정에서 관찰한 내담자의 반응을 기반으로 예술체험이 긍정적 현실 접목 및 훈련이 되도록 화두를 준다.</td></tr>
<tr><td>유의사항</td><td colspan="2">치료팀은 선물 받는 자가 자신이 선물 받은 이유를 잘 알도록 롤 모델이 되어 준다.</td></tr>
</table>

※ 동일 유형 장애의 경우도 반드시 IT진단을 기반으로 재구성 적용 요망.

자폐 스펙트럼 장애 대상 예시 2

적용 모델 *(기법)*	IT매뉴얼 : 역할 모델*(자아 기법, 타인 기법, 관찰 기법, 조커 기법)*, 투사 모델*(음악매체, 무용/동작매체)*	
증상 개선 목표	CE®ⒶT : 위기 대처능력 향상	
설명	전화를 매개로 위기 상황에 대처할 수 있는 훈련을 하도록 돕는다.	
준비물	음악, 종이컵, 실, 기본 재료*(A4용지, 필기구 등)*	
진행 과정	열기	다함께 〈그대로 멈춰라〉노래에 맞춰 자유롭게 움직이다가 멈췄다를 반복하게 한다.
	만나기	1. 자리에 앉아 종이컵과 실로 전화기를 만들게 한다. 2. 두 명씩 짝을 지어 신고자와 접수자로 신고전화를 하게 한다. 3. 짝을 바꾸며 통화를 하게 한다.
	닫기	예술체험에서 경험한 자신 및 타인에 대한 새로운 인지를 자각하고 통찰하게 한다.
	적용하기	진행 과정에서 관찰한 내담자의 반응을 기반으로 예술체험이 긍정적 현실 접목 및 훈련이 되도록 화두를 준다.
유의사항	*음원 및 오디오 시스템을 사전에 점검한다. 노래가 끝날 때 옆에 있는 사람이 자연스럽게 짝이 되도록 한다. 위기 상황에 필요한 긴급전화번호를 선정한다.*	

※ 동일 유형 장애의 경우도 반드시 IT진단을 기반으로 재구성 적용 요망.

자폐 스펙트럼 장애 대상 예시 3

적용 모델 *(기법)*		IT매뉴얼 : 카타르시스 모델*(감정표현 기법)*, 투사 모델*(연극매체, 미술매체)*
증상 개선 목표		©E®AT : 감정 표현능력 개발
설명		다양한 감정 표현 활동을 통해서 감정을 인식하고 표현하는 능력이 훈련되도록 돕는다.
준비물		의자 3개 이상*(즐거운 의자, 슬픈 의자, 화난 의자 포함)*, 신문지, 마커펜, 테이프, 기본 재료*(A4용지, 필기구 등)*
진행 과정	열기	반원으로 앉아서 자기소개를 하게 한다.
	만나기	1. 즐거운 의자, 슬픈 의자, 화난 의자라고 표기된 의자를 바라보게 한다. 2. 한 명씩 각자의 욕구대로 세 개의 감정 의자 중 하나를 선택하여 앉은 후 감정을 표현하게 한다. 3. 집단원의 감정 의자를 바꿔가며 표현하게 한다.
	닫기	예술체험에서 경험한 자신 및 타인에 대한 새로운 인지를 자각하고 통찰하게 한다.
	적용하기	진행 과정에서 관찰한 내담자의 반응을 기반으로 예술체험이 긍정적 현실 접목 및 훈련이 되도록 화두를 준다.
유의사항		*바퀴가 없는 안전한 의자를 준비하고, 필요한 경우 시범을 보여주어 활동의 이해를 도울 수 있다.*

※ 동일 유형 장애의 경우도 반드시 IT진단을 기반으로 재구성 적용 요망.

6. 지적 장애*Intellectual Disability*

'지적 장애'는 지적 기능과 적응 능력의 결핍을 주된 증상으로 하는 병리현상이다. DSM-5에 따르면 표준화된 지능검사로 확인된 지적 기능에 결함이 있고, 의사소통과 사회적 참여 또는 가정이나 지역사회에서 일상 활동 중 최소한 한 곳 이상에서 적응 기능의 손상으로 지속적인 도움이 필요할 경우에 진단된다고 한다. 지적 장애 내담자는 사회 적응이 어렵고 일상생활에서 미숙한 적응 양상을 보인다. 따라서 일반적으로 제한된 사회적 환경 및 부정적인 평가로 인해 억압된 욕구나 감정이 적체되어 있을 가능성이 높다.

지적 장애 대상 IT매뉴얼 적용은 장애의 심각도와 수준에 따라 다르지만, 예술체험을 통하여 적응행동과 기능수준이 향상되도록 한다. 나아가 적절한 기능수준에 맞는 역할 수행을 통해서 자기 가치감을 느끼며 삶의 만족도를 높이는 데 치료 목적을 둔다. 초반부에는 카타르시스 모델의 게임놀이 기법과 감정표현 기법으로 적체된 감정을 해소하고, 즐거움과 자기인식을 통하여 자기 표현력과 의사소통 능력을 발달시킨다. 중반부는 투사 모델에서 미술, 음악, 무용/동작매체를 적용하여 억압된 욕구를 충족하며, 비언어적 및 언어적 표현력을 향상시키고 성취감을 느끼게 한다. 또한 역할모델을 적용하여 긍정적인 사회적 행동을 강화하고 사회성 기술을 위한 훈련을 한다. 그리고 내담자가 가족 체계 안에서도 자신의 역할과 위치를 인지할 수 있도록 제2치료공간으로 치료 효과가 확대될 수 있도록 부모와 연계한다. 후반부는 치료 효과를 공고히 하고 자존감을 향상시키는 기법을 적용한다.

다음에 제시된 회기 구성은 경도 또는 중등도 지적 장애 성인을 대상으로 세라트*CERAT*에 기반을 두어 증상 개선 목표를 설정하고 초반부와 중반부에 적용할 수 있도록 설계한 프로그램의 예시이다.

지적 장애 대상 예시 1

적용 모델 *(기법)*	IT매뉴얼 : 카타르시스 모델*(감정표현 기법)*, 투사 모델*(음악매체, 무용/동작매체)*	
증상 개선 목표	©E®AT : 자기 표현력 향상, 상호작용 촉진	
설명	릴레이 칭찬을 통하여 상호작용 및 긍정 표현 능력을 향상시킨다.	
준비물	기본 재료*(A4용지, 필기구 등)*	
진행 과정	열기	원형으로 서서 노래를 부르며 율동을 하게 한다.
	만나기	1. 자리에 앉아 "나는 어떤 노래를 좋아하는 누구입니다."라고 자신을 소개하게 한다. 2. 한 명씩 옆 사람에게 외모를 칭찬하고 "사랑합니다."라고 말하게 한다. 3. 반대로 돌아가면서 칭찬하게 한다.
	닫기	예술체험에서 경험한 자신 및 타인에 대한 새로운 인지를 자각하고 통찰하게 한다.
	적용하기	진행 과정에서 관찰한 내담자의 반응을 기반으로 예술체험이 긍정적 현실 접목 및 훈련이 되도록 화두를 준다.
유의사항	*내담자들이 쉽게 따라 부를 수 있는 노래를 선정한다.*	

※ 동일 유형 장애의 경우도 반드시 IT진단을 기반으로 재구성 적용 요망.

지적 장애 대상 예시 2

적용 모델 *(기법)*	IT매뉴얼 : 투사 모델*(문학매체, 무용/동작매체)*, 가면아이 모델*(가면제작 기법)*	
증상 개선 목표	©E®AT : 사회성 증진	
설명	구연동화를 통하여 인물을 상상하고 그 인물을 캐릭터화함으로써 타인 이해를 돕는다.	
준비물	오디오북, 캐릭터 가면, 채색 도구, 기본 재료*(A4용지, 필기구 등)*	
진행 과정	열기	오디오북을 들으며 캐릭터를 떠올리게 한다.
	만나기	1. 이야기 속에 등장하는 인물에 대하여 이야기하게 한다. 2. 각자 원하는 캐릭터의 가면을 선택하게 한다. 3. 가면을 쓰고서 인물에 대한 정보를 말 또는 동작으로 표현하게 한다.
	닫기	예술체험에서 경험한 자신 및 타인에 대한 새로운 인지를 자각하고 통찰하게 한다.
	적용하기	진행 과정에서 관찰한 내담자의 반응을 기반으로 예술체험이 긍정적 현실 접목 및 훈련이 되도록 화두를 준다.
유의사항	*음원 및 오디오 시스템을 사전에 점검한다. 오디오북은 소수의 인물이 등장하는 이야기로 준비한다.*	

※ 동일 유형 장애의 경우도 반드시 IT진단을 기반으로 재구성 적용 요망.

지적 장애 대상 예시 3

적용 모델 *(기법)*	IT매뉴얼 : 투사 모델*(미술매체, 음악매체)*	
증상 개선 목표	CEⓇⒶT : 상호작용 능력 향상	
설명	악기 제작 및 즉흥연주를 통하여 성취감을 느끼고 긍정적 상호작용 훈련을 하도록 돕는다.	
준비물	플라스틱 공병, 다양한 곡물, 꾸미기 도구, 기본 재료*(A4용지, 필기구 등)*	
진행 과정	열기	원형으로 서서 집단이 좋아하는 노래를 부르며 율동을 하게 한다.
	만나기	1. 자리에 앉아 빈 통에 곡물을 넣어 셰이커를 만들게 한다. 2. 각자가 즉흥연주할 노래를 선택하게 한다. 3. 자신의 순서에 맞추어 노래를 부르며 연주하게 한다.
	닫기	예술체험에서 경험한 자신 및 타인에 대한 새로운 인지를 자각하고 통찰하게 한다.
	적용하기	진행 과정에서 관찰한 내담자의 반응을 기반으로 예술체험이 긍정적 현실 접목 및 훈련이 되도록 화두를 준다.
유의사항	*합주 시 한 사람씩 지휘자 역할 체험을 하게 한다.*	

※ 동일 유형 장애의 경우도 반드시 IT진단을 기반으로 재구성 적용 요망.

7. 조현병*Schizophrenia*

'조현병'은 망상, 환각, 와해된 언어, 밋밋하거나 부적절한 정서, 긴장증과 같은 다양한 정신적 증상이 나타나는 병리현상이다. DSM-5에 의하면 망상, 환각, 와해된 언어, 극도로 와해된 행동이나 긴장성 행동, 음성 증상 중 2개 이상이 나타나고 망상, 환각, 와해된 언어 중 최소한 한 가지가 동반되어야 한다. 나아가 증상이 나타나기 이전에 비해 일과 대인관계 혹은 자기관리능력이 현저히 저하되어 있을 경우에 진단된다고 한다. 조현병 내담자는 현실 검증력이 손상되어 비현실적인 지각과 생각을 하고, 혼란스러운 심리상태를 보인다. 망상이나 환각과 같은 양성 증상이 나타나는 경우에는 우선적으로 약물치료를 통해서 증상을 완화하고 사회적 재적응을 위해서 심리치료를 병행한다.

조현병 대상 IT매뉴얼 적용은 예술체험을 통해서 이상 사고의 흐름을 자각하여 현실에 기초한 인지 구조를 변화시키고 자아기능을 강화하는 데 초점을 둔다. 나아가 둔화된 정서를 개발하고 감정 표현 및 의사소통의 향상으로 사회적 기능을 회복할 수 있도록 하는 데 치료 목적을 둔다. 치료 초반부에는 현실검증 능력을 높인다. 특히 투사모델에서 영화/사진매체를 활용할 경우 내담자의 판타지를 자극하지 않도록 주의한다. 중반부는 현실 상황을 인식할 수 있는 능력 및 소통능력을 향상시키기 위해서 역할 모델을 적용한다. 이후 제2치료공간으로 확장하여 가족 간의 의사소통을 촉진하고 건강하게 감정을 표현할 수 있도록 한다. 이와 함께 손상된 자존감의 회복을 위한 다양한 기법 적용이 필요하다. 후반부는 시간여행자 모델 중 나의 우주 기법을 적용하여 타자의 보편적인 세계와 다른, 고립된 자기 세계가 있다는 것을 인정할 수 있게 한다.

다음에 제시된 회기 구성은 낮 병원 환자들을 대상으로 세라트*CERAT*에 기반을 두어 증상 개선 목표를 설정하고 중반부에 적용할 수 있도록 설계한 프로그램의 예시이다.

조현병 대상 예시 1

적용 모델 *(기법)*	IT매뉴얼 : 역할 모델*(자아 기법, 타인 기법, 관찰 기법, 조커 기법)*, 투사 모델*(음악매체)*	
증상 개선 목표	C Ⓔ Ⓡ AT : 역할 이해 및 증진	
설명	롤 다이어그램을 통하여 자신의 역할을 이해하고 확장하도록 돕는다.	
준비물	음악, 롤 다이어그램 검사지, 기본 재료*(A4용지, 필기구 등)*	
진행 과정	열기	사색 가능한 음악을 들으며 걷게 한다.
	만나기	1. 자리에 앉아 롤 다이어그램을 작성하게 한다. 2. 작성된 표의 역할 기능 중에서 부족한 부분을 극화하고 즉흥역할극을 하게한다. 3. 역할을 바꾸어 체험하게 한다.
	닫기	예술체험에서 경험한 자신 및 타인에 대한 새로운 인지를 자각하고 통찰하게 한다.
	적용하기	진행 과정에서 관찰한 내담자의 반응을 기반으로 예술체험이 긍정적 현실 접목 및 훈련이 되도록 화두를 준다.
유의사항	*경증의 조현병 내담자를 대상으로 적용할 수 있다.*	

※ 동일 유형 장애의 경우도 반드시 IT진단을 기반으로 재구성 적용 요망.

조현병 대상 예시 2

<table>
<tr><td>적용 모델
(기법)</td><td colspan="2">IT매뉴얼 : 투사 모델(미술매체, 음악매체)</td></tr>
<tr><td>증상 개선
목표</td><td colspan="2">CE®ⒶT : 현실 검증력 향상</td></tr>
<tr><td>설명</td><td colspan="2">묘사를 통하여 인지 기능을 활성화하고 현실 검증력을 향상시킨다.</td></tr>
<tr><td>준비물</td><td colspan="2">잔잔한 음악, 다양한 명화(복사본), 8절 도화지, 채색 도구, 기본 재료(A4용지, 필기구 등)</td></tr>
<tr><td rowspan="4">진행 과정</td><td>열기</td><td>음악을 들으며 전시된 명화 중에서 마음에 드는 그림을 고르게 한다.</td></tr>
<tr><td>만나기</td><td>1. 선택한 그림의 이미지를 보며 그대로 묘사하게 한다.
2. 완성된 그림을 원본 옆에 전시하게 한다.
3. 돌아가면서 자신이 그린 그림과 원본이 다른 이유를 설명하면서 왜곡 정서를 자각하게 한다.</td></tr>
<tr><td>닫기</td><td>예술체험에서 경험한 자신 및 타인에 대한 새로운 인지를 자각하고 통찰하게 한다.</td></tr>
<tr><td>적용하기</td><td>진행 과정에서 관찰한 내담자의 반응을 기반으로 예술체험이 긍정적 현실 접목 및 훈련이 되도록 화두를 준다.</td></tr>
<tr><td>유의사항</td><td colspan="2">음원 및 오디오 시스템을 사전에 점검한다. 선택한 이미지를 묘사하는 과정에서 내담자의 집중력과 인지 상태를 진단한다.</td></tr>
</table>

※ 동일 유형 장애의 경우도 반드시 IT진단을 기반으로 재구성 적용 요망.

조현병 대상 예시 3

<table>
<tr><td>적용 모델
(기법)</td><td colspan="2">IT매뉴얼 : 투사 모델(연극매체, 무용/동작매체)</td></tr>
<tr><td>증상 개선 목표</td><td colspan="2">CERⒶT : 사회 적응력 향상</td></tr>
<tr><td>설명</td><td colspan="2">조각상을 통하여 변화된 자신을 자각하게 하여 현실에 적응하도록 돕는다.</td></tr>
<tr><td>준비물</td><td colspan="2">기본 재료(A4용지, 필기구 등)</td></tr>
<tr><td rowspan="4">진행 과정</td><td>열기</td><td>한 명씩 돌아가며 긍정 정서를 즉흥 동작으로 표현하고, 집단이 따라하게 한다.</td></tr>
<tr><td>만나기</td><td>1. 즉흥에서 자신이 표현했던 긍정정서 인물의 ‘미래’를 주제로 마인드맵을 그리게 한다.
2. 마인드맵에 대하여 이야기하게 한다.
3. 이야기를 바탕으로 조각상을 만들게 한다.</td></tr>
<tr><td>닫기</td><td>예술체험에서 경험한 자신 및 타인에 대한 새로운 인지를 자각하고 통찰하게 한다.</td></tr>
<tr><td>적용하기</td><td>진행 과정에서 관찰한 내담자의 반응을 기반으로 예술체험이 긍정적 현실 접목 및 훈련이 되도록 화두를 준다.</td></tr>
<tr><td>유의사항</td><td colspan="2">현실을 기반으로 긍정적인 미래를 계획할 수 있게 한다.</td></tr>
</table>

※ 동일 유형 장애의 경우도 반드시 IT진단을 기반으로 재구성 적용 요망.

8. 노인성 치매*Senile Dementia*

'노인성 치매'는 65세 이상의 노인에게 나타나는 인지 기능의 퇴화에 따른 기억력 저하, 운동기능 감소 등 일상생활에 다양한 적응기능 손상이 나타나는 병리현상이다. 치매를 일으키는 원인은 매우 다양하지만 주로 알츠하이머와 혈관성 치매로 구분한다. DSM-5에 의하면 치매의 심각도에 따라서 주요신경인지장애와 경도신경인지장애로 구분한다. 주요신경인지장애는 인지 수행의 현저한 손상으로 일상 활동을 독립적으로 수행하기 어려울 때, 경도신경인지장애는 경미한 인지 수행의 손상으로 일상 활동을 독립적으로 할 수 있을 때 진단된다고 한다. 치매의 심각도와 악화 속도는 개인적인 차이가 있지만 서서히 발병하여 지속적인 경과를 보인다. 치매 증상의 일부는 개선시키거나 진행을 지연시킬 수는 있지만 증상을 제거할 수는 없다.

치매 대상 IT매뉴얼 적용은 예술체험을 통하여 인지를 자극하는 활동으로 인지 기능의 저하를 늦추고 심리적인 안정을 도모한다. 나아가 즐거운 변형을 통해 삶의 질을 향상시키는 데 치료 목적을 둔다. 아울러 치매 예방 효과를 위한 적용도 매우 중요하다. 초반부에는 카타르시스 모델의 게임놀이 기법과 투사 모델의 음악, 무용/동작매체를 적용하여 즐거움 속에서 자발적인 신체 움직임을 유도하고 흥미를 유발한다. 다만, 예술체험에 대하여 부담감을 갖거나 저항감을 느끼지 않도록 주의한다. 중반부는 소근육과 오감을 활용하는 미술매체를 적용하여 신체감각을 회복시키고 뇌를 자극하여 인지저하를 예방한다. 특히 치매 초기에는 우울증이 심하기 때문에 웃음카타르시스를 유도하여 우울증을 완화시킬 수 있는 기법을 적용한다. 회상을 통하여 정서적인 충족감과 자존감을 향상시킬 수 있도록 투사 모델의 연극, 문학매체를 활용한다. 후반부는 치료 효과를 공고히 하는 모델과 기법을 적용한다. 치료 과정에서 치료사는 내담자의 수준에 맞게 의사소통을 하지만 어린아이처럼 대하지 않도록 유의하며 인간으로서의 존엄성을 유지할 수 있게 한다.

다음에 제시된 회기 구성은 경도신경인지장애 노인을 대상으로 세라트*CERAT*에 기반을 두어 증상 개선 목표를 설정하고 중반부에 적용할 수 있도록 설계한 프로그램의 예시이다.

노인성 치매 대상 예시 1

적용 모델 *(기법)*	IT매뉴얼 : 투사 모델*(미술매체, 음악매체)*	
증상 개선 목표	CE®AT : 인지능력 향상	
설명	그리기 활동을 통하여 소근육 기능과 인지능력이 향상되도록 돕는다.	
준비물	매직 칠판, 기본 재료*(A4용지, 필기구 등)*	
진행 과정	열기	원으로 둘러 앉아 행복했던 유년시절을 회상하며 동요를 부르게 한다.
	만나기	1. 긍정 회상과 연결된 이미지를 매직 칠판에 그리게 한다. 2. 현재 자신의 긍정 모습을 매직 칠판에 그린 후, 두 그림을 전시하게 한다. 3. 두 그림을 보며 시간의 흐름을 인지하게 한다.
	닫기	예술체험에서 경험한 자신 및 타인에 대한 새로운 인지를 자각하고 통찰하게 한다.
	적용하기	진행 과정에서 관찰한 내담자의 반응을 기반으로 예술체험이 긍정적 현실 접목 및 훈련이 되도록 화두를 준다.
유의사항	*회상은 긍정 정서를 자극할 수 있는 추억을 떠올리게 돕는다.*	

※ 동일 유형 장애의 경우도 반드시 IT진단을 기반으로 재구성 적용 요망.

노인성 치매 대상 예시 2

<table>
<tr><td>적용 모델
(기법)</td><td colspan="2">IT매뉴얼 : 카타르시스 모델(게임놀이 기법), 투사 모델(미술매체)</td></tr>
<tr><td>증상 개선
목표</td><td colspan="2">ⒸⒺⓇⒶT : 사회성 강화</td></tr>
<tr><td>설명</td><td colspan="2">놀이를 통하여 취향과 고정관념에 대한 사고 전환을 유도하도록 돕는다.</td></tr>
<tr><td>준비물</td><td colspan="2">클레이, 기본 재료(A4용지, 필기구 등)</td></tr>
<tr><td rowspan="4">진행 과정</td><td>열기</td><td>원으로 둘러 앉아 음식과 관련된 단어로 〈끝말잇기 게임〉을 한다.</td></tr>
<tr><td>만나기</td><td>1. 게임에 나왔던 음식 중 가장 좋아하는 것과 이유를 말하게 한다.
2. 클레이로 싫어하는 음식을 만들게 한다.
3. 각자 만든 음식과 관련된 상황을 이야기하게 한다.
4. 만든 음식으로 마을잔치를 하게 한다.</td></tr>
<tr><td>닫기</td><td>예술체험에서 경험한 자신 및 타인에 대한 새로운 인지를 자각하고 통찰하게 한다.</td></tr>
<tr><td>적용하기</td><td>진행 과정에서 관찰한 내담자의 반응을 기반으로 예술체험이 긍정적 현실 접목 및 훈련이 되도록 화두를 준다.</td></tr>
<tr><td>유의사항</td><td colspan="2">내담자가 클레이를 먹는 위험한 상황이 발생하지 않도록 사전에 알리고 주의 깊게 관찰한다. 치매 정도를 고려하여 음식은 사진으로 대체할 수 있다. 노인성 치매의 경우 소근육과 인지 기능을 증진하기 위한 활동을 기본으로 한다.</td></tr>
</table>

※ 동일 유형 장애의 경우도 반드시 IT진단을 기반으로 재구성 적용 요망.

노인성 치매 대상 예시 3

적용 모델 *(기법)*	IT매뉴얼 : 카타르시스 모델*(감정표현 기법)*, 투사 모델*(음악매체, 미술매체)*	
증상 개선 목표	©ⒺRⒶT : 긍정 기억 증진	
설명	손을 통하여 삶을 재조명하고 상호지지를 함으로써 긍정적 자기수용을 돕는다.	
준비물	8절 도화지, 꾸미기 재료, 기본 재료*(A4용지, 필기구 등)*	
진행 과정	열기	원으로 앉아 〈오물조물 짝짝〉노래와 함께 율동을 하게 한다.
	만나기	1. 자신의 손을 보며 손이 한 일 중에서 가장 좋았던 일을 떠올리게 한다. 2. 도화지에 자신의 손을 본뜨고 꾸미게 한다. 3. 손의 주인공을 좋아하는 인물들에 관하여 소개하게 한다.
	닫기	예술체험에서 경험한 자신 및 타인에 대한 새로운 인지를 자각하고 통찰하게 한다.
	적용하기	진행 과정에서 관찰한 내담자의 반응을 기반으로 예술체험이 긍정적 현실 접목 및 훈련이 되도록 화두를 준다.
유의사항	*내담자가 긍정적인 자기를 인식하도록 유도한다. 손을 자랑할 때 다른 집단원의 긍정적 지지를 받을 수 있도록 유도한다.*	

※ 동일 유형 장애의 경우도 반드시 IT진단을 기반으로 재구성 적용 요망.

집단별 매뉴얼*IT Manual for Groups*

다음에 소개하는 매뉴얼은 국가지원 사업에 선정되어 실제 임상에서 적용하였던 사례로서 총 15회기 과정 중에서 3회기를 제시하였다. 학교폭력 및 성폭력 피해 집단 그리고 직무스트레스를 경험한 집단을 대상으로 치료 목표에 따라서 IT매뉴얼이 어떻게 적용되었는지 살펴볼 수 있도록 하였다. 그러나 제시된 사례와 동일한 유형의 집단이라도 IT진단 및 평가를 기반으로 내담자의 특성에 맞게 회기를 재구성하여 적용하여야 한다.

1. 학교폭력 피해 학생 집단*Victims of School Violence*

『학교폭력예방 및 대책에 관한 법률』에 의하면 '학교폭력'은 학교 내외에서 학생을 대상으로 발생한 상해, 폭행, 감금, 협박, 약취 · 유인, 명예 훼손, 모욕, 공갈, 강요, 강제적인 심부름 및 성폭력, 따돌림, 사이버 따돌림, 정보통신망을 이용한 음란 · 폭력 정보 등에 의하여 신체 · 정신 또는 재산상의 피해를 수반하는 행위를 일컫는다. 이러한 폭력 피해를 입은 피해 학생들은 분노감, 수치심, 우울감, 불안, 두려움, 공포, 고립감 등 심리적 문제를 호소하며, 자기 표현력과 자아존중감이 낮고 대인관계에서도 어려움을 겪기 때문에 학교생활에서 부적응을 초래한다. 심한 경우 우울증이나 외상 후 스트레스 장애와 같은 정신병리를 야기하고 자살에까지 이를 수 있다.

임상에 참여한 내담자들은 집단따돌림을 경험한 청소년 집단 12명으로 공통적으로 불안, 분노, 무력감, 고립감, 두려움 등의 부정적 감정이 적체되어 있었으며, 부적절한 공격 행동이 관찰되었다. IT매뉴얼은 피해 학생들이 학교 적응을 할 수 있도록 사회적응력을 향상시키는 것을 대 목표로 설정하였다. 대 목표의 달성을 위해서 각 단계별 소 목표를 세라트*CERAT*와 일치시켜 내담자의 주 호소 증상을 해결하도록 치료 모델과 기법을 적용하는 프로그램을 설계하였다.

학교폭력 피해 학생 집단 대상 예시 1

적용 모델 *(기법)*	IT매뉴얼 : 투사 모델*(음악매체, 미술매체)*	
증상 개선 목표	C Ⓔ RAT : 자존감 향상	
설명	잡지 콜라주로 성공한 자신의 모습을 표현함으로써 자존감을 향상하도록 돕는다.	
준비물	〈멋쟁이 토마토〉음악, 잡지, 전지, 가위, 풀, 기본 재료*(A4용지, 필기구 등)*	
진행 과정	열기	미래의 세계를 생각하며 걷게 한다.
	만나기	1. 〈멋쟁이 토마토〉음악을 들으며 나의 희망을 탐색하게 한다. 2. 잡지 콜라주로 성공한 나를 표현하게 한다. 3. 직업과 역할 그리고 주변에 어떤 친구들이 있는지 말하게 한다.
	닫기	예술체험에서 경험한 자신 및 타인에 대한 새로운 인지를 자각하고 통찰하게 한다.
	적용하기	진행 과정에서 관찰한 내담자의 반응을 기반으로 예술체험이 긍정적 현실 접목 및 훈련이 되도록 화두를 준다.
유의사항	*음원 및 오디오 시스템을 사전에 점검한다.*	

※ 동일 유형 장애의 경우도 반드시 IT진단을 기반으로 재구성 적용 요망.

학교폭력 피해 학생 집단 대상 예시 2

<table>
<tr><td>적용 모델
(기법)</td><td colspan="2">IT매뉴얼 : 카타르시스 모델(게임놀이 기법), 투사 모델(미술매체)</td></tr>
<tr><td>증상 개선
목표</td><td colspan="2">CE®AT : 사회 역할 기능 훈련</td></tr>
<tr><td>설명</td><td colspan="2">놀이를 통하여 사회적 관계의 의미를 탐색함으로써 건강한 사회 역할 기능을 훈련한다.</td></tr>
<tr><td>준비물</td><td colspan="2">8절 도화지, 모형금화, 기본 재료(A4용지, 필기구 등)</td></tr>
<tr><td rowspan="4">진행 과정</td><td>열기</td><td>빠르게 걸으면서 학교 가는 길, 또는 귀갓길에 느껴지는 다양한 이미지를 떠올리게 한다.</td></tr>
<tr><td>만나기</td><td>1. 친해지고 싶은 친구와 버리고 싶은 친구를 그리게 한다.
2. 각자가 그림 속 인물들을 소개한다.
3. 〈친구를 파는 가게〉로 관계의 의미를 찾게 한다.</td></tr>
<tr><td>닫기</td><td>예술체험에서 경험한 자신 및 타인에 대한 새로운 인지를 자각하고 통찰하게 한다.</td></tr>
<tr><td>적용하기</td><td>진행 과정에서 관찰한 내담자의 반응을 기반으로 예술체험이 긍정적 현실 접목 및 훈련이 되도록 화두를 준다.</td></tr>
<tr><td>유의사항</td><td colspan="2">나에게 버리고 싶은 친구가 타인에게는 선호하는 친구가 될 수 있는지 탐색하도록 유도한다.</td></tr>
</table>

※ 동일 유형 장애의 경우도 반드시 IT진단을 기반으로 재구성 적용 요망.

학교폭력 피해 학생 집단 대상 예시 3

적용 모델 *(기법)*		IT매뉴얼 : 가면아이 모델*(가면착용 기법)*, 투사 모델*(음악매체)*
증상 개선 목표		CERAⓣ : 새로운 인격체로 변신
설명		가면 제작을 통하여 안전한 사회복귀와 희망을 탐색하도록 돕는다.
준비물		음악, 백색 반 가면, 장식 도구*(아크릴 물감, 붓, 파레트, 장식소품, 고무줄, 목공용 접착제)*, 기본 재료*(A4용지, 필기구 등)*
진행 과정	열기	〈뮤지컬 빨래 OST〉를 들으며 희망을 탐색하게 한다.
	만나기	1. 준비된 가면을 선택하고 선망 캐릭터를 말하게 한다. 2. 선망 캐릭터 가면을 장식하여 즉흥역할극으로 체험하게 한다. 3. 가면을 바꿔 가며 다양한 캐릭터로 변신하여 인격 변화를 하게 한다.
	닫기	예술체험에서 경험한 자신 및 타인에 대한 새로운 인지를 자각하고 통찰하게 한다.
	적용하기	진행 과정에서 관찰한 내담자의 반응을 기반으로 예술체험이 긍정적 현실 접목 및 훈련이 되도록 화두를 준다.
유의사항		*음원 및 오디오 시스템을 사전에 점검한다.*

※. 동일 유형 장애의 경우도 반드시 IT진단을 기반으로 재구성 적용 요망.

2. 성폭력 피해 집단*Victims of Sexual Violence*

'성폭력'은 성적 자기결정권을 침해하는 범죄로서 모든 신체적 · 언어적 · 정신적 폭력을 의미하고 성희롱부터 시작하여 강간과 학대에 이르기까지 성을 매개로 빚어지는 폭력적 행위를 뜻한다. 피해자들은 분노, 두려움, 불안, 수치심, 죄책감과 동시에 우울과 무력감을 호소하며 외상 후 스트레스 장애, 섭식장애, 수면장애 등을 겪게 된다.

예시된 사례는 30~50대의 성폭력 피해 여성 10명을 대상으로 진행한 15회기 IT매뉴얼 중 3회기이다. 내담자들은 각자 시설에 거주하고 있으며, 일부는 담당 경찰관의 보호를 받으며 외부 활동을 하고 있었다. 그들은 주로 신체와 정신적 피해를 느끼며 무기력과 우울함을 호소했고, 대인기피로 인하여 사회 적응이 어려운 상태였다. IT매뉴얼은 피해자의 의식전환을 통하여 자아존중감을 회복시키고 사회에 복귀할 수 있도록 돕는 것을 대 목표로 설정하였다. 대 목표의 달성을 위해서 각 단계별 소 목표를 세라트*CERAT*와 일치시켜 내담자의 주 호소 증상을 해결하도록 치료 모델과 기법을 적용하는 프로그램을 설계하였다.

성폭력 피해 집단 대상 예시 1

적용 모델 *(기법)*		IT매뉴얼 : 카타르시스 모델*(게임놀이 기법)*, 투사 모델*(음악매체)*
증상 개선 목표		©ERAT : 무기력 해소
설명		〈미러링 게임〉으로 신체감각을 깨우도록 유도하여 무기력감 해소를 돕는다.
준비물		다양한 리듬의 음악, 기본 재료*(A4용지, 필기구 등)*
진행 과정	열기	리듬에 맞춰 자유롭게 움직이게 한다.
	만나기	1. 두 명씩 짝을 지어 거울 밖과 거울 속 인물을 정하게 한다. 2. 동작, 말, 노래 등을 섞어서 〈미러링 게임〉을 하게 한다. 3. 역할을 바꾸어 진행하게 한다. 4. 거울 속 인물에게 부탁의 말을 하게 한다.
	닫기	예술체험에서 경험한 자신 및 타인에 대한 새로운 인지를 자각하고 통찰하게 한다.
	적용하기	진행 과정에서 관찰한 내담자의 반응을 기반으로 예술체험이 긍정적 현실 접목 및 훈련이 되도록 화두를 준다.
유의사항		*게임 체험이 단순한 놀이에 그치지 않고 참여자가 스스로를 자각하도록 주의를 준다. 두 명 또는 그룹별로 진행이 가능하다.*

※ 동일 유형 장애의 경우도 반드시 IT진단을 기반으로 재구성 적용 요망.

성폭력 피해 집단 대상 예시 2

적용 모델 *(기법)*	IT매뉴얼 : 카타르시스 모델*(감정표현 기법)*, 투사 모델*(음악매체)*	
증상 개선 목표	©ERAT : 분노와 두려움 정화	
설명	즉흥 젬베이 연주활동으로 다양한 부정 감정을 표현함으로써 분노 정화를 돕는다.	
준비물	젬베이, 기본 재료*(A4용지, 필기구 등)*	
진행 과정	열기	평소와는 다른 걸음걸이로 걷다가 두 명씩 짝을 지어 거짓말 대결을 하게 한다.
	만나기	1. 거짓말에 나타난 나의 정서를 탐색하게 한다. 2. 즉흥 젬베이 연주를 통하여 부정 정서를 배설하게 한다. 3. 부정 정서 밑에 있는 감정을 글로써 표현하게 한다.
	닫기	예술체험에서 경험한 자신 및 타인에 대한 새로운 인지를 자각하고 통찰하게 한다.
	적용하기	진행 과정에서 관찰한 내담자의 반응을 기반으로 예술체험이 긍정적 현실 접목 및 훈련이 되도록 화두를 준다.
유의사항	*부정 정서와 관련된 다양한 감정을 배설하게 한다.*	

※ 동일 유형 장애의 경우도 반드시 IT진단을 기반으로 재구성 적용 요망.

성폭력 피해 집단 대상 예시 3

<table>
<tr><td>적용 모델
(기법)</td><td colspan="2">IT매뉴얼 : 역할 모델(자아 기법, 타인 기법, 관찰 기법, 조커 기법), 투사 모델(음악매체)</td></tr>
<tr><td>증상 개선
목표</td><td colspan="2">ⒸERⒶT : 죄책감 해소</td></tr>
<tr><td>설명</td><td colspan="2">즉흥역할극을 통하여 무기력한 어린자화상을 직면하고 긍정 표현을 증진시켜 죄책감을 해소시킨다.</td></tr>
<tr><td>준비물</td><td colspan="2">명상음악, 기본 재료(A4용지, 필기구 등)</td></tr>
<tr><td rowspan="4">진행 과정</td><td>열기</td><td>명상음악과 함께 걸으며 자신의 부정 모습을 탐색하게 한다.</td></tr>
<tr><td>만나기</td><td>1. 부정 모습과 관련된 상황을 표현하게 한다.
2. 상황을 즉흥역할극으로 재연하게 한다.
3. 부정 의식을 긍정태도로 표현하여 대처하게 한다.</td></tr>
<tr><td>닫기</td><td>예술체험에서 경험한 자신 및 타인에 대한 새로운 인지를 자각하고 통찰하게 한다.</td></tr>
<tr><td>적용하기</td><td>진행 과정에서 관찰한 내담자의 반응을 기반으로 예술체험이 긍정적 현실 접목 및 훈련이 되도록 화두를 준다.</td></tr>
<tr><td>유의사항</td><td colspan="2">음원 및 오디오 시스템을 사전에 점검한다.</td></tr>
</table>

※ 동일 유형 장애의 경우도 반드시 IT진단을 기반으로 재구성 적용 요망.

3. 직무스트레스 집단*Occupational Stress Group*

'직무스트레스'는 직무 과정에서 경험하는 모든 스트레스를 의미한다. 직무환경에서 요구되는 사항과 직무수행자의 능력이나 자원, 기대 등이 일치하지 않을 때 나타나는 부정적인 신체적 · 정서적 반응을 말한다. 직업분야에 따라서 스트레스 요인도 다르고, 스트레스를 지각하는 수준과 경험하는 방식도 다르다. 대민 업무를 하는 특수한 직업군은 피로감, 긴장감, 좌절감, 불안감, 사회적으로 요구되는 기대가 높기 때문에 감정노동에 의한 감정 부조화, 감정 소진을 겪으며, 직무상 외상을 경험하기도 한다. 또한 역할 과부하, 역할 갈등, 역할 모호성으로 역할 스트레스를 받는다. 심각한 경우 외상 후 스트레스 장애나 공황장애 그리고 우울장애를 초래하기도 한다.

예시된 사례는 대민 업무를 하는 특수 직업군 30~40대 성인 15명을 대상으로 진행한 IT매뉴얼 중 3회기이다. 임상에 참여한 내담자들은 근무환경의 특성상 사회적 역할로부터 얻는 직무스트레스와 그로 인하여 발생하는 가족 간의 소통 부제를 주로 호소하였다. IT매뉴얼은 직업스트레스를 완화하고 직무만족도를 높여서 삶의 질을 향상시키는 것을 대 목표로 설정하였다. 대 목표의 달성을 위해서 각 단계별 소 목표를 세라트*CERAT*와 일치시켜 내담자의 주 호소 증상을 해결하도록 치료 모델과 기법을 적용하는 프로그램을 설계하였다.

직무스트레스 집단 대상 예시 1

적용 모델 *(기법)*	IT매뉴얼 : 투사 모델*(음악매체)*	
증상 개선 목표	©ERAT : 부정 감정 해소	
설명	즉흥연주를 통하여 적체된 감정을 표현함으로써 부정 감정이 해소되도록 돕는다.	
준비물	타악기*(게더링 드럼, 붐웨커, 롤리팝 드럼 등)*, 기본 재료*(A4용지, 필기구 등)*	
진행 과정	열기	치료사의 제시에 따라서 걷기명상을 하게 한다.
	만나기	1. 원으로 모여 악기를 탐색하며 자유롭게 연주하게 한다. 2. 한 명씩 돌아가며 부정 감정을 즉흥연주하게 한다. 3. 다함께 즉흥연주를 하게 한다.
	닫기	예술체험에서 경험한 자신 및 타인에 대한 새로운 인지를 자각하고 통찰하게 한다.
	적용하기	진행 과정에서 관찰한 내담자의 반응을 기반으로 예술체험이 긍정적 현실 접목 및 훈련이 되도록 화두를 준다.
유의사항	*즉흥연주는 연주 실력과 무관하며 규칙 없이 자유롭게 소리를 낼 수 있다는 것을 안내한다.*	

※ 동일 유형 장애의 경우도 반드시 IT진단을 기반으로 재구성 적용 요망.

직무스트레스 집단 대상 예시 2

적용 모델 *(기법)*	IT매뉴얼 : 카타르시스 모델*(게임놀이 기법)*, 투사 모델*(음악매체)*	
증상 개선 목표	CⒺⓇAT : 역할이해	
설명	게임을 통하여 신체의 소중함과 자신에게 주어진 권리 및 의무를 이해할 수 있도록 돕는다.	
준비물	다양한 리듬의 음악, 기본 재료*(A4용지, 필기구 등)*	
진행 과정	열기	음악의 리듬에 맞추어 걸으며 공간을 탐색하게 한다.
	만나기	1. 두 명씩 손을 잡고 서게 한다. 2. 〈블라인드 게임〉을 하게 한다. 3. 적절한 시간이 지난 후 역할을 바꿔서 게임을 하게 한다.
	닫기	예술체험에서 경험한 자신 및 타인에 대한 새로운 인지를 자각하고 통찰하게 한다.
	적용하기	진행 과정에서 관찰한 내담자의 반응을 기반으로 예술체험이 긍정적 현실 접목 및 훈련이 되도록 화두를 준다.
유의사항	*음원 및 오디오 시스템을 사전에 점검한다. 치료사가 적절한 방법으로 짝을 구성하여 소외되는 내담자가 발생하지 않도록 유의한다.*	

※ 동일 유형 장애의 경우도 반드시 IT진단을 기반으로 재구성 적용 요망.

직무스트레스 집단 대상 예시 3

<table>
<tr><td>적용 모델
(기법)</td><td colspan="2">IT매뉴얼 : 시간여행자 모델(왕의 의자 기법), 역할 모델(자아 기법, 타인 기법, 관찰 기법, 조커 기법)</td></tr>
<tr><td>증상 개선
목표</td><td colspan="2">CE®ⒶT : 자존감 향상</td></tr>
<tr><td>설명</td><td colspan="2">권위자 체험을 통하여 상황을 통솔함으로써 자존감이 회복되도록 돕는다.</td></tr>
<tr><td>준비물</td><td colspan="2">왕의 소품(왕관, 왕봉, 가운, 금화, 봉 등), 카메라, 기본 재료(A4용지, 필기구 등)</td></tr>
<tr><td rowspan="4">진행 과정</td><td>열기</td><td>원으로 앉아 갑·을관계에서 부당했던 경험을 이야기하게 한다.</td></tr>
<tr><td>만나기</td><td>1. 왕의 소품 중 마음에 드는 것을 선택하고 그 이유를 말하게 한다.
2. 선택한 왕의 소품을 어떻게 활용하고 싶은지 이야기를 만들게 한다.
3. 극화된 이야기를 바탕으로 즉흥역할극을 하게 한다.</td></tr>
<tr><td>닫기</td><td>예술체험에서 경험한 자신 및 타인에 대한 새로운 인지를 자각하고 통찰하게 한다.</td></tr>
<tr><td>적용하기</td><td>진행 과정에서 관찰한 내담자의 반응을 기반으로 예술체험이 긍정적 현실 접목 및 훈련이 되도록 화두를 준다.</td></tr>
<tr><td>유의사항</td><td colspan="2">신하의 역할은 집단 중에서 희망자 또는 보조치료사가 하거나, 신하가 있다고 가정하고 진행할 수 있다.</td></tr>
</table>

※ 동일 유형 장애의 경우도 반드시 IT진단을 기반으로 재구성 적용 요망.

참고문헌

곽미자. (2010). 요가니드라 워크북. 서울: 한국요가출판사.

김인숙. (2012). 무용 · 동작 심리치료의 이론과 실제. 서울: 아담북스.

김정규. (2006). 게슈탈트 심리치료. 서울: 학지사.

김준기. (2009). 영화로 만나는 치유의 심리학. 서울: 시그마북스.

김지훈, 김은경, 김은진, 김진주, 이용화. (2007). 의대생을 위한 임상실습 HANDBOOK. 서울: 예당출판사.

도쿠히사 가츠미. (2008). *心とカラダと運命:* 마음과 몸과 운명(한길로 역). 서울: 경서원. (원서 1967년 발행).

류정아. (2013). 축제인류학. 서울: 살림.

민성길. (2015). 최신정신의학. 서울: 일조각

박은규. (2002). 무용치료를 통한 아동의 표현활동. 서울: 조원사.

신승녀. (2015). 미술치료핸드북. 서울: 창지사.

안도 오사무. (2009). *瞑想の精神医学: トランスパーソナル精神医学序説:* 명상의 정신의학 (김재성 역). 서울: 민족사. (원서 2003년 발행).

이부영. (1998). 분석심리학: C. G. Jung의 인간심성론. 서울: 일조각.

이성재. (2007). 통합의학으로 가는–보완대체의학. 한국예술치료학회지, 1, 22–34.

전세일. (2004). 보완 대체 의학. 서울: 계축문화사.

정현주. (2006). 음악치료 기법과 모델. 서울: 학지사.

주리애. (2010). 미술치료학. 서울: 학지사.

진중권. (2013). 현대미학 강의. 서울: 아트북스.

최현석. (2009). 인간의 모든 감각. 경기: 서해문집.

최현석. (2011). 인간의 모든 감정. 경기: 서해문집.

하준성. (2004). 음악치료 형태연구. 서울: 책과공간.

홍유진. (1993). 카타르시스: 굿과 연극 그리고 드라마 치료. 서울: 들불.

홍유진. (1994). 홍유진의 배우수업 Ⅰ: 연기예술과 배우의 무의식. 서울: 들불.

홍유진. (1993). 홍유진의 배우수업 Ⅱ: 배우의 역할창조와 즉흥 훈련. 서울: 들불.

American Psychiatric Association. (2013). *Diagnostic and Statistical Manual of Mental Disorders* (5th ed.)(DSM-5). Washington, DC: American Psychiatric Association.

Aristotle. (1951). *Poetics*. In P. Wheelwright (Trans.). New York: The Odyssey Press.

Arnheim, R. (2004). *Visual Thinking:* 시각적 사고(김정오 역). 서울: 이화여자대학교출판부. (원서 1969년 발행).

Artaud, A. (1958). *Theatre of Cruelty*. New York: Grove Press, Inc.

Atkins, S. (2008). *Expressive Arts Therapy:* 통합적 표현예술치료(최애나, 이병국 공역). 서울: 푸른솔. (원서 2007년 발행).

Bateson, G. & Mead, M. (1942). *Balinese Character: A Photographic Analysis*. New York: Academy of Sciences; Special Publications Ⅱ.

Belo, J. (1960). *Trance in Bali*. New York: Columbia University Press.

Benedick, R. (1964). *Patterns of Culture*. New York: American Library.

Bittlinger, A. (2010). *Archetypal Chakra: meditations and exercises for opening your Chakras:* 칼 융과 차크라(최여원 역). 경남: 슈리 크리슈나다스 아쉬람. (원서 2000년 발행).

Blatner, A. (1973). *Acting In Practical Applications Psychodramatic Methods*. New York: Sptinger Publishing Co.

Boal, A. (1979/1985). *Theatre of Oppressed*. New York: Urizen Books.

Bolton, G. (2012). *Acting in Classroom Drama: A Critical Analysis:* 교실연기란 무엇인가?(김주연, 오판진 공역). 서울: 연극과인간. (원서 1998년 발행).

Brodie, R. (2010). *Virus of the Mind:* 마인드 바이러스(윤미나 역). 서울: 흐름출판. (원서 1996년 발행).

Brook, P. (1968). *The Empty Space*. New York: Macmillan Publishing Co.

Brook, P. (1988). *Peter Brook: A Theatrical Casebook*. In D. Williams (Comp.). New York: Methuen Inc.

Brooke, L. (2010). *Creative Arts Therapies manual: a guide to the history, theoretical approaches, assessment, and work with special populations of art, play, dance, music, drama, and poetry thera pies:* 창의적 통합 예술 치료 매뉴얼: 특수상황의 사람들과 함께하는 무용, 미술, 음악, 드라마, 놀이, 시 치료에 대한 역사, 이론적, 실제적 접근, 평가에 대한 안내서. 서울: 하나의학사. (원서 2006년 발행).

Browne, S. (2006). *The Other side and Back:* 죽기 전에 알아야 할 영혼 혹은 마음(박윤정 역). 서울: 정신세계사. (원서 2000년 발행).

Campbell, J. (1988). *The Power of Myth*. New York: Doubleday Dell Publishing Group, Inc.

Chaiklin, S. & Wengrower, H. (2014). *Art and Science of Dance: Movement Therapy Life is Dance:* 무용동작치료의 예술과 과학(류분순, 신금옥, 김향숙 공역). 서울: 시그마프레스. (원서 2009년 발행).

Chaim, D. B. (1984). *Distance in the Theatre: The Aesthetics of Audience Response*. London: U. M. I. Research Press.

Chessick, R. (2012). *Psychology of the Self and the Treatment of Narcissism:* 자기심리학과 나르시시즘의 치료(임말희 역). 서울: NUN Publishing Group. (원서 1985년 발행).

Chodorow, J. (2003). *Dance Therapy and Depth Psychology: The Moving Imagination:* 춤, 동작 치료와 심층심리학(임용자 역). 서울: 물병자리. (원서 1991년 발행).

Cole, D. (1975). *The Theatrical Event*. Middletown, CT: Wesleyan University Press.

Courtney, R. (1987). *The Quest: Research and Inquiry in Arts Education*. New York: University of America Press Inc.

Covell, A. C. (1983). *Shamanism in Korea*. Elizabeth, NJ: Hollym International Corp.

Creswell, J. W. (2015). *Qualitative Inquiry and Research Design: Choosing Among Five Approaches:*질적 연구방법론—다섯 가지 접근(조홍식, 정선욱, 김진숙, 권지성 공역). 서

울: 학지사. (원서 2012년 발행).

Darrow, A. A. (2006). *Introduction to Approaches in Music Therapy:* **음악치료 접근법**(김영신 역). 서울: 학지사. (원서 2003년 발행).

Dayton, T. (2008). *The living stage: a step-by-step guide to psychodrama, sociometry, and group psychotherapy:* **사이코드라마와 집단치료매뉴얼**(김세준 역). 서울: 비블리오드라마. (원서 2005년 발행).

Eliade, M. (1951/1972). *Shamanism: Archaic Techniques of Ecstasy*. In W. R. Trask (Trans.), New York: Pantheon Press.

Eliade, M. (1998). *Images et Symboles:* **이미지와 상징**(이재실 역). 서울: 까치. (원서 1952년 발행).

Eliaz, E. (1989). *Transference in Drama Therapy*. Unpublished Dissertation: New York University.

Emunah, R. (1933). Drama Therapy with Psychiatric Patients. *The Arts in Psychotherapy, 10*, 77-84.

Fink, S. O. (1990). Approaches to Emotions in Psychotherapy and Theatre: Implications for Dramatherapy. *The Art in Psychotherapy, 17*(1), 5-18.

Flickstein, M. (2007). *Journey to the Center-A Meditation Workbook:* **명상심리치료 입문**(고형일, 문정순, 정광주, 박현주, 오명자 공역). 서울: 학지사. (원서 1994년 발행).

Ford, D. (2010). *The Dark Side of the Light Chasers:* **그림자 그리고: 빛을 쫓는 사람들의 어두운 면**(산업공동체 역). 서울: 빛. (원서 1998년 발행).

Fox, J. (1987). *The Essential Moreno*. New York: Springer Publishers.

Freed, D. B. (2013). *Motor Speech Disorders: Diagnosis and Treatment:* **말운동장애: 진단과 치료(2판)**(권미선, 김정완, 이현정 공역). 서울: 박학사. (원서 2011년 발행).

Freud, S. & Breuer, J. (1895/1955). *Studies on Hysteria*. New York: Basic Books, Inc.

Freud, S. & Breuer, J. (1915). *Observations on Transference Love*. Standard Edition 12. London: Hogarth Press, 209-253.

Freud, S. & Breuer, J. (1952/1963). *An Autobiographical Study*. In J. Strachey (Trans & Ed.). New York: Norton.

Freud, S. & Breuer, J. (1981/1990). *The Dynamics of Transference in Classics*. In R. Lang

(Riv. Ed.). Classics in Psychoanalytic Technique. Northvale, Jew Hersy/London: Jason Aronson Inc, 3-9.

Freud, S. (1928). Humor. *International Journal of psychonalysis, 9*, 1-6.

Gilbert, I. (2009). *Thinking Tree:* 씽킹트리(조병학, 이소영 공역). 서울: 한국경제신문. (원서 2007년 발행).

Greenberg, I. A. (1974). *Psychodrama Theory and Therapy*. New York: Behavioral Publisher.

Grof, S. (2008). *The Comic Game:* 코스믹 게임(김우종 역). 서울: 정신세계사. (원서 1998년 발행).

Grotowski, J. (1968/1975). *Towards a Poor Theatre*. London: Methuen and Co.

Halprin, D. (2006). *The Expressive Body in Life, Art and Therapy:* 동작중심 표현예술치료(김용량, 이정명, 오은영 공역). 서울: 시그마프레스. (원서 2002년 발행).

Hanser, S. B. (2003). *The New music therapist's handbook:* 핸서 박사의 음악치료지도서(김종인 역). 서울: 군자출판사. (원서 2000년 발행).

Hay, L. L. (2011). *Heal your Body:* 힐 유어 바디: 신체적 질환에 대한 마음의 원인과 그것을 극복하는 방법(김문희 역). 경남: 슈리 크리슈나다스 아쉬람. (원서 1984년 발행).

Hong, Y. (1992). *Catharsis in Ritual & Theatre*. New York: New York University Press.

Jacobi, J. (1986). *Komplex, Archetypus, Symbol in der Psychologie C. G. Jung:* 콤플렉스, 원형, 상징(유기룡, 양선규 공역). 서울: 경북대학교출판부. (원서 1952년 발행).

Jaeger, W. (1945). *Paideia: The Ideals of Greek Culture*. New York: Oxford University Press.

James, W. (2014). *Psychology: The Briefer Course:* 심리학의 원리(윌리엄 제임스가 한 권으로 간추린)(정명진 역). 서울: 부글북스. (원서 2001년 발행).

Janov, A. (1972). *The Primal Scream: Primal Therapy*. New York: Perigee Books, Inc.

Jones, P. (1995). *Drama as Therapy: Theatre as Living*. London: New York: Routledge.

Kagan, J. (2011). *The Temperamental Thread:* 성격의 발견(김병화 역). 서울: 시공사. (원서 2010년 발행).

KBS 파노라마 〈신의 뇌〉 제작진. (2015). 뇌, 신을 훔치다: 과학이 밝혀낸 신의 뇌. 서울: 인물과 사상사.

Kendall, L. (1985). *Shamans, Housewives and Other Restless Spirits*. Honolulu: University of Hawaii Press.

Kirby, E. T. (1975). *U-R Drama: The Origins of Theatre*. New York: New York University Press.

Kolb, B. & Whishaw, I. Q. (2012). *An Introduction to Brain and Behavior*: 뇌와 행동의 기초(김현택, 김재진, 김명선 공역). 서울: 시그마프레스. (원서 2009년 발행).

Landy, R. J. (2002). *Drama Therapy: Concepts, Theories and Practices*: (억압받는 사람들을 위한)연극치료(이효원 역). 서울: 울력. (원서 1994년 발행).

Landy, R. J. (1983). The Distancing in Drama Therapy. *The Arts in Psychotherapy, 10*, 175-185.

Levy, F. J. (2012). *Dance Movement Therapy*: 무용동작치료(고경순, 김나영, 남희경 공역). 서울: 시그마프레스. (원서 2005년 발행).

Lommel, A. (1967). *Shamanism: The Beginning of Art*. In M. Bullock (Trans). New York: McGraw-Hill.

Lown, B. (2003). *The Lost Art of Healing*: 치유의 예술을 찾아서(서정돈 역). 서울: 몸과마음. (원서 1999년 발행).

McBride, W. J. (1989). *The Conquest of Fear*: 공포심을 없애려면(정성호 역). 서울: 성바오로출판사. (원서 1977년 발행).

Medina, J. J. (2009). *Brain Rules*: 브레인 룰스: 의식의 등장에서 생각의 실현까지(서영조 역). 서울: 프런티어. (원서 2008년 발행).

Mitry, J. (2001). *Esthétique et Psychologie du Cinéma*. Paris: Editions du Cerf.

Moreno, J. R. (1940). Mental Catharsis and Psychodrama. Reprinted from *SOCIOMETRY, III*(3), 209-244.

Morin, E. (1956). *Le Cinéma ou l'homme Imaginaire*. Paris: Les Editions de Minuit.

Myss, C. (2003). *Anatomy of The Spirit*: 영혼의 해부(정현숙 역). 서울: 한문화. (원서 1997년 발행).

Nichols, M. P. & Zax, M. (1977). *Catharsis in Psychotherapy*. New York: Gardiner Press.

Nietzsche, F. W. (1984). *Die Geburt der Tragödie aus dem Geiste der Musik*: 비극의 탄생(곽복록 역). 서울: 범우사. (원서 1872년 발행).

Rajneesh, O. (2013). *Meditation: The First and Last Freedom:* 명상, 처음이자 마지막 자유(손민규 역). 서울: 태일출판사. (원서 1996년 발행).

Reiman, T. (2011). *The Yes Factor:* 몸짓의 심리학: 속마음을 읽는 신체언어 해독의 기술(강혜정 역). 서울: 21세기북스. (원서 2010년 발행).

Riedel, I. (2000). *Maltherapie:* 미술치료: 융의 분석심리학에 기초한(정여주 역). 서울: 학지사. (원서 1992년 발행).

Root-Bernstein, R. S. & Root-Bernstein, M. M. (2007). *Sparks of Genius: The Thirteen Thinking Tools of the World's Most Creative People:* 생각의 탄생(박종성 역). 서울: 에코의 서재. (원서 2001년 발행).

Rothschild, B. (2013). *The Body Remembers: the psychophysiology of trauma and trauma treatment:* 내 인생을 힘들게 하는 트라우마: 외상후 스트레스 장애(PTSD)에서 벗어나는 법(김좌준 역). 서울: 소울메이트. (원서 2000년 발행).

Rubin, J. A. (2005). *Artful Therapy*. New Jersey: John Wiley & Sons.

Saldaña, J. (2012). *The Coding Manual for Qualitative Researchers:* 질적연구자를 위한 부호화 지침서(박종원, 오영림 역). 서울: 신정. (원서 2009년 발행).

Sartre, J. P. (1940). *L'Imaginaire*. Paris: Gallimard.

Schechner, R. (1973). *Environmental Theatre*. New York: Hawthorn Books.

Scheff, T. J. (1979). *Catharsis in Healing, Ritual, and Drama*. Los Angeles: University of California Press.

Sloan, D. (2012). *Stages of Imagination:* 무대 위의 상상력(이은서 역). 경기: 푸른씨앗. (원서 2001년 발행).

Stangos, N. (2014). *Concepts of Modern Art:* 현대미술의 개념(성완경, 김안례 공역). 서울: 문예출판사. (원서 1994년 발행).

Taylor, P. & Warner, C. (2013). *Structure and Spontaneity: the process drama of Cecily O'Neill:* 시실리 오닐의 교육연극(한국교육연극학회 역). 서울: 연극과인간. (원서 2006년 발행).

Uspenski, P. D. (2012). *The Psychology of Man's Possible Evolution:* 인간 진화의 심리학(장명진 역). 서울: 부글북스. (원서 1973년 발행).

Weiser, J. (2012). *Photo Therapy Techniques:* 사진치료기법(심영섭, 김준형, 이명신 공역). 서울: 학지사. (원서 1999년 발행).

Wilber, K. (2012). *No Boundary:* 무경계(김철수 역). 서울: 정신세계사. (원서 2001년 발행).

Wilber, K. (2008). *Integral Psychology:* 켄 윌버의 통합심리학(조옥경 역). 서울: 학지사. (원서 2000년 발행).

Wolpert, L. (2001). *The Triumph of the Embryo:* 하나의 세포가 어떻게 인간이 되는가(최돈찬 역). 서울: 궁리. (원서 1991년 발행).

인터넷 자료

서울대학병원. 〈웃음의 효능 서울대학교 병원 건강칼럼〉, "웃음의 효능은 무엇인가요?"

한국직업사전(워크넷). 〈한국직업분류별〉 인용 http://work.go.kr

기타

법제처. 장애인복지법(2016.08.04. 시행). 검색어 "장애인".

임상 추천 자료

-도서-

김지수. (2016). 콩쥐 팥쥐. 서울: 삼성출판사.

김춘수. (2012). 꽃. 서울: 지식을만드는지식.

김향금. (2016). 도깨비 방망이. 서울: 삼성출판사.

Aesop. (2018). 이솝 이야기 1 중 〈양치기 소년〉(이지영 역). 서울: 더클래식.

Andersen, H. (2010). 미운 오리 새끼. 서울: 작은책방.

Grimm, J. & Grimm, W. (2012). 그림 형제 민담집: 어린이와 가정을 위한 이야기 중 〈백설공주〉(김경연 역). 서울: 현암사.

Grimm, J. & Grimm, W. (2012). 그림 형제 민담집: 어린이와 가정을 위한 이야기 중 〈헨델과 그레텔〉(김경연 역). 서울: 현암사.

Grimm, J. & Grimm, W. (2016). 그림 형제 환상동화 중 〈신데렐라〉(이수은 역). 서울: 스윙밴드.

Saint-Exupéry, A. (2016). 어린 왕자(베스트트랜스 역). 서울: 더클래식.

-음원-

〈그대로 멈춰라〉(연도 미상). 작사 김방옥, 작곡 김방옥.

〈멋쟁이 토마토〉(연도 미상). 작사 김영광, 작곡 김영광.

뮤지컬 〈빨래〉 OST. (2005). 작사 추 민, 작곡: 민찬홍.
〈사계〉 중 '봄'. (1725). 작곡 비발디(Antonio Vivaldi).
〈오물조물 짝짝〉(연도 미상). 작사 미상, 작곡 미상.

－영화－
〈님아, 그 강을 건너지 마오〉. (2013). 감독 진모영.
〈버킷리스트: 죽기 전에 꼭 하고 싶은 것들 The Bucket List〉. (2007). 감독 로브 라이너(Rob Reiner).
〈인사이드 아웃 Inside Out〉. (2015). 감독 피트 닥터(Pete Docter).

IT주요 용어 정리

가면아이 모델_Masking Inner Child Model_ 이 모델은 가면을 사용하여 내담자가 안전하게 자신의 문제를 탐색하고 나아가 타인 체험도 가능하도록 설계하였다. 내담자는 자신의 내면을 가면에 투사하여 현실의 나와 가면 뒤의 나를 관찰하고 두 모습 사이에 다른 점이 무엇인지 직접 비교함으로써 스스로를 알아차린다. 가면아이 모델에는 가면제작 기법과 가면착용 기법이 있다.

가면제작 기법_Making Mask Technique_ 가면아이 모델의 하위 체계로서 이 기법은 기본 가면을 사용하여 다양한 재료와 채색으로 장식하는 방법과 석고붕대를 활용하여 각자가 원하는 모양의 가면을 직접 제작하는 방법이 있다. 이 기법을 통하여 내담자의 무의식을 탐색할 수 있다.

가면착용 기법_Playing With Mask Technique_ 가면아이 모델의 하위 체계로서 이 기법은 하관이 개방된 반 가면과 얼굴을 모두 가려 주는 전체 가면을 사용할 수 있다. 미리 준비된 가면을 얼굴에 착용하여 다양한 즉흥 상황 및 캐릭터를 체험하는 기법이다.

감정표현 기법_Emotional Expression Technique_ 카타르시스 모델의 하위 체계로서 이 기법은 놀이를 통하여 다양한 감정을 전달함으로써 내담자들 간의 긴장을 완화하고 감정 표현을 훈련하게 한다. 감정표현 기법에는 사랑 표현, 거짓말 표현, 금기 표현, 상대 칭찬 표현, 자기 칭찬 표현 등이 있다.

깨우기 기법*Awakening of Body Technique* 그림자엿보기 모델의 하위 체계로서 이 기법은 자신의 몸을 통해서 자각하는 음과 양의 실체를 동영상이라는 객관적인 자료를 기반으로 인지하게 한다. 깨우기 기법은 자신의 그림자를 순차적으로 엿볼 수 있도록 신체 깨우기, 신체 엿보기, 마음 깨우기, 마음 엿보기, 정신 깨우기, 정신 엿보기로 구성되어 있다.

게임놀이 기법*Game Play Technique* 카타르시스 모델의 하위 체계로서 이 기법은 짧은 시간에 내담자와 라포 형성을 가능하게 하는 특성이 있으며, 치료프로그램의 흥미 유발을 위한 수단으로 유용하다. 게임놀이 기법에는 리더십 게임, 블라인드 게임, 부탁해요 게임, 당신은 누구십니까 게임, 킬러 게임 등이 있다.

관조*Contemplation* 주관적인 사고가 개입되지 않도록 객관적으로 거리를 두고 바라보는 것을 의미한다. 예술작품 또는 대상에 관하여 최대한 주관적 사고를 배제한 채 중립적인 태도로 바라본다는 뜻이다.

관조 상태*Over Distanced-state* 내담자 스스로 자신으로부터 분리되어 객관적으로 바라보는 심리상태를 의미한다.

관찰 기법*Observation Role Technique* 역할 모델의 하위 체계로서 이 기법은 내담자가 제3자의 입장에서 자신이 겪었던 상황을 시 · 공간적으로 분리된 상태에서 관찰자 역할을 하도록 한다. 자신의 과거와 현재 그리고 미래 모습 또는 타인의 과거와 현재 그리고 미래 모습을 경험하게 한다.

그림자엿보기 모델*Self-reflection Model* 이 모델은 모든 그림자는 실존 물체를 투영한다는 투사 이론에 근거를 두고 설계하였다. 이 모델은 사진, 동영상, 자화상, 일기, 마음낙서 등과 같은 자전적 이미지를 담을 수 있는 매체들을 치료에 활용하는 접근법이다. 그림자엿보기 모델에는 사진 기법, 동영상 기법, 자화상 기법, 일기 기법, 마음낙서 기법, 깨우기 기법이 있다.

기법*Technique* 기법은 치료 모델의 하위 체계로서 실제적인 적용 방법을 의미한다. 통합예술치료 IT매뉴얼은 특화된 치료 모델에 따라 내담자의 변화를 촉진하는 다양한 기법으로 구성되어 있다. 기법은 증상별 개선 목표에 따라 적용함과 동시에 진단을 목적으로 활용하기도 한다.

나의 우주 기법*My Cosmic Technique* 시간여행자 모델의 하위 체계로서 이 기법은 내담자 스스로가 자기만의 우주를 연출할 때 스스로 창조자 또는 설계사가 되어 소유물을 통치하도록 함으로써 역할에 대한 권리와 의무 그리고 책임에 직면하도록 한다.

내담자*Client* 전문가로부터 도움을 받고자 하는 의뢰인 또는 예술치료 프로그램 참여자를 뜻한다.

내 안의 나*Antaryamin* 인간의 내면에 존재하는 신성 또는 고차원적인 의식 세계로의 회귀를 뜻한다. 내 안의 나를 깨운다는 것은 신성의 회복을 의미한다.

다면적 치료공간*Multi-dimensional Therapy Space* IT매뉴얼에서는 내담자가 속한 현재의 활동공간을 셋으로 구분하여 치료공간으로 삼았으며, 그 개념을 '치료공간 프로세스'라고 정의하였다. 제1치료공간은 치료센터, 제2치료공간은 가정, 제3치료공간은 사회를 의미한다.

동영상 기법*Video Technique* 그림자엿보기 모델의 하위 체계로서 이 기법은 셀프 촬영과 체험 촬영으로 진행할 수 있다. 셀프 촬영은 내담자가 직접 다큐 영상을 촬영하고, 체험 촬영은 치료사가 진행하는 제1치료공간에서 내담자의 체험 과정을 치료팀이 촬영하는 기법이다.

마음낙서 기법*Doodling Technique* 그림자엿보기 모델의 하위 체계로서 이 기법은 낙서에 무의식이 잘 반영되어 나타난다는 전제에서 투사의 속성을 활용하였다. 내담자가 과거와 현재 자신의 무의식 속 이슈가 무엇인지 의식화하는 데 좋은 도구가 된다.

마음의 몸*Mind Body* 마음의 몸은 신체의 몸과 대응하는 개념으로써 감정과 정서를 포함한다. 통합예술치료 IT매뉴얼은 신체의 몸, 마음의 몸, 그리고 정신의 몸이 상호 유기적으로 연결되어 있음을 전제로, 세 가지 몸에 내재된 부정적인 체험을 정화하고 고통에서 해방되도록 한다.

매체*Media* 통합예술치료에서 치료의 매개체가 되는 예술, 즉 연극, 미술, 음악, 영화/사진, 문학, 무용/동작 등을 뜻하며 미분화된 전통문화매체(명상, 요가, 제의식 등)를 포함한다. IT매뉴얼에서는 이들 예술매체를 유기적으로 상호 결합하여 적용할 것을 권장한다.

멘토Mentor 힐링드라마 모델 무대화를 위하여 표현자(내담자)가 자기표현을 준비하는 과정에서 적절한 예술매체의 선택, 극적인 구성, 상징적 표현, 조명과 음향 및 소도구의 활용에 대한 전문적인 도움을 주는 사람을 뜻한다.

몰입Flow '무언가에 흠뻑 빠져 있는 심리적 상태'로서 주위의 모든 잡념, 방해물을 차단하고 정신을 한곳에 집중하는 것을 의미한다. 예술치료 프로그램에서 작업 중 자신의 과거와 현재 그리고 미래의 상황에 온전히 빠져 들어갔다는 뜻이다.

몰입 상태 Under Distanced-state 내담자 스스로 자신과 특정 상황에 완전하게 밀착되는 심리상태를 의미한다.

무용/동작매체 Dance&Movement as Therapy Tool 통합예술치료 IT매뉴얼에서는 투사 모델의 하위 체계로서 무용/동작매체를 사용한다. 이 매체는 인간 내면에 잠재된 미적 정서가 육체를 통하여 표현되는 율동 예술이다. 신체의 투사적 경험은 주로 복잡한 사고의 과정을 거치지 않고 특정 자극에 대하여 반사적으로 표현되는 즉흥 동작에서 체험이 가능하다. 무용/동작매체에는 즉흥표현 기법, 감각표현 기법, 정서표현 기법이 있다.

문학매체Literature as Therapy Tool 통합예술치료 IT매뉴얼에서는 투사 모델의 하위 체계로서 문학매체를 사용한다. 문학은 시, 소설, 희곡, 수필, 동화 등 다양한 활자매체로 표현되는 예술작품을 뜻하며, 매체의 속성은 인간에 의해서 재창조된 허구의 세계에 있다. 문학은 대중성을 갖는 반면 작품 속의 세계는 독자 개개인이 체험한 기억으로부터 그 의미가 다르게 받아들여지는 특성이 있다. 이 과정에서 독자는 작품의 의미를 이해하기 위하여 자신이 체험한 정서적 경험들을 대입하게 되는데 그와 같은 과정이 문학의 투사라고 볼 수 있다. 문학매체에는 스토리텔링 기법, 시/동화 기법, 글쓰기 기법이 있다.

매직무대Magic Stage 힐링드라마 모델의 하위 체계로서 이 기법은 '만약에 내가(Magic If)'를 적용하여 허구와 상상의 세계 그리고 타인의 체험으로 소재가 확대되는 것이 특징이다. 따라서 내담자가 체험하지 못하였던 다양한 상황과 캐릭터를 경험함으로써 인격체의 변형이 가능하도록 돕는다.

미술매체*Art as Therapy Tool* 통합예술치료 IT매뉴얼에서는 투사 모델의 하위 체계로서 미술매체를 사용한다. 미술은 시각 미를 표현하는 다양한 작업, 그림, 조각, 서예 등으로 공간 및 조형 예술들을 포함한다. 미술은 인간의 의식세계를 표현하거나 내면 탐구를 위한 주요 매체로 주목받고 있다. 특히 언어화가 힘든 사람의 경우, 미술 작업은 의사소통을 위한 중요한 매개체가 되기도 한다. 미술매체에는 그리기 기법, 콜라주 기법, 보디스캔 기법, 점토 기법이 있다.

미적 거리*Aesthetic Distance* 예술체험을 통하여 밀착적 심리상태와 분리적 심리상태를 체험한 후에 어느 한쪽으로 치우치지 않는 균형 잡힌 정서적 심리상태를 뜻한다.

표현자/보는자*Expresser/Seeker* IT매뉴얼의 힐링드라마 모델에서 사용하는 용어로 무대 위에서 행위하는 자를 '표현자'라고 하며, 그것을 바라보는 자를 '보는자'로 칭한다. 힐링 드라마가 이루어지는 현장에서 표현자는 자신의 문제를 해결하고자 예술의 형식을 빌려 표현하는 자이고, 그 상황을 목격하는 보는자 역시 표현자를 통하여 자신의 문제를 탐구할 수 있다. 따라서 이들 역할은 기능적으로 분석하면 보는자도 표현자가 만든 극 속으로 투입되는 예비 표현자가 되기도 하고, 표현자 또한 다른 표현자가 만든 극에서는 보는자가 되기도 한다. 이들 모두는 집단 공감의식을 통하여 자기치유를 수행한다.

보조치료사*Assistant Therapist* 통합예술치료에서는 치료사와 보조치료사가 협동하며 회기를 운영한다. 보조치료사는 2급 자격증 소지자로서 다양한 매체와 도구의 활용이 용이하도록 하고 세션 중에 제3의 내담자 역할을 수행한다. 치료 진행 과정에서 세션의 촉진자 역할과 관찰 및 기록을 담당하는 세션의 조력자 역할을 한다.

사진 기법*Photo Technique* 그림자엿보기 모델의 하위 체계로서 이 기법은 과거 사진, 현재 사진, 보정 사진 및 셀프 촬영 사진을 치료에 사용하여 그림자를 탐색하도록 한다.

세라트*CERAT* 치료 목표 달성을 위한 다섯 개의 단계별 소 목표를 세라트*CERAT*로 제시한다. 구체적으로 카타르시스*Catharsis*, 실존 자각*Existence*, 역할*Role*, 적응*Adaptation*, 변형*Transformation*을 일컫고, 각 단계마다 그에 상응하는 소 목표들을 달성하기 때문에 전체 회기를 구성하는 나침반 역할을 한다.

시간여행자 모델 Time Traveler Model 이 모델은 내담자가 꿈꾸는 세계를 가상공간에서 실현되게 함으로써 자존을 높이고 실존을 인지하도록 설계하였다. 특히 자존감이 낮은 내담자의 문제를 해결하는 데 매우 효과적이다. 시간여행자 모델에는 나의 우주 기법과 왕의 의자 기법이 있다.

슈퍼바이저Supervisor 전문 치료사로서 임상체험 10년 이상의 경력자이며, 관련 자격증을 보유하여 치료사를 위한 심리상담과 내담자 임상 지도를 행하는 치료팀의 관리자를 뜻한다. 내담자 분석과 IT매뉴얼 개발 그리고 슈퍼바이지를 분석하고 평가하는 임상 감독자 역할도 수행한다. 통합예술치료에서 치료사 집단의 역할 체계는 슈퍼바이저를 주축으로 임상 팀장 그리고 치료사와 보조치료사가 각각 역할을 나누어 수행한다.

신체의 몸 Physical Body 신체의 몸은 외형 및 신체 생물학적 메커니즘을 의미한다. 통합예술치료 IT매뉴얼은 신체의 몸, 마음의 몸, 그리고 정신의 몸이 상호 유기적으로 연결되어 있음을 전제로, 세 가지 몸에 내재된 부정적인 체험을 정화하고 고통에서 해방되도록 한다.

심리극Psychodrama J. L. Moreno에 의하여 개발되었으며 내면의 기억과 감정, 경험, 욕구 등을 투영하여 자신의 내면을 표현하는 극을 뜻한다. 주로 트라우마적 상황을 재연함으로써 새로운 인지가 일어나도록 활용하는 기법이다. 통합예술치료 IT매뉴얼에서는 투사 모델의 연극 매체로 분류하며 심리극으로 진행할 때 활용한다.

아이 테라피I Therapy 스스로 치유하는 힐링 에너지를 의미한다. 통합예술치료의 지향점으로 모든 인간에게 잠재하고 있는 '어린자화상'을 스스로 치유하도록 '내 안의 나antaryamin'를 깨운다는 개념이다.

IT매뉴얼IT Manual 통합예술치료를 체계적으로 운영할 수 있도록 고안된 적용 지침서를 뜻한다. 이 지침서는 총 7개 항목으로 특화되어 있다. 항목을 살펴보면 내담자 증상에 따른 소 목표 설계 세라트CERAT, 회기 과정을 가이드하는 옴카OMCA, 치료의 지속성을 위한 다면적 치료공간(제1치료공간, 제2치료공간, 제3치료공간), 안정된 치료 장소 제공을 위한 제1치료공간의 심리적 설계, 내담자 증상 및 성향에 따른 7개의 주요 치료 모델, 1인 치료 체계를 보완하는 상호보완적 치료팀 운영, 내담자 분석을 위한 IT진단 및 평가까지 포함한 총 일곱 개의 범주로 개념화하고 있다.

어린자화상*Immature Self portrait* 모든 인간에게 잠재하고 있는 미성숙한 자화상으로 어리석고, 부끄러우며, 상처받은 기억 속 자신의 이미지를 뜻한다.

역할 모델*Role Model* 이 모델의 기법은 적용 목적에 따라서 그 기능이 다르게 나타나는 특성이 있으며 사회복귀를 목적으로 자기이해 및 사회 적응을 위한 다양한 역할과 기능을 체험하도록 설계하였다. 역할 모델에는 자아 기법, 타인 기법, 관찰 기법, 조커 기법이 있다.

연극매체*Drama as Therapy Tool* 통합예술치료 IT매뉴얼에서는 투사 모델의 하위 체계로서 연극매체를 사용한다. 연극매체는 내담자가 소품, 즉 인형, 장난감, 가면, 의자 등과 같은 매개체에 내면의 기억과 감정을 투영한다. 이 매체는 사물 등의 다양한 매체에 경험, 감정, 욕구 등을 투사하거나 직접 소품을 만들어 이야기로 구성한 후 연행하기도 한다. 연극매체에는 가면 기법, 조각 기법, 사물 기법, 인형 기법, 분장 기법, 극구성 기법이 있다.

영화/사진매체*Cinema/Photo as Therapy Tool* 통합예술치료 IT매뉴얼에서는 투사 모델의 하위 체계로서 영화/사진매체를 사용한다. 이 매체는 시각에 의해 지각되는 이미지를 통하여 인간의 무의식과 꿈을 자극한다는 점에서 타 매체보다 강점이 있다. 주로 은유와 상징으로 표현되는 이 매체는 욕망과 판타지, 행동과 생각, 감성과 이성 사이의 경계에서 인간의 욕구를 투사하게 한다. 영화/사진매체에는 인물사진 기법, 풍경사진 기법, 사물사진 기법, 다큐영상 기법, 극영화 기법이 있다.

왕의 의자 기법*The King's Chair Technique* 시간여행자 모델의 하위 체계로서 이 기법은 사회적 약자인 내담자에게 높고 화려한 의자, 왕의 가운, 지휘봉 등을 매개체로 사용한다. 권위적이고 강력한 파워를 지닌 도구를 통하여 상징적으로 권위적인 힘을 부여함으로써 손상된 자존감 회복을 돕는다.

옴카*OMCA* 통합예술치료 IT매뉴얼에서 옴카*OMCA*는 한 회기의 치료 과정을 가이드하는 회기 구조를 뜻한다. 열기*Opening*, 만나기*Meeting*, 닫기*Closing*, 적용하기*Application* 과정으로 이루어져 있는 회기의 구조를 약어로 칭한 용어이다.

웃음카타르시스*Laughing Catharsis* 즐거운 예술체험을 통하여 안전하게 누적된 감정을 배설함으로써 스스로 긍정의 힘을 기르는 통합예술치료 IT매뉴얼의 핵심 개념이다. 웃음은 적체된 부정 체험을 즐겁게 해소하여 신체와 마음 그리고 정신의 몸에 균형을 맞추는 정화작용을 한다.

음악매체*Music as Therapy Tool* 통합예술치료 IT매뉴얼에서는 투사 모델의 하위 체계로서 음악매체를 사용한다. 일반적으로 음악매체를 통한 감정의 배설은 주로 몰입을 수반으로 하는 행위 음악 창작 활동과 음악 감상을 통하여 이루어진다. 음악의 치료적 속성은 리듬이 주는 파동이 청각을 통해서 뇌를 자극하고, 이 자극은 저장된 기억을 의식화하는 매개체가 되기에 가능하다. 연주 또는 감상의 순간, 파동에 의해 재생되는 정서적 기억은 감정의 표현으로 투사되어 나타나는데 이것은 음악이 가지는 고유한 특성이다. 음악매체에는 즉흥연주 기법, 노래 기법, 감상 기법, 표현 기법, 배경음악 기법이 있다.

이완 기법*Relaxation Technique* 카타르시스 모델의 하위 체계로서 이 기법은 신체, 마음, 정신의 몸과 그리고 오감의 이완을 통하여 스트레스는 물론 외상 후 스트레스까지 이완하는 것을 목적으로 활용한다. 이완 기법에는 신체 이완, 마음 이완, 정신 이완, 오감 이완이 있다.

임상 팀장*Clinical Manager* 관련 자격증을 보유한 5년 이상 경력을 지닌 전문치료사로서 치료사가 계획하는 치료 목표 및 계획을 점검하고 돕는 자를 뜻한다. 특히 초보 치료사의 멘토 역할을 수행하며, 사례 콘퍼런스 및 동료 슈퍼비전에 참여하여 정보를 공유한다.

일기 기법*Journal Technique* 그림자엿보기 모델의 하위 체계로서 이 기법은 과거 일기와 현재 일기를 사용하여 내담자가 자신의 내면을 직면하도록 돕는다.

자문*Ask Oneself* '내 안의 나를 찾기 위하여' 자신에게 스스로 묻는 것을 뜻한다.

자아 기법*Self Role Technique* 역할 모델의 하위 체계로서 이 기법은 내담자가 자신의 이슈 혹은 트라우마 상황을 극으로 구성하고 자기 역할을 직접 연행함으로써 스토리텔러가 된다. 자신의 과거, 미래, 현재 모습을 연행한다.

자화상 기법*Self-portrait Technique* 그림자엿보기 모델의 하위 체계로서 이 기법은 개인 자화상과 가족 자화상의 방법으로 진행이 가능하다. 치료사는 내담자가 그림에 대한 부담없이 자유롭게 그리도록 안내하여 스스로 그림자를 탐색하도록 돕는다.

정신의 몸*Spiritual Body* 정신의 몸은 인지와 종교적 영역을 포함한 광의적 개념이다. 통합예술치료 IT매뉴얼은 신체의 몸, 마음의 몸, 그리고 정신의 몸이 상호 유기적으로 연결되어 있음을 전제로, 세 가지 몸에 내재된 부정적인 체험을 정화하고 고통에서 해방되도록 한다.

제1치료공간*The 1st Therapy Space* 내담자가 다양한 예술체험을 하도록 치료사의 세션이 이루어지는 치료센터를 의미한다.

제2치료공간*The 2nd Therapy Space* 내담자가 제1치료공간에서 체험한 것들을 귀가하여 가족관계 중심으로 적용해보는 공간을 의미한다.

제3치료공간*The 3rd Therapy Space* 내담자가 제1치료공간에서 체험한 것들을 귀가하여 사회관계 중심으로 적용해보는 공간을 의미한다.

조커 기법*Joker Role Technique* 역할 모델의 하위 체계로서 이 기법은 현실과 가상의 상황에 대한 역할 체험이 가능하다. 내담자는 멘토, 권력자, 캐릭터, 주술사 등 특별한 인격체의 역할 체험을 통하여 존재 욕구를 충족함으로써 자존감 향상을 돕는다.

즉흥역할극*Improvised role playing* 일정한 상황을 주고 그 내용에 등장하는 특정 역할을 담당하도록 하여 즉흥적으로 이루어지는 극을 뜻한다. IT매뉴얼의 역할 모델에서 사용하는 모든 기법은 즉흥역할극의 형태로 진행한다. 내담자가 체험한 특정 상황을 과거, 현재 그리고 미래의 관점에서 재연함으로써 인지와 통찰을 통하여 부정 정서를 해소하고 건강한 자아를 회복하도록 돕는다. 특히 사회 적응을 위한 역할 훈련 및 확장을 목적으로 즉흥역할극이 활용되기도 한다.

집단원*Group Members* 예술치료프로그램에 참여하는 내담자 구성원을 뜻한다.

총 회기*Overall Session* 개인 또는 집단을 치료하기 위하여 치료사가 설계하는 전체 프로그램 진행안 또는 내담자가 경험한 심리치료 전체 과정을 뜻한다.

참여자Participant 예술치료 세션에 참석하여 치료 과정을 공유한 자를 뜻한다.

치료 모델 Therapeutic Model 다양한 학문적 이론을 근거로 치료 효과를 극대화할 수 있게 특화된 치료 모형을 말한다. 각 모델의 적용은 내담자의 호소 증상과 성향을 고려하고 내담자군의 연령과 집단의 특성에 맞게 각각 단독으로 또는 순환적으로 적용할 수 있다.

치료사Therapist 내담자의 호소를 바탕으로 진단 및 예술치료프로그램을 진행할 수 있는 1급 자격증 소지자를 뜻한다. 치료사는 다양한 매체를 활용하는 IT매뉴얼을 적용하기 위하여 보조치료사와 함께 세션을 진행한다. 프로그램 진행 일지를 작성하고 치료사 간에 정보를 교환하는 사례 콘퍼런스 및 동료 슈퍼비전에 참여한다.

카타르시스 모델 Catharsis Model 이 모델은 '웃을 수 있는 인간'에서 착안하여 다양한 코믹 요소를 치료에 접목하여 내담자가 스스로 인정하고 싶지 않은 내면의 그림자를 자각하는 순간, 조절하기 힘든 웃음과 울음이 상호 전환되는 심리 반전을 체험하도록 고안한다. 카타르시스 모델에는 이완 기법, 게임놀이 기법, 감정표현 기법이 있다.

타인 기법 Fictional Role Technique 역할 모델의 하위 체계로서 이 기법은 내담자가 구성한 이야기 속에 등장하는 타인의 역할을 내담자가 맡는 것을 뜻한다. 내담자에게 갈등 상대, 주변, 선망 역할을 선택하여 갈등에 직・간접적으로 관련된 인물을 경험하게 한다.

통합예술치료Integrative Arts Therapy 내담자가 자발적인 예술체험을 통하여 의식을 진화하고 우주적 존재로서의 가치를 자각하도록 돕는 것을 목적으로 다양한 예술매체를 통합적으로 적용하는 심리치료기제이다. 통합예술치료는 내담자의 증상에 따라서 과학적・체계적인 치료 방법론인 맞춤형 IT매뉴얼을 제안하고 있다. IT는 통합예술치료의 약어이다.

투사 모델 Projective Model 이 모델은 다양한 예술매체를 활용하여 투사된 내면을 탐색하고 치료하도록 설계하였다. 투사 모델은 연극, 영화/사진, 미술, 음악, 무용/동작, 문학 등 다양한 예술매체와 미분화된 전통예술을 포함하고 있다.

트라우마무대Trauma Stage 힐링드라마 모델의 하위 체계로서 내담자가 자신의 개인 히스토리를 다큐드라마적으로 무대화하는 것을 뜻한다. 다양한 예술의 방법을 활용하여 신체와 마음 그리고 정서에 내재된 개인의 트라우마를 재구성하여 표현하게 한다.

회기Session 개인 또는 집단을 치료하기 위하여 치료사가 설계한 전체 프로그램 중에서 특정 진행안 하나의 단위인 세션을 의미하며, 내담자가 경험한 한 과정을 뜻한다.

화두Self-question 통합예술치료 매 회기의 적용하기 과정에서 치료사가 내담자에게 자기성찰 또는 자신의 문제를 현실에 접목하여 훈련할 수 있도록 건네는 말을 의미한다. 화두는 내담자가 치료 과정에서 체험하고 인식한 것들을 바탕으로 주며 스스로 정서를 전환할 수 있도록 동기를 유발시킨다.

힐링드라마 모델 Healing Drama Model 이 모델은 심리치료를 목적으로 이루어지는 다양한 형태의 창작과 극작 그리고 예술 제작 행위를 기반으로 내면을 공개하는 힐링 의식을 체험하도록 설계하였다. 힐링드라마 모델은 트라우마무대와 매직무대가 있다.

찾아보기

인명

내용

저자 소개

홍유진(Hong, Youjin)

공채 탤런트로 연기생활을 하던 중 유학길에 오르다. 1991년 국내에 연극치료를 도입하였으며 홍유진심리드라마연구소, 연극치료학회, 고려대학교 안암병원, 안양교도소, 통합예술연구소 등의 기관에서 임상연구를 바탕으로 2017년 '통합예술치료 IT매뉴얼'을 개발하여 예술치료 임상의 뉴 패러다임을 열었다.

동덕여자대학교 교수*(통합예술치료학과/연극치료학과 창설)*
동덕여자대학교 공연예술대학장
한국통합예술치료&연극치료협회 회장
한국예술치료교수협의회 회장
통합예술연구소 소장
시간여행자 클럽 대표
극단 디 · 캐츠 대표
대한통합의학교육협회 회장 역임
한국연극치료학회 회장 역임
학술지 『예술에서 치료까지』 발행인

미국 New York University 공연예술사범대학원 연극심리학 박사
미국 Robert Siroka 사이코드라마센터 수학
영국 Bretton Hall College 사범대학원 인턴
인도 Oneness University 힐링명상마스터
중앙대학교 신문방송대학원 연극영화학 석사
한양대학교 인문과학대학 연극영화학과 학사

논문 「Catharsis in Ritual & Theatre」
　　「통합예술치료 회기 구성을 위한 진단용 롤 다이어그램 개발」
저서 『연기예술과 배우의 무의식』, 『역할창조와 즉흥연기』, 『직업연기술 I , II , III, IV』
극본 『환생오디션』, 『친구를 파는 가게』, 『알바의 꿈』, 『어느 별에서 왔니』 등

내안의 나를 깨우는
통합 예술치료
Integrative Arts Therapy

2017년 3월 15일 1판 1쇄 발행
2021년 4월 20일 1판 3쇄 발행

지은이 • 홍 유 진
펴낸이 • 김 진 환
펴낸곳 • (주) 학지사
04031 서울특별시 마포구 양화로 15길 20 마인드월드빌딩 5층
대표전화 • 02) 330-5114 팩스 • 02) 324-2345
등록번호 • 제313-2006-000265호
홈페이지 • http://www.hakjisa.co.kr
페이스북 • https://www.facebook.com/hakjisabook

ISBN 978-89-997-1147-3 93180

정가 **20,000원**

저자와의 협약으로 인지는 생략합니다.
파본은 구입처에서 교환하여 드립니다.

이 도서의 국립중앙도서관 출판시도서목록(CIP)은 서지정보유통지원시스템 홈페이지(http://seoji.nl.go.kr)와 국가자료공동목록시스템(http://www.nl.go.kr/kolisnet)에서 이용하실 수 있습니다.
(CIP제어번호: CIP2017001944)